普通高等教育经管类专业"十三五"规划教材

人力资源管理

赵丽　张晶　编著

清华大学出版社

北　京

内 容 简 介

本书科学、系统地阐述了人力资源管理的理论和方法,知识体系清晰,逻辑结构严谨。本书以人力资源管理的职能为主线,主要内容包括人力资源管理综述、工作分析、人力资源规划、人员招聘与录用、职业生涯管理、员工培训与开发、绩效管理、薪酬管理和劳动关系管理。

本书力求精练、实用,理论与实践相结合,应知和应会相贯通,每一章都引入小故事或小案例,配有习题、案例分析等内容,便于读者学习和思考,力求使其实现对知识的理解、掌握和对思维的拓展,切实达到学以致用的目的。

本书既可用作大学本科经济管理、行政管理类专业及其他专业的人力资源管理课程的教材,也可供各类组织中的管理者及人力资源管理者、爱好者学习和参考。

本书对应的电子课件和习题答案可以到 http://www.tupwk.com.cn/downpage 网站下载,也可通过扫描前言中的二维码下载。

图书在版编目(CIP)数据

人力资源管理 / 赵丽,张晶 编著. —北京:清华大学出版社,2019(2024.1重印)
(普通高等教育经管类专业"十三五"规划教材)
ISBN 978-7-302-52721-3

Ⅰ. ①人… Ⅱ. ①赵… ②张… Ⅲ. ①人力资源管理—高等学校—教材 Ⅳ. ①F243

中国版本图书馆 CIP 数据核字(2019)第 063120 号

责任编辑:胡辰浩
封面设计:周晓亮
版式设计:孔祥峰
责任校对:牛艳敏
责任印制:沈 露

出版发行:清华大学出版社
        网 址:https://www.tup.com.cn, https://www.wqxuetang.com
        地 址:北京清华大学学研大厦 A 座   邮 编:100084
        社 总 机:010-83470000   邮 购:010-62786544
        投稿与读者服务:010-62776969, c-service@tup.tsinghua.edu.cn
        质 量 反 馈:010-62772015, zhiliang@tup.tsinghua.edu.cn

印 装 者:天津鑫丰华印务有限公司
经 销:全国新华书店
开 本:185mm×260mm   印 张:17.5   字 数:426 千字
版 次:2019 年 6 月第 1 版   印 次:2024 年 1 月第 4 次印刷
印 数:6201~6700
定 价:69.00 元

产品编号:080700-02

前　言

21 世纪是全球化、市场化、信息化的世纪，是知识主宰的世纪。人既是管理活动的主体，也是管理活动的客体，新的社会环境必然给各类组织的人力资源管理提出新的要求和挑战。人力资源管理是一个动态的应用性学科，人力资源管理的学习者及从业者必须不断地适应各方面的重大变化，希望本书能够为人力资源管理的学习者及从业者应对这些变化、进行有效管理提供借鉴。

本书的特色是保持了其内容的科学性、系统性与实用性，反映了学科前沿，吸收了学术研究最新成果、教学实践经验和企业案例，与国家最新的相关法律法规和人力资源职业资格考试接轨，将理论与实践紧密结合，突出应用能力的培养。

本书具体特点如下：第一，每章设有导读、学习目标、学习难点和教学建议，每章均有小结，便于施教者和学习者讲授与学习；第二，每章配有小故事和小案例，既是对内容的升华，又增加了趣味性与可读性；第三，每章末尾配有习题、案例分析等内容，既能提高教学效率，又可检验教学效果，同时能强化学习者对知识的理解和运用能力。

本书编者均具有人力资源管理理论知识与实践经验，力求使教材兼备理论性和指导性，既可用作大学本科经济管理、行政管理类专业及其他专业的人力资源管理课程的教材，也可供各类组织中的管理者及人力资源管理者、爱好者学习和参考。

本书由赵丽、张晶编著。全书共计九章，由赵丽总体策划，各章编写具体分工如下：赵丽编写第一～四章，张晶编写第五～九章，全书最后由赵丽进行总纂。

在编写本书的过程中，编者参考了大量的相关教材、著作和期刊等，限于篇幅，恕不一一列出，特此说明并向书籍和文章的作者表示最诚挚的谢意。本书的编辑和出版得到清华大学出版社的大力支持和帮助，在此也表示衷心感谢。

由于编者水平、经验、资料等条件有限，书中难免存在一些不足和不当之处，恳请同行、专家及读者指正。我们的邮箱是 huchenhao@263.net，电话是 010-62796045。

本书对应的课件和习题答案可以到 http://www.tupwk.com.cn/downpage/downpage 网站下载，也可通过扫描下面的二维码下载。

编　者
2019 年 1 月

目　　录

第一章

人力资源管理综述

【导读】

人力资源作为企业的第一资源，它能够创造价值并推动国民经济和社会发展，是不可或缺、不可替代、能够带来竞争力的优势资源。人力资源管理是一门关于如何对人力资源进行开发、利用，进而提高企业绩效，为企业和社会创造更多财富的学科。从根本上来说，企业管理是对人力资源的管理。由于人的复杂性，在管理实践中，不同的管理方法势必带来不同的结果，人力资源管理的相关理论、办法为管理者提供了专业的技术支持。

【学习目标】

掌握人力资源的含义，以及人力资源的数量和质量；了解人力资源与人力资本的关系；掌握人力资源的特征及其在经济活动中发挥的作用；掌握人力资源管理的含义、人力资源管理活动的内容，以及人力资源管理的目标、作用和基本原理；明确现代人力资源管理与传统人事管理的区别，人力资源管理部门与非人力资源管理部门在人力资源管理上的分工；掌握人力资源管理的理论基础；了解人力资源管理面临的环境和发展趋势。

【学习难点】

人力资源管理活动的内容，人力资源管理的目标、作用和基本原理；人力资源管理部门与非人力资源管理部门在人力资源管理上的分工；人力资源管理的理论基础。以上内容，对于进一步深入学习人力资源管理的专业技能，起到了奠定基础的作用，有一定的难度。

【教学建议】

第一节、第二节结合实际案例和小故事进行课堂讲解；第三节的内容涉及管理基础理论的学习，考虑到管理类专业的学生有相应的学习基础，本节以复习性学习为主；第四节由学生自学，并撰写学习心得。

第一节　人力资源概述

一、人力资源的含义

人力资源(human resource，HR)的概念是由管理大师彼得·德鲁克于1954年在其著作《管理实践》中首先提出并正式加以明确界定的。他认为，与自然资源、资本资源和信息资源相比，人力资源是一种特殊的资源，是生产活动中最活跃、最重要的资源，它必须通过有效的激励机制才能开发和利用，并为企业带来可观的经济效益。

迄今，学者们从不同角度对人力资源进行了解释。根据研究角度的不同，可以将这些定义分为两类。

第一类主要从能力的角度来解释人力资源的含义，持这种观点的人占较大比例，例如：

(1) 人力资源是能够推动整个经济和社会发展的劳动者的能力，即处于劳动年龄的已直接投入建设和尚未投入建设的人口的能力。

(2) 人力资源是人类可用于生产或提供各种服务的活力、技能和知识。

(3) 人力资源是指包含在人体内的一种生产能力，是表现在劳动者的身上、以劳动者的数量和质量表示的资源，对经济发展起着决定性的作用，是企业经营中最活跃、最积极的生产要素。

(4) 人力资源是指社会组织内部全部劳动人口中蕴含的劳动能力的总和。

(5) 人力资源是指劳动过程中可以直接投入的体力、智力、心力总和及其形成的基础素质，包括知识、技能、经验、品行与态度等身心素质。

(6) 人力资源是指企业员工天然拥有并能够自主支配的协调力、融合力、判断力和想象力。

第二类主要是从人的角度来解释人力资源的含义，例如：

(1) 人力资源是指一定社会区域内所有具有劳动能力的适龄劳动人口和超过劳动年龄的人口的总和。

(2) 人力资源是指企业内部员工及外部顾客等人员，即可以为企业提供直接或潜在服务及有利于企业实现预期经营效益的人员的总和。

(3) 人力资源是指能够推动社会和经济发展的，具有智力和体力劳动能力的人的总称。

综合上述观点，本书认为，人力资源是指能够创造价值，能够推动国民经济和社会发展，并且能够被组织所利用的具有智力劳动和体力劳动能力的人的总和。

二、人力资源的数量和质量

与其他资源一样，人力资源也具有量和质的规定性。

(一) 人力资源的数量

对于企业而言，人力资源的数量一般来说就是指员工的数量。

对于国家而言，人力资源的数量可以用绝对数量和相对数量两种指标来表示，人力资源的绝对数量和相对数量又都有潜在和现实两种计算口径。

1. 人力资源的绝对数量

人力资源的绝对数量可以用被考察的国家或地区具有劳动能力的人口数量相加来计算。各国一般根据国情对人口进行劳动年龄划分。一个国家或地区的人力资源包括以下几个方面。

(1) 处于劳动年龄之内，正在从事社会劳动的人口，称为适龄就业人口。

(2) 尚未达到劳动年龄，已经从事社会劳动的人口，称为未成年就业人口。

(3) 已经超过劳动年龄，但仍继续从事社会劳动的人口，称为老年就业人口。

(4) 处于劳动年龄之内，有能力、有意愿参加社会劳动，但实际上并未参加社会劳动的人口，称为待业人口。

(5) 处于劳动年龄之内，正在从事学习的人口(各大、中专在校学生)，称为求学人口。

(6) 处于劳动年龄之内，正在从事家务劳动的人口，称为家务劳动人口。

(7) 处于劳动年龄之内，正在军队服役的人口(现役军人)，称为服役人口。

(8) 处于劳动年龄之内的其他人口，称为其他人口。

适龄就业人口、未成年就业人口和老年就业人口构成人力资源的主体，称为就业人口。待业人口和就业人口构成经济活动人口，即现实人力资源。求学人口、家务劳动人口、服役人口和其他人口并未构成现实社会劳动力供给，称为潜在人力资源。一个国家或地区的绝对人力资源数量就是现实人力资源与潜在人力资源之和。

人力资源的构成如图1-1所示。

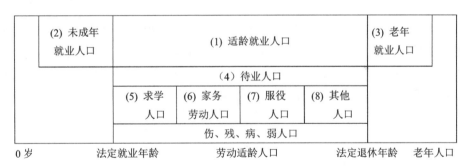

图 1-1　人力资源的构成

2. 人力资源的相对数量

人力资源的相对数量可以用人力资源率来表示，公式为

$$人力资源率 = \frac{被考察范围内人力资源人口}{被考察范围内的总人口} \times 100\%$$

一个国家或地区人力资源的绝对数量是反映一个国家或地区实力的重要指标；人力资源的相对数量则表示人均人力资源的拥有量，它可以作为相对实力的指标，用来与其他国家或地区进行比较，反映一个国家或地区的发展程度及更深层次的社会经济特征。

3. 影响人力资源数量的主要因素

影响人力资源数量的主要因素如下。

1) 人口总量及再生产状况

人力资源来源于人口的一部分，在低死亡率水平的稳定状态下，人口总量及出生率水平直接影响人力资源的数量。

2) 人口年龄结构及其变动

在人口总量一定的条件下，人口的年龄构成直接决定了人力资源的数量，即

人力资源数量=人口总量×劳动年龄人口比例

另外，劳动适龄人口的年龄构成的变化决定着人力资源的构成。要调节整个国家人口年龄的构成，需对人口出生率、自然增长率进行相当长时间的调节。

3) 人口迁移

人口迁移可以使一个地区的人口数量发生变化，继而使人力资源的数量发生变化。人口迁移的规律是从生活水平低的地区向水平高的地区迁移，从收入水平低的地区向水平高的地区迁移，从发展前景差的地区向发展前景好的地区迁移。值得关注的是国家间的人口迁移，国家间的人口迁移的主体通常是成年人，一般都掌握着某种专业技术或专长，甚至拥有一笔财富。对于流入国而言，外来人力资源有利于本国的发展，增强了本国人力资源的存量；对于流出国而言，却是人力资源的流失，弊大于利。国家间的人口迁移一般都是从发展中国家流向发达国家，因此，限制专业人才外流是发展中国家普遍采取的一项保护本国、本民族利益的措施。

(二) 人力资源的质量

劳动者的素质直接决定了人力资源的质量。劳动者的素质即人力资源的素质，由身体素质、智能素质及非智能素质构成，如图1-2所示。就身体素质而言，又有先天体质和后天体质之分。智能素质包括经验知识和科技知识两个方面，科技知识又分为通用知识和专业知识，后者又包括理论素养和操作技能。非智能素质是指劳动者的积极性和心理素质，是劳动者发挥其体力和脑力的重要条件，是决定人力资源质量的重要因素。

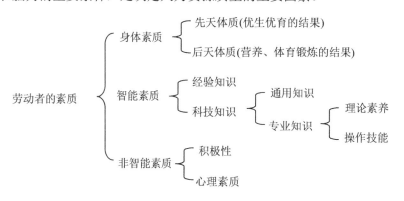

图1-2 劳动者的素质

社会发展历史表明，人力资源的智能素质的作用逐渐提高，身体素质的作用逐渐减低；智能素质中科技知识的作用不断上升，经验知识的作用相对下降。

(三) 人力资源的相关概念

人口资源是指一个国家或地区所拥有的人口的总量，主要表现为人口的数量。

劳动力资源是指在劳动年龄内具有劳动能力的全部人口以及在劳动年龄以外实际常年参加社会劳动的人口总和。

人才资源是指一个国家或地区具有较强的管理能力、研究能力、创造能力和专门技术能力的人口的总和。

人口资源、人力资源、劳动力资源和人才资源的数量关系如图1-3所示。

图 1-3　人口资源、人力资源、劳动力资源和人才资源的数量关系

三、人力资源与人力资本

人力资本理论的创始人是美国芝加哥大学教授西奥多·舒尔茨(T. W. Schultz)，他在1960年出任美国经济学会会长时，发表了《人力资本投资》的就职演说，精辟地阐述了他对人力资本的看法。舒尔茨认为，人力资本是通过对人力资源投资而体现在劳动者身上的体力、智力和技能，它是另一种形态的资本，与物质资本共同构成国民财富，而这种资本的有形形态就是人力资源。

人力资源与人力资本是既有联系又有区别的两个概念。

(一) 人力资源与人力资本的联系

人力资源与人力资本都是以人为基础而产生的概念，研究的对象都是人所具有的脑力和体力，从这点来看两者是一致的。现代人力资源理论多数都是以人力资本理论为依据，人力资本理论是人力资源理论的重点内容和基础部分，人力资源经济活动及其收益的核算是基于人力资本理论进行的，两者都是在研究人力作为生产要素在经济增长和经济发展中发挥的重要作用时产生的。

(二) 人力资源与人力资本的区别

1. 概念的范围不同

人力资源包括自然性人力资源和资本性人力资源。自然性人力资源是指未经任何开发的遗传素质与个体；资本性人力资源是指经过教育、培训、健康与迁移等投资而形成的人力资源。人力资本是指投入的物质资本在人身上凝结的人力资源，是可以投入经济活动并带来新价值的资本性人力资源。人力资本存在于人力资源之中。

2. 关注的焦点不同

人力资源关注的是价值问题，而人力资本关注的是收益问题。

3. 反映的问题不同

人力资源反映的是存量问题，而人力资本反映的是流量和存量问题。

4. 研究的角度不同

人力资源是将人力作为财富的源泉，从人的潜能与财富的关系角度来研究人的问题。而人力资本则是将人力作为投资对象，作为财富的一部分，从投入与收益的关系角度来研究人的问题。

四、人力资源的特征

(一) 能动性

能动性是人力资源区别于其他资源的最根本特征，是指不同于其他资源的被动使用地位，能够起到创造作用。人力资源能积极主动地、有意识地、有目的地认识世界和利用其他资源去改造世界，推动社会和经济的发展，在社会发展和经济建设中起着积极和主导的作用。

人力资源的能动性具体体现在以下几个方面。

(1) 自我强化：通过接受教育或主动学习，提高知识、技能、意志、体质等方面的素质。

(2) 选择职业：在市场经济环境中，人作为劳动力的所有者可以按自己的特长和爱好自主择业。选择职业是人力资源主动与物质资源相结合的过程。

(3) 积极劳动：人在劳动过程中会产生敬业、爱业精神，能有效地利用其他资源为社会和经济发展创造性地工作。

(二) 两重性

人力资源的两重性是指人力资源既是投资的结果，同时又能创造财富，因而既是生产者，又是消费者。

(1) 个人和社会都会对人力资源进行投资(如教育投资、提高技能的投资)，且投资大小决定人力资源质量的高低，因而从这个角度来讲，人力资源是消费者，是个人和社会投资的结果，以至于成为一种资本——人力资本，但这种投资或消费行为是必需的，是获得人力资源投资后期收益的必不可少的先期投入。

(2) 由于对人力资源的投资体现为劳动者的身体素质、智力和技能，成为人力资本，因而具有高增值性，且远远大于对其他资源的投资所带来的收益。舒尔茨用投资收益率法研究了美国1929—1957年各种投资对经济增长的贡献，结果表明，教育投资在人力资源开发方面对经济增长的贡献是33%；而根据挪威1900—1995年的统计测算得出结论：对于固定资产、普通劳动者和智力投资的额度分别每增加1，则与其相对应的社会生产量分别增长0.2、0.76和1.8。所以，有的学者提出，与其他资源的边际报酬递减规律不同，人力资源所拥有的知识具有边际报酬递增的规律。

(三) 时效性

时效性是指人力资源的形成、开发和利用都要受时间限制，且在能够从事劳动的不同年龄段(青年、壮年、老年)，其劳动能力也不尽相同，此外，随着时间推移，科技不断发展，人的知识和技能会相对老化而导致劳动能力相对降低。人力资源的时效性要求对人力资源必须适时开发、及时利用、讲究时效，否则就是对人力资源的极大浪费。

(四) 再生性

人力资源的有形磨损是指人自身的疲劳和衰老，这是一种不可避免、无法抗拒的损耗；人力资源的无形磨损是指个人的知识和技能由于科学技术的发展而出现的相对老化。与物质资源的不可继续开发不同，人力资源的无形磨损可以通过人的不断学习、更新知识、提高技能而持续开发。

人力资源的再生性要求在人力资源的开发与管理中要注重终身教育，加强后期培训与开发，不断提高人力资源的质量。

(五) 社会性

人受到所在民族(团体)的文化特征、价值取向的影响，因而在与人交往、生产经营的过程中，可能会因彼此行为准则的不同而发生矛盾。人力资源的社会性特点要求在人力资源管理过程中应注重团队建设和民族精神，强调协调和整合。

五、人力资源在经济活动中发挥的作用

人力资源是经济活动中最活跃的因素，也是一切资源中最重要的资源。它对经济增长具有特别重要的作用，同时也对企业的生存和发展具有重要的意义。

现代经济理论认为，经济增长主要取决于四个方面的因素：①新的资本资源的投入；②新的可利用的自然资源的发现；③劳动者的平均技术水平和劳动效率的提高；④科学的、技术的和社会的知识储备的增加。显然，后两项因素均与人力资源密切相关。因此，人力资源决定经济的增长。经济学家也将人力资源称为第一资源，舒尔茨认为，人力资本是国家和地区的富裕之源。

当代发达国家占有资本资源优势，自然资源也得到充分的利用。在追求这两种资源优势的过程中，社会对科学技术和知识的依赖程度也越来越大，同时也越来越依赖具有先进生产知识和技能的劳动者的努力。因此，当代发达国家的经济增长主要依靠劳动者的平均技术水平、劳动效率的提高，以及科学的、技术的和社会的知识储备的增加。前文在人力资源的两重性特征中提到，舒尔茨用投资收益率法研究美国1929—1957年各种投资对经济增长的贡献，教育投资在人力资源开发方面对经济增长的贡献是33%，有力地说明了人力资源在经济活

动中发挥了重要作用。实践中，发达国家将人力资源的发展摆在头等重要地位，通过加大本国人力资源开发力度来提高人力资源素质，同时不断地从发展中国家挖取高素质人才来增加和提高其人力资源的数量和质量。

对于发展中国家而言，初期经济的快速发展主要建立在不断增加资本资源的投入和开发，以及利用更多的自然资源的基础之上。但是，许多国家已经证明这并非是一条持续发展的道路，原因是：①资本资源和自然资源作用的发挥离不开与之相适应的劳动者技能和科学技术、知识信息的掌握及运用；②自然资源的进一步开发和更多资本资源的取得也需要与之相适应的科学技术、知识信息的应用以及劳动者的努力。不解决这两个相适应的问题，发展中国家就无法有效利用它们可能获得的宝贵的资本和有限的自然资源。不少发展中国家花巨额外汇购买高科技技术、设备、工艺流程，最终却以失败告终，也从反面证实了这个道理。

劳动者平均技术水平和劳动效率的提高、科学技术的知识储备和运用的增加是经济增长的关键，而这两个因素与人力资源的质量呈正相关。因此，一个国家和地区的经济发展的关键制约因素是人力资源的质量。通过对美国、韩国、泰国、坦桑尼亚、中国五国经济发展的研究也发现，经济发展的程度与小学、中学、大学的入学率呈正相关。

企业要从事生产经营活动以实现其既定的目的，就必须使用各种基本资源，这些基本资源可以分为五类，即人、财、物、信息和时间，这五类资源中只有人是能动的，其他都是被动的、受人支配的，其他资源的作用大小和效用高低取决于人力资源。人力资源得到合理利用，其作用得到有效发挥，其他资源利用的有效率就高，企业就能获得稳定、健康、快速的发展；反之，人力资源没有得到高度重视和充分利用，那么，其他资源的利用有效性就要大打折扣。所以，人力资源是企业中最宝贵的资源，是影响企业生存与发展的最根本因素，是企业发展的动力源。现代管理大师彼得·德鲁克曾经说过："企业只有一项真正的资源——人。"IBM公司总裁华生也说过："你可以搬走我的机器，烧毁我的厂房，但只要留下我的员工，我就可以有再生的机会。"

现代企业的生存是一种竞争性生存，人力资源对企业竞争力起着重要作用。美国田纳西大学工商管理学院管理学教授劳伦斯·S.克雷曼曾经说过："为了成功，企业必须获取并维持其对竞争对手的优势。这种竞争优势可以通过两个途径达到：一是成本优势，二是产品差异化。"可见，人力资源对于企业获取成本优势和产品差异优势的意义重大。

1. 人力资源是企业获取并保持成本优势的控制因素

(1) 高素质的员工需要较少的职业培训，可以减少培训成本支出。

(2) 高素质的员工有更高的劳动生产率，可以大大降低生产成本支出。

(3) 高素质的员工更能动脑筋寻求节约的方法，提出合理化的建议，减少浪费，从而降低能耗和原材料消耗，降低成本。

(4) 高素质的员工表现为能力强、自觉性高，无须严密监控管理，可以大大降低管理成本。各种成本的降低可以使企业在市场竞争中拥有价格优势。

2. 人力资源是企业获取和保持产品差异优势的决定性因素

企业产品差异优势主要表现为创造比竞争对手质量更好的产品和服务，提供竞争者提供不出的创新性产品或服务。显然，高素质的员工所拥有的能力、工作态度、合作精神对创造高质量的一流产品和服务具有决定性作用，而且高素质的员工，尤其是具有创造能力、创新精神的研究开发人员更有可能设计或提供创新性的产品或服务。两者结合起来就能使企业持续地获得和保持相对于竞争对手的产品差异优势，使企业在市场竞争中始终处于主动地位。

3. 人力资源是提高企业管理效率的关键因素

"管理出效率，人才是关键"，这里的人才就是管理人才。企业效率的提高离不开有效的管理，有效的管理离不开高素质的企业经营管理者，企业的发展需要一大批战略管理、市场营销管理、人力资源管理、财务管理、生产运作管理等方面的高素质管理人员。

4. 人力资源是企业在知识经济时代立于不败之地的宝贵财富

20世纪70年代以来，知识经济时代的来临将人们对人力资源的认识提高到人力资本的高度，而且将智力资本视作人力资本的核心。知识经济是以知识为基础的经济。在知识经济时代，社会发展的方方面面均依赖于知识，企业的生产活动也不例外。对于企业来说，信息、知识、科技、创造力成为最重要的战略资源，而产生这些资源的唯一来源就是人。所以，在知识经济时代，企业竞争的重点必然由物质资源、金融资本的竞争转向人才、人力资源、智力资本的竞争。

第二节　人力资源管理概述

一、人力资源管理的含义

人力资源管理可以分为宏观和微观两个层次。

宏观的人力资源管理是指一个国家或地区通过制定一系列政策、法律制度和行政法规，采取一些必要措施促使人力资源的形成，为人力资源的形成、开发和利用提供条件，对人力资源的利用加以协调，使人力资源的形成、开发和利用与社会协调发展。例如，我国的计划生育和人口的规划管理、教育规划管理、职业定向指导、职业技术培训、人力资源的宏观调配、劳动与社会保障等就是我国进行宏观人力资源管理的具体体现。

微观的人力资源管理是指一个组织对其所拥有的人力资源进行开发和利用的管理。本书所研究的就是微观的人力资源管理。

人力资源管理(human resources management，HRM)是指在人本思想指导下，通过招聘、选择、培训、考评和薪酬等管理形式对组织内外相关人力资源进行有效运用，满足组织当前及未来发展的需要，保证组织目标的实现和组织成员发展的最大化。

二、人力资源管理活动的内容

人力资源管理活动即人力资源管理的职能活动，是指在人力资源战略的指导下，以人力资源规划为起点，以工作分析为基础，运用科学的方法，对组织所需要的人力资源进行招聘、培训开发，对员工的绩效、薪酬、职业生涯和劳动关系等进行管理，实现人力资源的优化配置，最终实现组织目标和员工价值的过程。

人力资源管理活动的基本框架如图1-4所示。

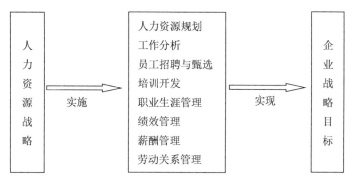

图1-4　人力资源管理活动的基本框架

(一) 人力资源规划

根据企业的发展战略和经营计划，评估企业的人力资源现状及发展趋势，收集和分析人力资源供给和需求方面的信息和资料，利用科学的方法预测人力资源供给和需求的发展趋势，制订人力资源招聘、调配、培训及发展计划等必要的政策和措施，以使人力资源的供求得到平衡，保证企业目标的实现。

(二) 工作分析

为了实现企业的战略目标，人力资源管理部门要根据组织结构制定各职位说明书与员工素质要求，并结合企业、员工及工作的要求，为员工设计激励性的工作。工作分析是收集、分析和整理关于工作信息的系统性程序。工作分析的信息被用来规划和协调几乎所有的人力资源活动，如决定员工的挑选标准、制定培训方案、确定绩效评估标准等。

(三) 员工招聘与甄选

根据人力资源的规划或供需计划而开展的招聘、选拔、录用与配置等工作是人力资源管理的重要活动之一。招聘的目标在于迅速、合法、有效地找到企业所需的求职者。在这一过程中，需要采用科学的方法和手段对所需要的人员进行评估和选择。

(四) 培训开发

培训和开发是训练员工的过程，主要是根据不同员工的技术水平和素质差异采用不同的训练方式和训练内容，根据完成任务所需要的知识、技术、能力和工作态度，进一步开发员工的潜能，帮助员工胜任当前的工作和将来的职务。培训与开发的主要目的在于通过提高员工的知识技能和素质水平去提高企业的绩效。

(五) 职业生涯管理

人力资源管理部门和管理人员有责任鼓励和关心员工的个人发展，帮助其制订个人发展计划，并及时进行监督和考察。这样做有利于促进企业的发展，使员工有归属感，进而激发其工作积极性和创造性，提高企业绩效。人力资源管理部门在帮助员工制订个人发展计划时，应使其与企业的发展计划协调一致。

(六) 绩效管理

绩效管理的核心是绩效考核，企业通过绩效考评工作衡量员工的工作绩效，并把这些评价反馈给他们，其目的在于激励员工继续恰当的行为，并改正不恰当的行为。绩效评价结果可以给管理部门提供进行有关决策的依据，如晋升、降级、解职和提薪等。

(七) 薪酬管理

科学合理的工资报酬、福利体系关系企业中员工队伍的稳定与发展。人力资源管理部门要从员工的知识、技能、资历、职级、岗位、实际表现和工作业绩等方面，来为员工制定相应的、具有吸引力的工资报酬、福利标准和制度。员工福利是社会和企业保障的一部分，是工资报酬的补充或延续。员工福利的范围包括医疗保险、失业保险、带薪休假、文体活动、良好的工作条件等。

(八) 劳动关系管理

劳动关系是劳动者与用人组织在劳动过程和经济活动中发生的关系。一个组织的员工关系是否健康、融洽，直接关系到人力资源管理与开发活动能否有效展开，直接关系到组织的人力资源能否正常发挥作用。

三、人力资源管理的目标和作用

(一) 人力资源管理的目标

在适当的时间，把适当的人选安排在适当的工作岗位上，以人事的协调来提高工作效率，才能使人力资源管理有效地发挥作用。人力资源管理工作应达到以下两个主要目标。

1. 最大限度地取得人力资源的使用价值

人力资源管理的首要目标就是要达到人与事的最佳匹配，使事得其人，人尽其才。要使员工使用价值最大化，就要提高人力资源的使用率、发挥率和有效率。

2. 最大限度地发挥人力资源的主观能动性，提高工作效率

人力资源管理的另一个目标，就是要求人与人之间的关系和谐与协调，以增进合作，发挥员工最大的主观能动性，提高工作效率。要提高工作效率，就要关注行为科学，工作表现可以看作能力与激励两者的函数。

$$工作表现=f(能力，激励)$$

也就是说，只有能力而没有激励是没有结果的。比如，一个很有才干的人，如果他从来提不起干劲，就不可能有好的工作表现；反过来说，一个人只有干劲，而缺乏工作能力也不会有好的工作表现。

从人力资源管理角度来说，要发挥员工的主观能动性，提高工作效率，首先要招聘优秀的人才，即才能与干劲兼备的人；然后需要有足够的激励，以提高员工的士气。

要招聘有工作能力的人，可以从两方面着手：一是通过内部考核、选拔加以培养、发展企业所需要的人才；二是从外部招聘所需要的人才。

关于人才的激励，可以通过物质激励、精神激励、提供更好的发展机会等激发员工的干劲，调动员工的积极性和创造性。

(二) 人力资源管理的作用

对于人力资源管理的作用，不同的人有不同的看法，但是从根本上来说，它集中体现在两个方面：一是人力资源管理有助于实现和提升企业的绩效；二是人力资源管理有助于企业战略的实现。

1. 人力资源管理和企业绩效

米切尔·A.谢帕克等人曾提出了一个人力资源管理与企业绩效的关系模型，如图1-5所示。他们认为，企业绩效的实现和提高有赖于人力资源管理的实践活动，但是人力资源管理不能单独对企业绩效产生作用，它必须和企业的环境、企业的经营战略、人力资源管理的支持这三个变量相互配合才能发挥作用。

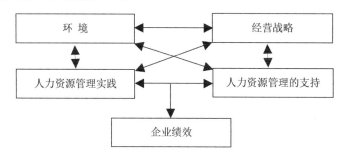

图1-5 人力资源管理与企业绩效的关系模型

此外，也有学者从另外一个角度来分析人力资源管理与企业绩效之间的关系，如图1-6所示。

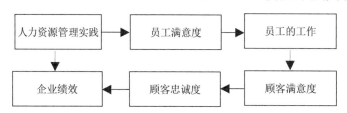

图1-6 人力资源管理与企业绩效之间的关系

2. 人力资源管理和企业战略

在人力资源管理职能正常发挥的前提下，人力资源管理工作有助于企业战略的实现。

企业战略主要是指对企业未来发展的一种长期规划。战略对企业的发展起着至关重要的作用，它确定了企业未来前进的方向和发展的道路，国际上一些著名的公司都有自己明确的战略。

战略的实施需要企业各方面资源的共同支持，人力资源自然也在其中，因此人力资源管理的有效进行将有助于企业战略的实现。同时，企业的人力资源战略只有和企业战略相互配合，才能发挥最大的效用。

四、人力资源管理的基本原理

(一) 同素异构原理

在化学领域，同素异构原理是指事物成分因排列次序和结构上的变化而引起不同的结果甚至发生质的变化，如碳、石墨和钻石。在人力资源管理领域，同素异构原理是指同样数量的人采用不同的组织结构，可以取得不同的效果。好的组织结构可以有效地发挥整体功能大于个体功能之和的优势。合理的组织结构可以充分地发挥人力资源的潜力，发挥组织的系统功能。根据同素异构原理，在人力资源管理工作中，要强调人力资源系统的优化配置，注重协调，提倡理解，反对内耗。

(二) 能级层次原理

能级层次原理又称能级对应原理，是指具有不同能力层次的人，应安排在要求相应能级层次的职位上，并赋予该职位应有的权力和责任，使个人能力水平与岗位要求相适应，即"大才大用，小才小用，各尽所能，人尽其才"，这样的组织结构才会相对稳定。这里的能力不仅指知识经验，还包括人的道德水平、价值观等。

(三) 协调优化原理

协调优化原理是指通过协调和优化的方式，处理好组织内外相关因素之间的关系，使组织的整体功能达到最佳。人作为个体，不可能十全十美，而是各有长短；而人作为群体，则可以通过个体间取长补短而形成整体优势，达到组织目标。因此，管理者要重视人的互补性，在分配工作时要考虑成员之间的知识互补、技能互补、性格互补、年龄互补、关系互补等，同时要重视群众间的协调和优化。所谓协调，是指要保证群体结构与工作目标相协调，与企业总任务相协调，与生产技术装备、劳动条件和内外部生产环境相协调。所谓优化，是指经过比较、分析选择最优组合方案。

(四) 投资增值原理

投资增值原理是指对人力资源的投资可以使人力资源增值，而人力资源增值是指人力资源品质的提高和人力资源存量的增大。我们知道，人力资源是指社会劳动者的劳动能力，而劳动能力的提高主要取决于两方面的投资：营养保健投资和教育培训投资，其中更为重要的是教育培训投资。要想使企业中的员工提高生产效率和生产能力，就必须对其进行业务培训。

(五) 激励强化原理

激励强化原理是指通过对员工的物质需求或精神需求给予满足的允诺，来强化其为获得满足就必须努力工作的心理动机，从而达到充分发挥积极性，使其努力工作的结果。人在工作过程中的积极性直接决定能力的发挥程度。人所拥有的能力及其在工作中发挥的能力往往是不等量的，这除了受到诸如工作环境的好坏、工作条件的良好程度，以及单位或组织内人际关系(包括上下级关系、同事关系)的协调、配合情况等客观因素影响之外，还要受到人的积极性的发挥程度这一主观因素制约。在客观因素相同的条件下，主观因素是个人能力发挥的决定性因素。因此，人力资源管理者的任务不仅仅是获得人力资源，还要通过各种开发、管理手段合理使用人力资源，提高人力资源的利用率，为此就必须坚持激励强化原理。

(六) 动态适应原理

动态适应原理是指人力资源的供给与需求要通过不断调整才能相互适应。随着事物的发展，适应又会变为不适应，又要不断调整达到重新适应，这种"不适应—适应—再不适应—再适应"的循环往复的过程，正是动态适应原理的体现。动态适应原理使我们认识到人力资源规划的重要性。当前企业面临的外部环境变化万千，而组织要生存与发展，必须有一支规模适当、素质较高的员工队伍，如何在组织需要的时候和需要的岗位上及时得到各种需要的人才，是组织提高竞争力、实现战略目标的关键。为此，必须对组织当前和未来各种人力资源的供求进行科学的预测和规划。

(七) 公平竞争原理

公平竞争原理是指竞争者各方以同样的起点、基于同样的规则，公正地进行考核、录用和奖惩。在人力资源工作中引进竞争机制，可以较好地解决奖勤罚懒、用人所长、优化组合等问题。运用公平竞争原理，就是要坚持公平竞争、适度竞争和良性竞争三项原则，使员工的才能在竞争中得到充分的开发和利用。

五、现代人力资源管理与传统人事管理

(一) 传统人事管理

1. 传统人事管理的活动内容

早期的人事管理活动只限于人员招聘、选拔、委派、工资发放、档案保管之类较烦琐的具体工作，逐渐涉及职务分析、职务描述的编写，拟订绩效考评制度与方法，奖酬制度的设计与管理，其他人事规章制度的制定，员工培训活动的规划与组织等。

2. 传统人事管理工作的性质

传统人事管理工作基本上都属于行政事务性工作，活动范围有限，短期导向，主要由人事部门职员执行，很少涉及企业高层战略决策。

3. 传统人事管理在企业中的地位

由于人事活动被视为低档的、技术含量低的工作，从事人事管理的人无须特殊专长，任何人都能掌握。人事部门有时甚至被看作安置不能胜任其他岗位的人员的场所，人事功能本身被贬低和轻视了。

(二) 现代人力资源管理与传统人事管理的区别

现代人力资源管理与传统人事管理的差别不仅仅是名称的转变，两者在性质上已有了本质的差异。现代人力资源管理更具有战略性、整体性和未来性，它从单纯的行政事务性管理活动的框架中脱离出来，根据组织的战略目标制定人力资源规划与战略，人力资源管理部门直接参与企业战略决策，并成为组织产生效益的部门。现代人力资源管理与传统人事管理的区别可用表1-1加以说明。

表1-1　现代人力资源管理与传统人事管理的区别

项目	现代人力资源管理	传统人事管理
观念	视员工为有价值的重要资源	视员工为成本负担
目的	满足员工自我发展的需要，保障企业长远利益的实现	保障企业短期目标的实现
模式	以人为中心	以事为中心
视野	广阔、长期性	狭窄、短期性
性质	战略性	战术、业务性
深度	主动、注重开发	被动、注重管理
功能	系统、整合	单一、分散
地位	决策层	执行层
工作方式	参与、透明	控制
内容	丰富	简单
与其他部门的关系	和谐、合作	对立、抵触
本部门与员工的关系	帮助、服务	管理、控制
对待员工的态度	尊重、民主	命令、独裁
角色	挑战、变化	例行、记载
部门属性	生产与效益部门	非生产、非效益部门

六、人力资源管理部门与非人力资源管理部门在人力资源管理上的分工

人力资源管理不仅仅是人力资源部门的责任，而且是组织的所有部门、全体员工及全体管理者共同的责任。人力资源管理部门与非人力资源管理部门在履行人力资源管理各职能时有着不同的分工，它们相互配合、相互协调，共同承担组织的人力资源管理工作。人力资源管理部门和非人力资源管理部门的分工如表1-2所示。

表1-2　人力资源管理部门和非人力资源管理部门的分工

职能	人力资源管理部门	非人力资源管理部门
工作分析	● 根据其他部门提供的信息编制职位说明书 ● 与其他部门沟通，修订职位说明书	● 向人力资源部门提供信息 ● 配合人力资源部门修订职位说明书
人力资源规划	● 汇总各部门的需求计划，综合平衡和预测公司的人员需求 ● 预测公司的人员供给 ● 拟订平衡需求计划	● 向人力资源部门提交人员需求计划
招聘录用	● 根据规划确定招聘的时间、范围 ● 发布招聘信息 ● 对应聘人员进行初步筛选 ● 配合其他部门对应聘者进行测试，确定最终人选 ● 给新员工办理各种手续	● 提出人员需求的条件 ● 在人力资源部门的配合下确定最终人选
培训开发	● 制定培训体系，包括培训的形式、培训的项目和培训的责任等 ● 汇总部门的需求，平衡并形成公司的培训计划 ● 组织实施培训计划 ● 收集反馈意见 ● 进行培训效果评估	● 向人力资源部门提出培训的需求 ● 参加有关的培训项目 ● 提出意见
绩效管理	● 制定绩效管理体系，包括考核内容的类别、周期、方式及步骤等 ● 指导各部门确定考核指标的内容和标准 ● 对管理者进行考核培训 ● 组织考核的实施 ● 处理员工对考核的申诉 ● 保存考核的结果 ● 根据考核的结果做出相关的决策	● 具体确定本部门考核指标的内容和标准 ● 参加考核者的培训 ● 具体实施本部门的考核 ● 与员工进行沟通，制订绩效改进计划 ● 根据考核结果向人力资源部门提出相关的建议
薪酬管理	● 制定薪酬体系，包括薪酬的结构、发放的方式和确定的标准等 ● 核算员工的具体薪酬数额 ● 审核各部门的奖惩建议 ● 办理各种保险	● 向人力资源部门提出相关的奖惩建议
员工关系管理	● 制定企业文化建设的方案并组织实施 ● 建立沟通的机制和渠道 ● 受理员工的各种意见 ● 规划员工的职业生涯	● 具体实施企业文化建设方案 ● 向人力资源部门提出员工职业生涯发展的建议 ● 直接处理员工的有关意见

第三节　人力资源管理的理论基础

人力资源管理的理论基础主要有人性假设理论、人本管理理论和激励理论。

一、人性假设理论

对于人性假设理论，很多学者都做过深入的研究，其中最具代表性的就是美国行为科学家道格拉斯·M.麦格雷戈(Douglas M.McGregor)提出的X—Y理论和美国行为科学家埃德加·H.沙因(Edgar H.schein)提出的四种人性假设理论。

(一) X理论和经济人假设

X理论是美国行为科学家麦格雷戈提出的，这一理论的内容可以归纳为以下几个方面。

(1) 大多数人天生都是懒惰的、厌恶工作的，总是尽可能地减少干工作。

(2) 大多数人都没有什么雄心壮志，不喜欢负什么责任，宁可让别人领导。

(3) 大多数人都是以个人为中心的，这会导致个人目标与组织目标相互矛盾，为了达到组织目标必须靠外力严加管制。

(4) 大多数人都是缺乏理智的，不能克制自己，很容易受别人影响。

(5) 大多数人习惯于保守，反对变革，安于现状。

(6) 大多数人工作都是为了满足基本的生理需要和安全需要，他们将选择那些能够在经济上获得最大利益的事去做。

(7) 只有少数人能克制自己，这部分人应当担负起管理的责任。

X理论与我国古代的性恶论类似，认为"人之初，性本恶"。

沙因的经济人假设理论相当于麦格雷戈的X理论，经济人假设理论的主要内容归纳为以下几个方面。

(1) 人是由经济诱因来引发工作动机的，目的在于获得最大的经济利益。

(2) 经济诱因在组织的控制之下，因此，人总是被动地在组织的操纵、激励和控制之下从事工作。

(3) 人总是以一种合乎理性的、精打细算的方式行事，力图用最小的投入取得满意的报酬。

(4) 人的情感是非理性的，会干预人对经济利益的合理追求，组织必须设法控制人的感情。

在X理论和经济人假设理论的指导下，必然会形成严格控制的管理方式，以金钱作为激励人们努力工作的主要手段，对消极怠工的行为采取严厉的惩罚，以权力或控制体系来保护组织本身和引导员工，其相应的管理模式如下。

(1) 管理工作的重心在于提高生产率、完成生产任务，而不是考虑人的情感。管理就是为了完成任务而进行计划、组织、指导、协调和监督。

(2) 管理只是少数人的事，与一般员工无关，员工的任务就是听从指挥、努力生产。

(3) 主要依靠金钱来刺激员工的生产积极性，同时对消极怠工者予以严厉的制裁。

(二) 人际关系理论和社会人假设

人际关系理论即社会人假设，是人际关系学派的倡导者美国心理学家和管理学家乔治·埃尔顿·梅奥等人提出的。按照社会人假设的观点，管理的重点就是要营造和谐融洽的人际关系。沙因将社会人假设的观点归结为以下四点。

(1) 人类工作的主要动机是社会需要，而不是经济需要。人们要求有一个良好的工作氛围，要求与同事之间建立良好的人际关系。

(2) 工业革命和工作合理化的结果使工作变得单调而无意义，因此，必须从工作的社会关系中寻求工作的意义。

(3) 非正式组织有利于满足人的社会需求，因此，非正式组织的社会影响比正式组织的经济诱因对人的影响力更大。

(4) 人们最期望的是领导者能承认并满足他们的社会需要。

在社会人假设理论的指导下，相应的管理模式必将选择"参与管理"的管理方式，即在不同程度上让员工和下级参与企业决策的研究和讨论，实行共同管理。员工在这种参与模式下，感到自己被重视，体验到自我价值，促进了群体的凝聚力，从而提高了劳动生产率。具体的管理措施如下。

(1) 管理人员将工作的重点放在关心员工上，满足员工的需要。

(2) 管理人员不能只注重指挥、监督、计划、控制和组织，而应更重视与员工之间的关系，培养和形成员工的归属感及整体感。

(3) 提倡集体奖励制度，而不主张个人奖励制度。

(4) 增强管理人员的联络沟通职能。

(三) Y理论和自我实现人假设

基于X理论，麦格雷戈提出了与之完全相反的Y理论，这一理论的主要观点如下。

(1) 一般人并不是天性就不喜欢工作的，工作中体力和脑力的消耗就像游戏和休息一样自然，工作可能是一种满足，因而自愿去执行；也可能是一种处罚，因而只要有可能就会逃避。到底怎样，要视环境而定。

(2) 外来的控制和惩罚并不是促使人们为实现组织的目标而努力的唯一方法，它甚至对人是一种威胁和阻碍，并放慢了人成熟的脚步，人们愿意实行自我管理和自我控制来完成应当完成的目标。

(3) 人的自我实现的要求和组织要求的行为之间是没有矛盾的，如果给人提供适当的机会，就能将个人目标和组织目标统一起来。

(4) 在适当条件下，一般人不仅能够学会接受职责，而且还能够学会谋求职责。逃避责任、缺乏抱负、强调安全感通常是经验的结果，而不是人的本性。

(5) 承诺与达到目标后获得的报酬是直接相关的，它是达成目标的报酬函数。

(6) 大多数人，而不是少数人，在解决组织的困难与问题时，都能发挥较高的想象力、聪明才智和创造性，但是在现代工业环境中，一般人的智慧和潜能只是部分地得到了发挥。

Y理论的观点与我国古代的性善论类似，认为"人之初，性本善"。

麦格雷戈的Y理论、马斯洛的需求层次理论中的自我实现需要和克里斯·阿吉里斯的不成熟—成熟理论中个性的成熟都属于自我实现人假设，沙因将自我实现人假设的观点总结为以下几点。

(1) 人的需要从低级到高级可分为多种层次，从最基本的需求出发，依次为生理需要、安全需要、社交需要(亦称社会归属需要)、尊重需要和自我实现需要。其最终目的是满足自我实现的需要，寻求工作上的意义。

(2) 人们力求在工作上有所成就，实现自治和独立，发展自己的能力和技术，使自己的工作能力富有弹性，能适应环境。

(3) 人们能够自我激励和自我控制，外部激励和控制会对人产生威胁，造成不良后果。

(4) 个人的自我实现与组织目标的实现并不是冲突的，而是能够达成一致的。在适当的条件下，个人会自动地调整自己的目标，使之与组织的目标配合一致。

在Y理论和自我实现人假设理论的指导下，管理者的重要任务不再是监督、控制，而是创造一个使人得以发挥才能的工作环境，发挥员工的潜力，使员工在完成组织目标的同时也达到自己的个人目标；同时，人的动力主要来自工作本身的内在激励，让员工承担具有挑战性的工作，担负更多的责任，满足其自我实现的需要。在这种理论的指导下，相应的管理模式必将选择民主管理，这种管理方式的特点有以下四个方面。

(1) 管理重点的转变。重点不在于传统的管理职能，而是创造一种适宜的工作环境、工作条件，使人能充分发挥自己的才能，达到自我实现。

(2) 领导者职能的变化。减少和消除员工自我实现过程中的障碍。

(3) 奖励方式的改变。注重内在奖励，如知识、才能的增长和自我实现。

(4) 管理制度的改变。保证员工能充分地展现自己的才干，达到自己所希望的成就。

(四) 超Y理论和复杂人假设

约翰·丁·莫尔斯和杰·W.洛希提出的超Y理论与沙因等人提出的复杂人假设理论类似，主要观点如下。

(1) 人的动机不但是复杂的，而且变动性很大。

(2) 一个人在组织中可以形成新的需求和动机。

(3) 人在不同的组织和团队中可能表现出不同的动机模式。

(4) 一个人是否感到心满意足，愿意为组织尽力，取决于他本身的动机结构以及他与组织之间的相互关系，工作性质、本人的工作能力和技术水平、动机的强弱、人际关系的好坏，都可能对个人的工作态度产生影响。

(5) 人们可以根据自己的动机、能力及工作性质对不同的管理方式做出不同的反应。

在超Y理论和复杂人假设理论的指导下，相应的管理模式必将选择权变理论，即管理的措施要根据具体人的不同情况，灵活地采用不同的措施，要因人而异、因事而异，而不能千篇一律。具体的管理措施如下。

(1) 了解成员的动机结构及其差异。

(2) 及时发现问题，根据每个人的不同情况解决问题。

(3) 管理者本身要有较大的弹性，其行为应随时改变和调整，以适应不同人的不同情况。

二、人本管理理论

(一) 人本管理的含义

人本管理是20世纪80年代以来风靡全球的一种新型管理理念，它的兴起与繁盛体现了管理学与伦理学的融合趋势，人本管理理论是对人性理论的进一步发展。不同的学派对人本管理有不同的解释，较为全面的一种解释是：人本管理是一种把"人"作为管理活动的核心和组织最重要的资源，把组织全体成员作为管理的主体，围绕如何充分利用和开发组织的人力资源，服务于组织内外的利益相关者，从而同时实现组织目标和组织成员目标的管理理论和管理实践活动的总称。人本管理理论的核心是以人为本，即尊重人，关心人，激发人的热情，以满足人的需要为终极目标，保证人的幸福和自由、全面地发展。

(二) 人本管理的原则

以人为本是人本管理过程中应遵循的基本原则，它涉及以人为本管理的基本方式选择，以及以人为本管理的核心与重点。

1. 个性化发展原则

个性化发展原则要求组织在成员的岗位安排、教育培训、组织的工作环境设计、文化氛围塑造、资源配置过程等诸多方面，均以是否有利于当事人为出发点，充分发挥其特性、潜质并从长远的发展来考虑，绝不是简单的处置或仅仅从组织功利性目标出发。

2. 引导性管理原则

引导性管理原则要求组织在运作过程中所有成员放弃岗位带来的特权，平等、友好地互相建议、互相协调，使组织成员凝聚在一起，共同努力完成组织最终的目标，在此过程中谋求各自的个性化发展。事实上，自我管理就是个性化发展的一个条件，同时也是个性化发展的一个结果。

3. 组织与个人共同成长原则

组织与个人共同成长原则要求组织的发展不能脱离个人的发展，不能单方面地要求组织成员修正自己的行为模式、价值理念等来适应组织，而是要求组织的发展应适应成员个性发展而产生的价值理念、行为模式，在此基础上谋求组织的发展。组织与个人共同成长的最终目标实质上是在个人的个性化发展的基础上建立一个真正的以人为本管理的组织。

4. 环境创设原则

环境创设原则是指组织要努力创设良好的物质环境和文化环境，以利于组织成员的个性化发展和自我管理。

上述四个原则实际上不仅仅是开展人本管理的准则，而且还是检验人本管理的标准。许多组织尤其是经济组织在标榜自己实行以人为本的管理时，实际上只是表明它们对人非常重视，其目的仅是调动人的积极性以更好地帮助组织实现目标。这不是真正的以人为本的管理。

(三) 人本管理的基本方法

以人为本的管理强调以人为出发点和中心，因此只要对激发和调动员工的主动性、积极性、创造性有积极作用的，能够促进人的发展和企业发展的方法都可纳入其管理方法的范畴。因此，以人为本的管理方法是极其丰富且形式多样的。从组织当前和今后面临的经营环境来看，以人为本的管理方法主要归纳为目标管理，权变领导，沟通，工作轮换、工作扩大化和工作丰富化，企业文化建设等几个方面。

三、激励理论

(一) 需要型激励理论

需要型激励理论也称内容型激励理论，主要研究激励的原因和起激励作用的因素。典型的需要型激励理论有马斯洛的需要层次理论、奥尔德弗的ERG理论、赫茨伯格的双因素埋论和麦克利兰的三重需要理论。

1. 马斯洛的需要层次理论

马斯洛的需要层次理论将需要分为五个层次，由低到高依次为生理需要、安全需要、社交需要、尊重需要和自我实现需要，如图1-7所示。

图 1-7　马斯洛的需要层次理论

马斯洛认为人的需要一般按照由低层次到高层次的顺序发展，只有在低层次的需求得到满足以后，才会进一步追求较高层次的需要，而且随着需要层次的升高，满足的难度相对增大，满足的程度相对减小。人在不同的时期或发展阶段，其需要结构不同，但总有一种需要发挥主导作用。因此，管理者只有真正掌握员工在某一时期或发展阶段的主导需要，才能有针对性地进行激励。

2. 奥尔德弗的 ERG 理论

美国心理学家奥尔德弗对马斯洛的需要层次理论进行了修正，提出了ERG理论，认为人有以下三种核心需要。

(1) 生存(existence)需要，是指维持生存的物质条件，相当于马斯洛的生理需要和部分安全需要。

(2) 关系(relatedness)需要，是指人维持重要人际关系的欲望，与他人进行交往和联系的需要，相当于马斯洛的部分安全需要、全部社交需要和部分尊重需要。

(3) 成长(grouth)需要，是指追求自我发展的内在欲望，相当于马斯洛的部分尊重需要和全部自我实现需要。

ERG理论并不只是简单地把马斯洛的五种需要层次简化为三大类，该理论的独特之处在于：他认为，各种需要可以同时发挥激励作用，这与马斯洛需要层次理论主张的低层次需要的满足是高层次需要的先决条件有所不同。同时，奥尔德弗提出了"挫折—退化"观点，认为如果较高层次的需要不能得到满足的话，对满足低层次需要的欲望就会加强。

相比而言，ERG理论更为灵活变通，不是僵化地对待各种层次的需要，很好地补充了马斯洛需要层次理论的不足，更全面地反映了社会现实，即人们可以同时追求各种层次的需要，或者在某些限制下，在各种需要之间进行转化。例如，如果一份工作对员工极具挑战性和吸引力，员工能从工作本身得到快乐，也许员工就不会太在意薪酬的高低；如果一份工作没有新鲜感，不具挑战性，员工从工作中得不到任何快乐，则员工可能更多地在乎物质报酬，以此得到平衡。

3. 赫茨伯格的双因素理论

美国心理学家赫茨伯格提出的双因素理论又称激励—保健因素理论，该理论认为，使员工感到不满意与满意的因素是两类不同性质的因素。使员工感到不满意的因素称为保健因素，这类因素的改善可以预防或消除员工的不满，但不能直接起到激励的作用。这类因素大多与工作环境或工作条件有关，具体包括公司政策和行政管理、监督、与主管的关系、工作条件、薪金、同事关系、个人生活、与下属的关系、地位和安全保障等方面。使员工感到满意的因素称为激励因素，这类因素的改善可以使员工感到满意，产生强大而持久的激励作用。这类因素主要与工作内容和工作成果有关，具体包括成就、认可、工作本身、责任、晋升和成长等方面。当激励因素缺乏时，员工的满意度降低或消失，但却不会出现不满意的情况。简单地说，保健因素只会消除不满，却不会使员工感到满意，只有激励因素能使员工感到满意。

赫茨伯格的双因素理论在实际工作中得到了广泛的应用，其中心思想就是通过增加工作中的激励因素，来充分发挥员工的积极性、主动性和创造性。

4. 麦克利兰的三重需要理论

美国心理学家戴维·麦克利兰提出了三重需要理论，包括成就需要、权力需要和亲和需要。

(1) 成就需要，是指人们实现具有挑战性的目标和追求事业成功的愿望。

(2) 权力需要，是指对他人施加影响和控制他人的欲望，与成就需要和亲和需要相比，权力需要往往是决定管理者取得成功的关键因素。

(3) 亲和需要，是指与别人建立友善且亲近的人际关系的欲望。

麦克利兰认为，不同的人对上述三种需要的排列顺序和所占比重是不同的。成就需要强烈的人往往具有内在的工作动机，麦克利兰认为成就需要不是天生就有的，可以通过教育和培训造就具有高成就需要的人。

三重需要理论对于管理者来说具有非常重要的指导意义，在进行人力资源管理时，管理者应当充分发掘和培养员工的成就需要，给员工安排具有一定挑战性的工作和任务，从而使员工具有内在的工作动力。

(二) 过程型激励理论

过程型激励理论研究人们的行为是怎样产生的，是怎样向一定方向发展的，如何能使这个行为保持下去，以及怎样结束行为的发展过程。其中具有代表性的理论是期望理论、公平理论和目标理论。

1. 期望理论

美国心理学家弗罗姆在1964年提出了期望理论，该理论认为人们之所以采取某种行动，是因为他觉得这种行为可以在一定概率上达到某种结果，并且这种结果可以带来他认为重要的报酬。具体来说，该理论认为动机是三种因素的产物：一个人需要多少报酬(效价)、个人对努力产生成功绩效的概率估计(期望)，以及个人对绩效与获得报酬之间关系的估计(工具)。动机与这三种因素的关系可以用下式表达：

$$动机 = 效价 \times 期望 \times 工具$$

效价是指个体对所获报酬的偏好程度，它是对个体得到报酬的期望的数量表示。例如，如果一名员工强烈希望得到升职，那么升职这种需要就对这名员工具有高效价。

期望是指员工对努力工作能够完成任务的信念强度。期望是员工对自己所付出的努力可以在多大程度上决定绩效的估计值，用概率表示。例如，一名员工认为自己努力工作从而获得晋升的可能性为60%，则概率为0.6。

工具是指员工对一旦完成任务就可以获得报酬的信念。如果员工发现报酬是以绩效数据为基础的，那么工具的估计值就会高；反之，如果报酬决策的基础是模糊不清的，或是员工怀疑管理上有偏袒，那么就会产生低的工具估计值。

期望理论强调情景性，认为没有放之四海而皆准的单一原则可以解释每一个人的动机。许多管理者都认为高奖励能够控制员工的行为，然而这种想法并不总能奏效，因为只有在员工重视奖赏，知道达标的可能性和怎样做才能达到目标，以及了解达到目标和获得奖赏之间有明确、清楚的联系时，员工才会有高工作动机，愿意付出努力。

期望模型中产生最强动机的组合是高的正效价、高期望和高工具。如果得到报酬的愿望高，但是另外两个估计的概率值都很低，则动机很可能最多也只是中等水平，也就是说，如果期望和工具都很低，那么即使报酬的效价很高，动机也会很弱。

2. 公平理论

公平理论又称社会比较理论，是美国心理学家亚当斯于20世纪60年代提出的。公平理论指出，人们不仅关心自己的绝对报酬，而且关心自己和他人在工作和报酬上的相对关系，即员工倾向于将自己的产出与投入的比率与他人(称为对照者)的产出与投入的比率相比较，比较的结果将直接影响其今后工作的积极性。该理论用以下公式表示：

$$O_p / I_p = O_a / I_a \quad 或 \quad O_p / I_p = O_h / I_h$$

式中：O_p是对自己报酬的感觉；O_a是对别人报酬的感觉；I_p是对自己所做投入的感觉；I_a是对别人所做投入的感觉；O_h是对自己过去报酬的感觉；I_h是对自己过去所做投入的感觉。

员工进行公平比较时，既可能是纵向的也可能是横向的。纵向比较既包括组织内自我比较(员工在同一组织中把自己现在的工作和待遇与过去的工作和待遇相比较)，也包括组织外自我比较(员工将自己在不同组织中的工作和待遇进行比较)；横向比较既包括组织内他比(员工将自己的工作和报酬与本组织中的其他人进行比较)，也包括组织外他比(员工将自己的工作和报酬与其他组织的员工进行比较)。如果员工通过比较认为自己的付出与收益不成比例，则会强烈地感到不公平，从而挫伤工作的积极性。不同的人对同样的情形会有不同的公平性判断，一般来说，薪资水准、教育水平较高的员工，视野较为开阔，依据的信息比较全面，常常以他人为比较对象进行横向比较；而薪资水准、教育水平较低的员工则常常做自我的纵向比较。

当上述等式不成立时，可能出现以下情况。

(1) 当$O_p/I_p < O_a/I_a$ 或 $O_p/I_p < O_h/I_h$ 时，员工会感到不公平，可能要求增加自己的报酬或减少自己今后的努力程度；或者要求企业减少比较对象的报酬，让其今后增大努力程度；或者另外找人作为比较对象，以求得心理上的平衡；也可能发牢骚、讲怪话，消极怠工，制造矛盾甚至辞职。

(2) 当$O_p/I_p > O_a/I_a$时，员工可能要求减少自己的报酬或在开始时自动多做些工作，但久而久之，他会重新估计自己的技术和工作情况，最终觉得自己确实应当得到那么高的待遇，于是工作状态又回到过去的水平了。

(3) 当$O_p/I_p > O_h/I_h$时，员工一般不会感受到不公平，而会认为就应该这样，因此人不会更加积极地工作。

心理学的观点认为，不公平会使人们的心理产生紧张和不安状态，因而影响人们的行为动机，导致工作效率的降低，旷工率、离职率随之上升。因此，管理者应当在工作任务的分配、工资和奖金的评定以及工作成绩的评价中，力求公平合理，以保护和调动员工的积极性，但公平是相对的、主观的，在客观上只能做到让多数人认为公平，让每个人都感到公平是不可能的。

3. 目标理论

目标理论又称目标设置理论，是美国马里兰大学心理学教授洛克于1968年提出来的，该理论指出：目标是人们知道他们要完成什么工作，以及付出多大的努力才能完成；目标具有引导员工工作方向和努力程度的作用，目标的明确性能够提高绩效。洛克的研究表明，就激励的效果来说，有目标的任务比没有目标的任务要好；有具体目标的任务比只有笼统目标的任务要好；有一定难度但经过努力能够实现目标的任务比没有难度或者难度过大的任务要好。同时，目标理论发挥作用还有一个前提，就是员工必须承认并接受这一目标。

按照目标理论的要求，在制定员工绩效目标时要注意以下几个问题：一是目标必须具体、明确；二是目标要有一定的难度；三是制定目标时要让员工共同参与，使员工能够认同并接受这一目标。

(三) 行为改造型激励理论

与需要型激励理论和过程型激励理论不同,行为改造型激励理论只关注激励过程的结果,也就是只关注最终的行为及行为的结果对以后行为的影响。其中具有代表性的理论是强化理论和挫折理论。

1. 强化理论

美国心理学家斯金纳提出的强化理论认为,无论人还是动物,为了达到某种目的,都会采取一定的行为,这种行为将作用于环境。当行为的结果对行为的主体有利时,这种行为就会重复出现;当行为的结果对行为的主体不利时,这种行为就会减弱或消失。这就是环境对行为强化的结果。

强化理论认为,当人们因采取某种行为而受到奖励时,他们就非常有可能会重复这种行为;当某种行为没有受到奖励或者受到了惩罚时,则其重复的可能性就会非常小。具体来说,可以采用正强化、负强化、惩罚和自然消退这四种方式来对人的行为进行修正。

(1) 正强化。正强化就是奖励那些企业所希望的行为,从而加强这种行为。正强化的具体形式包括奖金、对成绩的认可、表扬、改善工作条件、提升、安排担任挑战性工作、给予学习和成长的机会等。

(2) 负强化。负强化也称规避,即事先告诉员工哪些行为不符合要求及其后果是什么,从而努力改变或克服某种行为,以避免不合意或不希望的结果。例如,利用口头警告来防止不良行为的发生。

(3) 惩罚。惩罚就是对于不希望的行为采取惩罚措施,使之不再出现的强化方式。惩罚的形式有批评、处分、降级等,甚至有时不给奖励或少给奖励也是一种惩罚。但是,在使用惩罚方式时应十分慎重,虽然惩罚可以在短期内改变一个人的不良行为,但过多的惩罚会给一个人的长期行为带来很多负面影响。

(4) 自然消退。自然消退是一种冷处理,是指通过对于不希望发生的行为采取置之不理的态度,使其逐渐减少和不再出现。

斯金纳发现,惩罚不能简单地改变一个人按原来想法去做的念头,至多只能教会他们如何避免惩罚。事实上,过多地运用惩罚往往会造成被惩罚者心理上的创伤,引起对抗情绪,乃至采取欺骗、隐瞒等手段来逃避惩罚。但是,有时又必须运用惩罚,为了尽可能避免惩罚所引起的消极作用,应把惩罚与正强化结合起来。在执行惩罚时,应使被惩罚者了解受惩罚的原因和改正的办法,而当其一旦有所改正时,即应给予正强化,使其符合要求的行为得到加强。

2. 挫折理论

挫折理论是关于个人的目标行为受到阻碍后,如何解决问题并调动人的积极性的激励理论。行为科学认为,挫折是指人们在某种动机的推动下,在实现目标的活动中,遇到了无法克服或自以为无法克服的障碍和干扰,使其需要或动机不能获得满足时,所产生的紧张状态和消极情绪的反应。

引起挫折的因素是多种多样的,对于同样的挫折因素,人们受挫折的程度也各不相同。

人们在受到挫折后，在心理上、生理上都将产生种种反应。在情绪上，可能采取愤怒的反击行为或强行压制愤怒情绪，表现出冷漠、无动于衷的态度或者与自己的年龄、经历不相称的幼稚行为，或者固执地重复某种无效动作，以及采取妥协性的措施来减轻心理或情绪的紧张状态等。在生理上，则可能引起血压升高、脉搏加快、呼吸急促等。所有这些都会影响人的积极性，必须加以缓解和消除。就管理者而言，应耐心、细致地帮助受挫者分析挫折的原因，予以必要的关心、劝慰和鼓励，使他们重新振作精神；对犯错误的下属要创造一种环境，使他们感到集体的温暖，感到自己不会受到集体的排斥；也可以通过谈心活动等形式，使受挫者自由表达他们受压抑的情景，从而从挫折感中摆脱出来，由紧张状态恢复到理智状态。

(四) 综合型激励理论

上述各种类型的激励理论都是从不同角度出发来研究激励问题的，因此都不可避免地存在这样或那样的问题，而综合型激励理论则试图综合考虑各种因素，从系统的角度来理解和解释激励问题。其主要包括勒温的早期综合激励理论、波特和劳勒的综合激励理论。

1. 勒温的早期综合激励理论

最早期的综合激励理论是由心理学家勒温提出来的，称为场动力理论，用函数关系可以表示为

$$B = f(P, E)$$

式中：B 为个人行为的方向和向量；f 为某一个函数关系；P 为个人的内部动力；E 为环境的刺激。这一公式表明，个人的行为向量是由个人内部动力和环境刺激的乘积决定的。

根据勒温的理论，外部刺激是否能够成为激励因素，还要看内部动力的大小，两者的乘积才决定了个人的行为方向，如果个人的内部动力为零，那么外部环境的刺激就不会发生作用；如果个人的内部动力为负数，外部环境的刺激就有可能产生相反的作用。

2. 波特和劳勒的综合激励理论

美国学者波特和劳勒在弗罗姆期望理论的基础上，于1968年提出了一种综合性的激励理论，包括努力、绩效、能力、环境、认识、奖酬和满足等变量，其模型如图1-8所示。

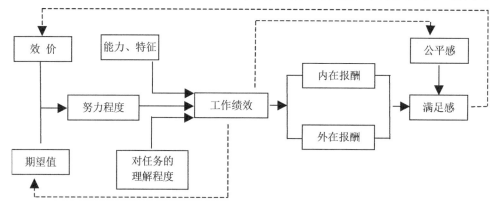

图1-8　波特和劳勒的综合激励模型

综合激励理论表明，先有激励，激励导致努力，努力产生绩效，绩效导致满足。它包括以下几个主要的变量。

(1) 努力程度。努力程度是指员工所受到的激励程度和所发挥出来的力量，取决于员工对某项报酬价值的主观看法，以及经过努力得到报酬的可能性的主观估计。报酬的价值大小与对员工的激励程度是成正比的，报酬的价值越大，对员工的激励程度就越大；反之，就越小。员工每次行为最终得到的满足会反过来影响他对这种报酬价值的估计。同时，努力程度与经过努力得到报酬的可能性大小也成正比，经过努力取得绩效进而获得报酬的可能性越大，努力程度就越大，员工每一次行为所形成的绩效也会反过来影响他对这种可能性的估计。

(2) 工作效绩。工作效绩不仅取决于员工的努力程度，还取决于员工自身的能力和特征，以及他对所需完成任务的理解程度。如果员工自身不具备相应的能力，即使他再努力也可能无法完成工作任务；如果员工对自己所要完成的任务理解得不是很清楚，那么也会影响工作绩效的取得。

(3) 工作报酬。工作报酬包括内在报酬和外在报酬，它们和员工主观上感觉到的公平的奖励一起影响着员工的满足感。

(4) 满足感。个人实现某项预期目标或完成某项预定任务时所体验到的满足感，依赖于所获得报酬与所期望得到的结果之间的一致性，当实际的结果大于或等于预期时，员工会比较满足；当实际的结果小于预期时，员工会产生不满。

波特和劳勒认为，员工的工作行为是受多种因素综合激励的结果。要想使员工做出好的工作业绩，首先要激发他们的工作动机，使他们努力工作；然后根据员工的工作绩效实施奖励，在奖励过程中要注意公平，否则就会影响员工的满足感。而员工的满足感反过来又会变成新的激励因素，促使员工努力工作获得新的绩效，如此循环反复。

第四节 人力资源管理面临的环境与发展趋势

一、人力资源管理面临的环境

(一) 全球化与跨文化

20世纪90年代以来，经济全球化、贸易和投资自由化、社会信息化使世界经济结构得到深刻的调整和变革。从国际上来看，一批跨国公司由过去的跨国经营迅速转向全球经营，以便更有效地运用全球或各地区的资源，如资金、市场、原材料、技术、人才，增强自身的综合实力，最终在更大范围内提高市场份额，获取竞争优势。与此同时，以中国为代表的发展中国家也不断加快了参与经济全球化的步伐，全球化的市场形成你中有我，我中有你的局面。跨国公司的员工由于民族文化、社会文化、教育程度等各不相同，其知识、技能、价值观、工作动机和需求也呈现明显差异，从而出现企业员工队伍多样化、文化多元化和价值观冲突增多的现象。外派员工和东道国员工具有国籍、文化背景、语言等差异，两者如何在同一组织中融洽工作，如何设计人力资源管理政策，如何进行知识管理，如何与员工进行有效沟通等，都是人力资源管理工作者所要应对的新常态。

(二) 技术的进步与应用

通信技术、计算机、互联网和其他技术的迅猛发展深刻地影响了人类社会生活的方方面面，大大提高了企业的生产经营效率，降低了企业间的交易成本，同时也改变了管理方式。互联网技术的推广在客观上重新分配了企业的内部权力，提高了企业内外反应速度和灵活性。技术进步加快了新兴工作岗位的出现，使劳动力可以从传统岗位转移过来。工业机器人的使用对于劳动密集型企业冲击最大，造成低端人力过剩。未来制造业尤其是高端制造业对人力资源质量的需求不断上升，对人力资源数量的要求相应有较大下降。2017年AI产品的应用刷新了各行各业的观念。有人预测：在未来，人类需要思考5秒以下的工作都将被人工智能所取代。现在基本上不需要任何思考的工作已经渐渐地被人工智能所取代，比如京东、阿里巴巴智能仓库已经基本上由人工智能取代了快递分拣员，而且效率大大增加。这些变化必将对政府的宏观人力资源管理和企业的微观人力资源管理产生重大影响，从而倒逼人力资源在多方面进行深层次的变革。

(三) 组织规模和结构的变化

互联网技术使组织产生两种形式的变化：组织规模的小型化和组织结构的扁平化。

一方面，通过扩大企业规模、增加企业产量来追求规模经济效益的传统模式已逐渐减少，组织规模的小型化成为组织形态发展的趋势之一。组织规模的小型化并不是指其产值或市场的缩小，而是指人员和组织机构的缩小。面对市场激烈的竞争，许多大公司正通过分享或剥离、授权、企业流程再造、业务外包或建立战略联盟等方式来使自己的经营实体小型化，从而达到降低成本、提高应变能力和提升竞争能力的目的。

另一方面，信息技术的发展使信息可以快速在同一层次上传递和共享，减少了信息传递的环节。企业管理人员的信息沟通能力和管理跨度成倍增加，大大压缩了企业组织结构的层级，使其向扁平化方向发展。荷兰学者霍夫斯泰德的观念之一是组织的主要功能是分配权力和减少或回避经营中的不确定性。不同文化背景下的员工在这方面的表现各不相同，比如，法国员工对权力距离接受程度较大，企图回避不确定性因素的心理较强，因此倾向于金字塔式的传统组织结构。德国员工虽然有较强的回避不确定性因素的心理，但对权力距离的接受程度较弱，因此注重规章制度。美国、荷兰、瑞士等国家员工对权力距离的接受程度处于中间状态，在这类国家中，出现了各种组织形式并存的现象。组织结构的变化对人力资源管理提出更高的要求，扁平化的组织结构具有敏捷、灵活、快速和高效的优点，要求人力资源部门建立更好的信息沟通渠道，管理者具有更高的素质，对员工赋予更大的权力，对员工进行更有效的激励，以适应组织变化的需要。

(四) 人力资源供需的变化

人力资源的变化主要体现在人力资源供给和人力资源需求两个方面。从人力资源供给方面来说，通过2010年第六次全国人口普查的数据可以发现，我国劳动力供给结构正在发生根本性变化，0~14岁人口占16.6%，比2000年下降6.29个百分点；60岁以上人口占13.26%，比

2000年上升2.93个百分点。这种变化趋势表明我国已进入老龄化社会，今后的劳动力供给数量将逐年快速减少。"二胎"政策的全面实施也将延迟一部分女性进入劳动领域的时间。这些变化将增加企业招聘的难度，季节性用工荒将转化为常态，劳动力短缺将逐渐蔓延到各行业和各部门，同时企业员工年龄结构将逐步改变，老龄员工所占的比重将扩大，新生代即"80后""90后"员工比重将增加，成为企业用工的主体。

从人力资源需求方面来说，这里的人力资源需求不是指企业对人力资源的客观需求，而是特指人力资源尤其是新生代员工本身的一种心理需求。与20世纪50年代前出生的员工相比，"60后"员工对企业的忠诚度尚可，"70后"员工离职率明显增加，对职业的忠诚高于对组织的忠诚，关注如何在工作事业和家庭生活中求得平衡。"80后""90后"员工大多是独生子女，工作不仅仅是谋生的手段，更是为满足其自我实现的需要，更加关注工作是否能满足尊重和自我成长的需求、是否能在工作与休闲之间求得平衡、是否与职业生涯规划相匹配。这些心理需求的变化，要求企业的人力资源管理制度在理念和制度设计上、管理方式等方面能因时因地因人制宜，探索更加个性化与人性化且兼顾效率与公平的全新管理办法与之相适应。

二、人力资源管理的发展趋势

(一) 人力资源管理的地位越来越具有战略性

人力资源可以说是企业最重要的资源，人力资源管理不仅是人事部门的事情，而且是整个企业的战略性工作之一，是企业董事会和最高层管理者必须关心的事情。公司为了取得更好的发展，必然在创新战略、质量提高、降低成本和提高速度等战略方面各有侧重。人力资源管理战略将会有机地整合到公司的总体战略中，成为其中一个重要的组成部分。人力资源管理的功能也会适当拓展，以适应企业发展的需要。所有的企业在设计发展战略的时候，都需将公司和部门战略与人力资源管理战略统一并结合起来为企业战略决策服务，以使各项人力资源管理理念和方法之间达到有效的契合。

战略性的人力资源管理在战略层面上依照目标管理的原理，将企业的总体发展战略进行分解，来制定相应的人力资源管理政策和总体目标；在管理层面上，合理获取和分配人力资源，以保证战略规划的贯彻和落实；在操作层面上，根据管理层面人力资源管理的计划来执行相关的日常操作。

国外的调查表明，在传统经济条件下，企业人力资源从业者在具有战略意义的人力资源管理活动上只花了不到三分之一的时间，而大部分时间都花在一些不具有增值性的例行工作上。随着知识经济时代的到来，企业人力资源管理的工作必须使人力资源管理更具有战略性，更好地为企业战略的顺利实施提供服务。

(二) 人力资源管理的核心呈现数据化

大数据时代的到来给人力资源管理的发展带来深层次的影响，数据化人力资源决策与人力资源价值计量管理将成为人力资源管理的核心。人力资源管理一定要基于人力资源信息的数据化，数据化的人力资源决策与人力资源管理的技能管理已成为人力资源的核心。基于数据的分析和整理，会成为人力资源管理的重要工作。同时，大数据对人力资源管理系统提出更高的要求。

(1) 大数据要求人力资源管理系统将为企业的人力资源管理工作提供更加全面的量化参考。通过人力资源核算或人才测评分析等方法，真正体现人力概念，为人力资源管理提供具有战略预判能力的分析成果。

(2) 人力资源管理系统将为优化组织架构，实现扁平化的人员管理及员工服务创造更加有利的条件。网络招聘、在线培训、网络管理等人力资源虚拟化管理已成为一种必然趋势。

在大数据时代背景下，人力资源管理系统将打破传统的组织模式，产生更多的交互式数据，使员工更好地参与组织人事管理工作，建立更加规范的工作流程。基于大数据的人力资源管理系统，会帮助众多企业解决在新的时代背景下的人力资源信息化建设问题。因此，未来的人力资源管理不仅要建立和完善与之相适应的技术体系，还要建立起与之相适应的网络文化。

(三) 人力资源管理重心的转移

随着知识经济的到来，知识型员工日益增多，是企业各种资源中最为宝贵的资源，能为企业创造更多的价值，人力资源管理的重心必然转向知识型员工，知识的创造、传递、应用和增值成为人力资源管理的主要内容。

知识型员工拥有知识资本，其独立性、自主性和流动性较强，较注重社交需要、尊重需要、自我实现需要的满足，在人力资源市场上更具有竞争优势。因此，管理者要在满足其低层次需求的基础上，为知识型员工实现高层次需求，如工作的满意感、挑战性与自主性等，用个性化的服务换取他们的满意与忠诚。具体而言，人力资源管理要以新的思维方式来对待知识型员工，提供令其满意的人力资源服务，从而吸纳、留住、激励、开发企业所需要的人才。

(1) 建立共同愿景。用共同愿景将企业的目标与员工期望相结合，满足员工的事业发展期望。

(2) 进行价值分享。依托有竞争力的薪酬体系及价值分享来满足员工多元化的需求，包括企业内部信息、知识、经验的分享。

(3) 人力资本增值服务。用持续的人力资源开发、培训，提升员工的人力资本价值。

(4) 授权赋能。让员工参与管理，给予其更多的工作自主权与决定权，并承担更多的责任。

(5) 提供支持与帮助。通过建立支持与援助系统，为员工实现个人与企业发展目标提供条件。

(四) 人力资源管理的模式柔性化

传统的人力资源管理以精细的工作分析为核心，通过工作描述、工作说明书把招聘、配置、考核、报酬和培训等人力资源管理的各项职能连接成一个整体。在技术快速发展、环境高度不稳定、企业组织日趋扁平化的今天，企业必须采取更为灵活多变、反应迅速的柔性化人力资源管理方式，来实现及时、高效的人力资源管理。人力资源管理的柔性化是指企业在管理员工的过程中，根据企业生存环境的变化，采取既能够尊重员工个性又能够团结协作的管理方式，以调动员工的积极性、主动性和创造性，并形成一种团队合作精神。人力资源柔性化管理的主要特点有管理层次减少，纵向沟通变得简单易行，权利和责任下放程度高；员工不再被既定的工作岗位束缚，而是在职业生涯中自主寻找和调整自己的角色；员工面临更大的挑战，在提高个人技能、改善行为方面有更多的自主权，也承担更多的责任。

同时，人力资源管理的柔性化还体现在人性化上。随着人力和智力资本对企业竞争力影响的日益增大，人才流动性进一步增强，企业普遍意识到"以人为本"的人性化管理对人力资源管理的重要性。许多企业开始从细节入手，为员工营造适宜、舒适的工作和生活环境，帮助员工制定自我职业生活规划，在实现员工自我价值的同时实现企业目标。

通过柔性化管理可以促进员工之间的沟通，增强团队的凝聚力，解决员工的后顾之忧，使员工能全身心地投入工作中。因此，柔性化管理将是适应知识经济时代的企业管理的发展趋势。

(五) 人力资源管理的职能虚拟化

在经济全球化、知识化和网络化的时代背景下，人力资源已成为组织赢得竞争优势的根本因素。随着信息和网络技术的发展，组织面临的竞争环境日益复杂多变，虚拟人力资源管理理论一经提出，迅速获得了广泛的关注。虚拟人力资源是以伙伴关系为基础，充分利用信息技术，帮助组织获取、发展和筹划智力资本的一种基于网络的人力资源新架构。人力资源虚拟化管理是未来企业组织管理的一个重要组成部分，代表人力资源管理发展的新动向，它能使企业运用自身最强的优势和有限的资源，最大限度地提高企业的竞争能力，使人力资源管理工作变得更有弹性和适应性。虚拟化管理主要采取人力资源功能外包的方式进行。

随着市场竞争的加剧，每个企业都需要更加专业化。因此，公司内部只会保留能够给自己带来利润的核心业务，与核心业务无关的低效业务板块都会被剥离出去，人力资源管理也不例外。这也是社会上出现了越来越多的专业人力资源机构的原因。在此前提的推动下，人力资源外包也成为必然趋势。人力资源管理外包即将组织的人力资源管理活动，如招聘、工资、福利和培训等，委托给组织外部的公司承担，使企业降低了成本、提高了效率，从而有效地适应外部环境，使企业人力资源和机构运行更精干、灵活、高效，实现企业可持续性竞争优势和战略目标。在发达国家和跨国企业，人力资源外包已经成为潮流。我国企业也必将顺应趋势，从自给自足过渡到更加注重分工合作。未来的人力资源服务模式必然向自助服务及远程集中服务转型。

本 章 小 结

人力资源是指能够创造价值，能够推动国民经济和社会发展，并且能够被组织所利用的具有智力劳动和体力劳动能力的人的总和。

与其他资源一样，人力资源也具有量和质的规定性。

人力资源与人力资本既有联系又有区别。

人力资源的特征包括能动性、两重性、时效性、再生性和社会性。

人力资源是经济活动中最活跃的因素，也是一切资源中最重要的资源。它对经济增长具有特别重要的作用，同时也对企业的生存和发展具有重要的意义。

人力资源管理是指在人本思想指导下，通过招聘、选择、培训、考评和薪酬等管理形式对组织内外相关人力资源进行有效运用，满足组织当前及未来发展的需要，保证组织目标的实现和组织成员发展的最大化。

人力资源管理活动的内容包括人力资源规划、工作分析、员工招聘与甄选、培训开发、职业生涯管理、绩效管理、薪酬管理和劳动关系管理。

人力资源管理的基本原理包括同素异构原理、能级层次原理、协调优化原理、投资增值原理、激励强化原理、动态适应原理和公平竞争原理。

现代人力资源管理与传统人事管理的区别。

人力资源管理部门与非人力资源管理部门在人力资源管理上的分工。

人力资源管理的理论基础主要有人性假设理论、人本理论和激励理论。

人力资源管理面临的环境包括：全球化与跨文化、技术的进步与应用、组织规模和结构的变化、人力资源供需的变化。人力资源管理的发展趋势包括：地位战略性、核心数据化、重心转移、模式柔性化、职能虚拟化。

习　题

一、单选题

1. 一个国家或地区的现实人力资源包括(　　)。

   A. 就学人口、家务劳动人口、军队服役人口和其他人口

   B. 老年就业人口、待业人口、就学人口和家务劳动人口

   C. 劳动适龄就业人口、未成年就业人口、老年就业人口和待业人口

   D. 老年就业人口、待业人口、就学人口和家务劳动人口

2. (　　)说明人在不同阶段从事劳动的能力不尽相同，在开发时要尊重其内在的规律性。

   A. 能动性　　　　　　　　　　　　　B. 智力性

   C. 时代性　　　　　　　　　　　　　D. 时效性

3. 现代人力资源管理中，"以人为本"的理念是指(　　)。

   A. 把人当成上帝，一切都服从、服务于上帝

   B. 把人当成组织中最具活力、能动性和创造性的要素

   C. 坚持群众路线，尊重群众意见

   D. 关心员工生活，提高员工物质文化生活水平

4. 人力资源与其他资源的最根本区别在于人力资源具有( )。

    A. 两重性   B. 时效性

    C. 能动性   D. 再生性

5. 视员工为有价值的重要资源，满足员工自我发展的需要，在管理中以人为中心，非常注重员工的参与，这样的管理方式是( )。

    A. 战略人力资源管理   B. 现代人力资源管理

    C. 传统优秀的人事管理   D. 现代人本管理

6. 视员工为成本负担，主要以事为中心，在管理中多采用命令的方式，这样的管理方式属于( )。

    A. 战略人力资源管理   B. 现代人力资源管理

    C. 传统人事管理   D. 柔性人力资源管理

7. 对( )的投资无论是对社会还是对个人所带来的收益都要远远大于对其他资源投资所产生收益。

    A. 产品   B. 信息

    C. 技术   D. 人力资源

8. 赫茨伯格的双因素理论属于( )。

    A. 需要型激励理论   B. 过程型激励理论

    C. 行为改造型激励理论   D. 综合型激励理论

9. 管理人员将工作的重点放在关心员工上，满足员工的需要，提倡集体奖励制度，而不主张个人奖励制度。采用此种管理措施，是基于( )。

    A. 经济人假设   B. 社会人假设

    C. 自我实现人假设   D. 复杂人假设

10. 根据马斯洛需要层次理论，"尽管某人生活困苦，但他也希望得到别人的尊重"，这表明人的需要具有( )。

    A. 多样性   B. 可变性

    C. 潜在性   D. 层次性

二、多选题

1. 影响人力资源数量的主要因素有( )。

    A. 人口总量及其再生产状况   B. 人口迁移

    C. 人口年龄结构及其变动   D. 战争和自然灾害因素

2. 人力资源管理的目标包括( )。

    A. 找到最适合的人   B. 取得人力资源最大的使用价值

    C. 发挥人的主观能动性，提高工作效率   D. 使企业利润最大化

3. 下列选项中，属于人力资源管理的基本原理的是( )。

    A. 同素异构原理   B. 能级层次原理

    C. 激励强化原理   D. 公平竞争原理

4. 人本管理应遵循的基本原则包括(　　)。

    A. 个性化发展原则   B. 组织成长原则

    C. 引导性管理原则   D. 环境创设原则

5. 下列选项中，属于行为改造型激励理论的是(　　)。

    A. 强化理论   B. ERG理论

    C. 公平理论   D. 挫折理论

三、判断题

1. 人力资源管理主要是专职人事管理部门的事。(　　)

2. 在现代人力资源管理中，企业招聘工作录用人员的决定权一般在用人的业务部门，而人力资源管理部门则起组织和服务作用。(　　)

3. 企业在采取激励措施时，要采取一视同仁的态度。(　　)

4. 大多数人工作都是为了满足基本的生理需要和安全需要，他们将选择那些在经济上获得最大的事去做。这是经济人假设的观点。(　　)

5. 在进行绩效考核时，由人力资源管理部门提出考核的指标和标准。(　　)

6. 麦格雷戈提出了"挫折—退化"观点。(　　)

7. 成就需要高的人，是一个优秀的领导者。(　　)

8. 期望理论认为，动机是三种因素的产物：一个人需要多少报酬、个人对努力产生成功绩效的概率估计，以及个人对绩效与获得报酬之间关系的估计。(　　)

9. 综合激励理论表明，先有激励，激励导致努力，努力产生绩效，绩效导致满足。(　　)

10. 现代人力资源管理对员工更加强调管理和控制。(　　)

四、名词解释

1. 人力资源   2. 劳动力资源   3. 人力资本

4. 人力资源管理   5. 人本管理

五、简答题

1. 什么是人力资源？如何理解人力资源的数量和质量？

2. 什么是人力资本？人力资本与人力资源有什么关系？

3. 人力资源对社会经济活动起到哪些作用？

4. 什么是人力资源管理？其内容包括哪些？

5. 人力资源管理的目标和作用是什么？

6. 人力资源管理的发展趋势是什么？

案例分析

M公司的人力资源管理改革

　　M公司是一家国有上市公司，主要从事特种润滑油的生产。这些年，M公司在总裁张先生的带领下，大胆开发，积极创新，占据了同行业中的市场领先地位。公司从生产管理入手，改进生产流程，进行设备技术改造，降低成本，同时严格管理产品质量，使公司的产品被很多大公司所认可，公司效益明显提高。但是，公司在产品更新速度方面落后于国外企业。公司召开战略研讨会，最终确定了如下目标：加大新产品的研发力度，同时改进生产技术，提高产品的质量，以适应国内、国际市场的需求。由于特种润滑油是一种技术含量较高的产品，对产品研发人才的要求较高，因此，公司今后将进行人力资源管理制度的改革，实现公司向技术创新型企业的转变。

　　为了实现这一宏伟目标，公司从美国一家著名公司引进了刘晨光来负责公司的人力资源管理工作，将其任命为公司人事处处长。刘晨光本科毕业于国内一所著名大学，所学专业是人力资源管理，在哈佛获得MBA学位以后就被这家美国公司看中，任命为中国分公司的人力资源总监，在短短的两年里，为中国分公司建立了高效的人力资源管理体系并招揽了大批优秀的人才，为中国分公司创造良好的经营业绩打下了坚实的基础。经过多次和M公司进行接触，最终M公司的诚意感动了他，刘晨光谢绝了原公司的挽留，毅然来到了M公司。M公司总裁张先生对于刘晨光寄予了很高的期望，希望他能为M公司的转型起到积极的作用。

　　刘晨光到M公司后，第一件事就是将人事处更名为人力资源部。以前的人事处下没有再细分部门，人事处的主要职能就是人事招聘、档案管理、工资定级等，这次刘晨光将人力资源部划分为招聘科、培训科、薪酬科、人力资源申诉中心共4个部门。面对新产品研发战略，M公司面临研发人才短缺、现有人才还需培训提高，以及已有人才流失等问题，因此人力资源部近期的主要工作是：第一，招聘一批研发人才，充实公司现有的研发中心；第二，对现有的技术人员进行培训提高；第三，重新评估目前的薪酬体系，尤其是针对研发人才提供有竞争力的薪酬水平，以保证人员的稳定。这三项工作分别由招聘科、培训科、薪酬科制定具体方案并实施。

　　应该说，刘晨光的到来使M公司的人力资源部呈现出前所未有的新气象，他的观点使大家很受启发和鼓舞，工作迅速开展。在刘晨光的直接指导下，人力资源部又从国内的著名大学引进了三名MBA，加入人力资源部。招聘科的广告已经发布，去外地招聘的人员也已出发，内部的培训计划也已下发到各部门，但是事情也并不完全一帆风顺，刘晨光很快就遇到了麻烦。公司招聘研发人员的计划刚刚确定，他的秘书就交给他几封信，就是所谓的"人情条子"，其中公司某副总裁和市轻工业局局长一致推荐某人到M公司来从事研发工作。另一件事是，公司的第一期技术培训班按时开办，但第一天上课就有一半的人没有到，培训科的人员去询问原因，都说近期生产任务重，部分负责人不让参加。刘晨光亲自去调查原因，部门负责人说，现在正值生产高峰，人员紧张，哪有人力参加培训。找到主管生产的副总裁，副总裁说如果培训影响生产，他也无能为力。刘晨光感到很沮丧。

招聘工作继续进行，由于招聘部门同志的努力，已有30多位学士、硕士与公司签了约。刘晨光看了他们的资料，总体都还比较满意，但是对于几位由"人情条子"推荐过来的人，刘晨光详细地了解情况，觉得素质不能满足要求，表示不能录用，没想到这给刘晨光带来不少麻烦。在公司每周工作例会上，某位副总裁对于最近人力资源部的工作提出了怀有敌意的批评，说人力资源工作没有头绪，招聘人员过于自主，忽视了向公司领导请示等。同时，公司总裁办公室主任说明了最近轻工业局突然对公司的产品提出额外的检测要求，按照以前地方政府的协定，地方政府对公司产品实行免检待遇，据说这可能与上次该局长向公司推荐人员未被录用有关。一时间，刘晨光觉得自己四面受敌，虽然总裁张先生对于人力资源部的工作给予了肯定，但是人力资源部薪酬改革计划在会上没有获得通过。这次会议对刘晨光的打击很大。

会后，刘晨光和张先生进行沟通，对于公司目前的问题提出了自己的看法：第一，M公司的人力资源管理停留在计划经济时代，还是把人看作成本而没有看作人力资源；第二，公司目前沿用的国有单位的人事管理体制已不能满足实际需求，目前人力资源部只是作为一个职能部门，难以对其他部门进行指导和制约；第三，公司人力资源管理受外界影响太大。张先生也谈了自己的看法，他赞成刘晨光对于公司现状的分析，认为公司要树立以人为本的思想，同时，应该提高人力资源部在公司中的地位，他的想法是设立人力资源副总裁职位。至于公司受外界干扰的问题，他建议刘晨光应考虑实际国情，对于此类事情还是应该从长考虑，不要过于追求极端的正确。他请刘晨光提出一个公司人力资源部组织机构改革方案。

和张先生沟通完后，刘晨光也进行了自我反思：自己和张先生的管理思想是一致的。在外企成功的人力资源管理方法能否搬到国企？显然是不行的。自己虽然知道不行，但还是在不知不觉中犯了错误，自己一直在外企工作，国企的情况确实不同，到底应该有哪些可以改进的地方？

问题：

1. 刘晨光的问题是什么？应如何改进？

2. M公司的问题是什么？

3. 如果你是刘晨光，你觉得应该提出什么样的人力资源组织机构改革方案？

第二章

工 作 分 析

【导读】

工作分析是人力资源管理的基础性工作，也是各项人力资源管理工作顺利、有效开展的重要前提。工作分析就是确定某一工作的任务和性质是什么，以及哪些类型的人适合从事这一工作。工作分析的结果性文件之一形成工作说明书。

【学习目标】

了解和掌握工作分析的含义、工作分析的作用，以及工作分析所需要的信息；掌握工作分析的主要方法；能够编写工作说明书。

【学习难点】

实践中，常用观察法进行工作分析。观察提纲的制定、调查问卷的设计、访谈提纲的设计及实践运用这些方法进行信息收集有一定的难度。

【教学建议】

第一节以课堂讲授为主；第二节结合实际操作讲解工作分析的方法，建议同学走出校门，应用相应方法对一些岗位进行调查分析；第三节在讲解工作说明书编写内容及要求的基础上，建议同学动手编制工作说明书。

第一节　工作分析概述

一、工作分析的含义

工作分析又称职位分析、职务分析或岗位分析，它是一种应用系统方法对组织中某一特定工作或职位的任务、职责、权力、隶属关系、工作条件等相关信息进行收集和分析，做出明确规定，并确认完成工作所需要的能力和资质的过程，是组织进行人力资源规划以及其他一切人力资源管理活动的基础，是人力资源管理的第一个主要环节。

二、与工作分析相关的术语

工作分析所涉及的概念及术语有工作要素、任务、职责、职位、职务、职权、工作、职系、职业、工作描述及工作规范等。

工作要素：工作中不能再分解的最小动作单位。

任务：为了达到某种目的所从事的一系列活动。任务是由一个或多个工作要素组成，构成员工工作绩效中的逻辑和必要步骤的一种清晰活动。

职责：个体在工作岗位上需要完成的主要任务或大部分任务。相关联的任务构成一项工作的职责，它可以由一个或多个任务组成。职责和任务不容易区分，可以把任务看成职责的子集。例如，假设接待员的一项职责是处理所有往来信件，作为这个职责一部分的一项任务可能是回答所有日常询问。

职位：根据组织目标为个人规定的一组任务及相应的职责。职位是一个人完成的任务和职责的集合。职位的数量是有限的，职位的数量又称编制。职位与个体是一一匹配的，即有多少职位就有多少人，两者的数量相等。

职务：一组重要责任相似或相同的职位。职位与职务在内涵上有很大的区别：职位是任务与责任的集合，它是人与事有机结合的基本单元；而职务则是同类职位的集合，它是职位的统称。一个人所担任的职务不是终身的，可以专任，也可以兼任；可以是常设的，也可以是临时的、经常变化的；职位不随人员的变动而变动，当某人的职务发生变化时，是指他所担任的职位发生了变化，即组织赋予他的责任发生了变化，但他原来所担任的职位依旧是存在的，并不因为他的离去而发生变化或消失。职位可以按不同的标准加以分类，但职务一般不加以分类。

职权：依法赋予职位的某种权力，以保障履行职责，完成工作任务。职责往往与职权密切相关，特定的职责要赋予特定的职权，甚至特定的职责等同于特定的职权。

工作：主要任务和职责相同的一组职位形成一种工作。

职系：由两种或两种以上的工作组成，是职责繁简难易、轻重大小及所需资格条件不同但工作性质充分相似的所有职位的集合。例如人事行政、社会行政、财税行政、保险行政等各属于不同职系，销售工作和财会工作也是不同职系。职系与工作族同义。职位和工作的区别是工作可以容纳一个以上的人，而职位不能。例如，一个组织可以有两个接待员来完成同一种工作，然而，他们占据两个不同的职位。一组相似的工作形成一种职业。由于接待员这种工作在不同的组织中需要类似的技能、努力和责任，因此接待员可以被看成一种职业。

工作要素、任务、职责、职位、职务、职权、工作、职系和职业之间的关系如图2-1所示。

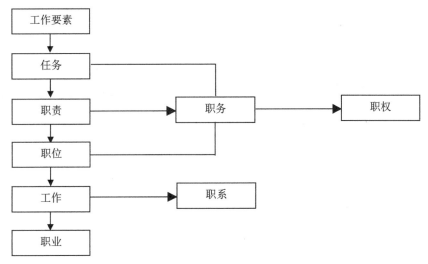

图 2-1　与工作分析相关的术语及其之间的关系

三、工作分析的作用

工作分析的作用主要体现在企业管理与人力资源管理两个方面。

(一) 工作分析在企业管理中的作用

1. 支持企业战略

企业战略目标的实现有赖于合理的组织结构和职位系统，而工作分析的作用之一就是实现组织结构优化与职位体系的再设计，因此出色的工作分析可以有效地支持企业战略。

2. 优化组织结构

企业外部环境变化将影响企业战略的变化，这就要求组织结构也随之改变。通过工作分析有助于了解组织结构上的弊端并提出改进方案，从而适应企业战略的变化。

3. 优化工作流程

通过工作分析，可以理顺工作与其所在的工作流程中上下游环节之间的关系，明确工作在流程中的角色与权限，消除流程上的弊端，优化工作流程，提高工作效率。

4. 优化工作设计

工作分析确定了工作的内容、职责、工作范围等，有利于避免或者消除由工作职责重叠、职责空缺等职责设计问题引起的一系列负面问题。

5. 改进工作方法

工作分析可以优化工作程序和方法，提高劳动生产率，降低成本。

6. 完善工作相关制度和规定

工作分析可以明确工作流程、工作职责和绩效标准等内容，有利于完善工作相关制度和规定，为任职者提供工作标准和行为规范。

7. 树立职业化意识

工作分析能建立工作标准和任职资格条件，有利于任职者明确胜任工作所具备的知识、技术、能力以及道德素质等任职资格，指导其在工作中不断提高和发展，树立职业化意识。

(二) 工作分析在人力资源管理中的作用

1. 人力资源规划

人力资源规划强调基于企业战略确定人力资源需求的数量、质量和结构。当战略转移时，企业内部会出现职位更替、工作职责变化或人员需求变化。通过工作分析可以准确地掌握这一变化并进行分析，进而明确职位设置，确定职位职责与任职者要求等要素。

2. 人员招聘

工作分析的成果文件对职位应具备的知识、技能、个性品质等方面做了详细的规定，有利于企业在招聘时做到"为事择人、任人唯贤、专业对口、事得其人"。

3. 人力资源培训与开发

工作分析的成果文件，如工作描述和工作规范等规定了具体职位的工作性质、内容和要求，这些信息可以为员工培训提供信息支持和指导。通过将员工实际情况与工作说明书所规定的职位要求进行对比，可以找出两者的差距，进而确定是否需要对员工进行培训以及在哪些方面进行培训，并制定合理的培训目标，确定合理的培训课程。在培训实施的过程中，还应该以工作说明书为依据，时刻对培训进程进行监控，保证培训方向及质量。

4. 绩效管理

在绩效管理体系中，无论是在不同职位绩效考核方法的选择、考核指标的设定、考核指标权重的划分、考核周期的选择，还是考核主体的选择中，工作分析都发挥着重要作用。工作分析是一个确定并规范工作职责、任职资格等一系列职位要素的过程，在这个过程中，企业将对工作有一个清晰且准确的了解，这个过程将指导绩效考核指标的制定。作为成果文件的工作说明书与任职资格体系也可以成为制定绩效考核指标的书面依据。

5. 薪酬管理

建立薪酬体系要以工作评价为基础，而工作评价又是以工作分析为基础，根据工作分析提供的工作职责和要求等方面的信息，对职位的技能、强度、责任和环境等因素进行综合评估，确定企业内职位的相对价值排序。因此，工作分析通过支持工作评价来间接地支持薪酬体系的设计。通过工作分析与工作评价，可以优化企业内部的薪酬结构，提高薪酬体系的内部公平性和科学性。

6. 员工职业生涯规划

通过工作分析，能根据各职位的不同特点将其进行划分，形成不同的工作类别或工作族，为建立任职资格体系提供基础。任职资格体系可以明确每个职位等级所需的业绩标准与知识能力标准，从而建立科学且具有激励性的职业上升途径，完成员工的职业生涯规划。

【小故事】

不拉马的士兵

一位年轻有为的炮兵军官上任伊始，到下属部队参观演习，他发现一个班有11个人，大家把大炮安装好，每个人各就各位，但其中有一个人站在旁边一动不动直到整个演练结束，整个过程这个人没有做任何事。

军官感到奇怪："这个人没做任何动作，也没做任何事情，他是干什么的？"大家一愣，说："训练教材里就是这样编队的，一个炮班11个人，其中一个人站在这个地方，我们也不知道为什么。"军官回去后，经查阅资料才知道这个人的由来：原来，早期的大炮是用马拉的，炮车到了战场上，大炮一响，马就要跳、就要跑，这个士兵就负责拉马。

到了现代，大炮实现了机械化运输，不再用马拉，而那个拉马的士兵却没有被减掉，仍旧站在那里。

四、工作分析所需信息

工作分析主要是对事和对人进行分析，即工作分析所需获得的信息内容有工作事项、工作方式、与他人的交往活动、工作标准、所使用的工具和设备、工作条件、从事该职务的人所需要负的责任，以及胜任该项工作所需要的知识、技能和能力，如受教育水平、工作经历、工作技能、个人能力、智力和体质等。工作分析所需信息的主要内容如表2-1所示。

表2-1　工作分析所需信息的主要内容

类别	内容
（一）工作活动	1. 工作活动和过程：工作任务是什么？如何完成？何时完成？ 2. 与其他工作的关系 3. 完成工作的程序及作业标准 4. 完成工作所需要的动作及行为 5. 个人责任 6. 工作对身体的要求
（二）工作条件	1. 工作环境：是否高温、野外 2. 组织和社会环境 3. 工作日程表 4. 物质和非物质的奖励情况
（三）工作中所使用的机器、设备、工具等	所使用的机器、工具、设备及辅助设施的清单
（四）对人的要求	1. 所需要的学历和培训 2. 工作技能 3. 工作经验 4. 个人特征，如性格、兴趣爱好、生理特征和品格 5. 身体特征

五、工作分析的任务

工作分析所要回答的基本问题可以概括为七个方面，即6W + 1H。

1. What——做什么

"做什么"是指任职者所从事的工作活动，主要包括工作活动的内容、结果，以及衡量结果的标准。

2. Why——为什么

"为什么"是指任职者的工作目的，即该项工作对组织的作用，主要包括工作目的、与其他工作的联系，以及对其他工作的影响。

3. Who——谁来做

"谁来做"是指对任职者的要求，主要包括身体素质、知识和技能、接受教育的背景、工作经验、个性特征，以及其他方面的要求。

4. When——何时做

"何时做"是指对工作活动的时间要求，主要包括工作的起始时间、固定时间还是间隔时间，以及工作的时间间隔。

5. Where——在哪里

"在哪里"是指对工作活动的环境规定，包括工作的自然环境和社会环境两方面。自然环境包括地点(室内还是户外)、温度、光线、噪声、安全条件等；社会环境主要包括工作所处的文化环境、工作群体、完成工作所需的人际交往、环境的稳定性等。

6. For whom——为谁做

"为谁做"是指工作中与哪些人发生关系，以及发生什么样的关系，主要包括向谁请示报告、向谁提供工作信息和工作结果、可以对谁实施指挥和监控等。

7. How——如何做

"如何做"是指任职者应该如何从事工作活动，主要包括工作活动的程序或流程、使用的工具、操作的机器设备、涉及的文件和记录、重点的和关键的环节等。

六、工作分析的流程

工作分析的流程分为四个阶段：准备阶段、实施阶段、分析描述阶段和应用阶段。

(一) 准备阶段

准备阶段的主要工作如下。
(1) 明确工作分析的目的。工作分析的目的不同，采用的工作分析的方法不同。
(2) 制订工作分析的实施计划。
(3) 组建工作分析小组。

(4) 收集、分析有关的背景资料。

(5) 分析信息收集的类型。

(6) 确定信息收集的方法。

(二) 实施阶段

实施阶段的主要工作如下。

(1) 取得相关人员的理解。

(2) 收集工作信息的实际操作。

(3) 审查、确认工作信息。

(三) 分析描述阶段

分析描述阶段就是出成果的阶段，具体工作如下。

(1) 实际工作信息的分析。

(2) 相关人员的意见反馈。

(3) 工作说明书的形成。

(四) 应用阶段

应用阶段是工作分析的最后一个阶段，主要工作如下。

(1) 工作说明书的应用。

(2) 工作说明书的评价。

(3) 工作说明书的反馈与调整。

第二节 工作分析的方法

收集工作任务、职责和活动等方面的信息时，可以运用多种技术，在实际中，可以根据企业工作分析的目的来选择一种技术，也可以将几种技术结合起来使用。工作分析的方法总体上分为定性的工作分析方法和定量的工作分析方法。定性的工作分析方法包括观察法、问卷法、访谈法、工作实践法、工作日志法和文献分析法等；定量的工作分析方法包括职位分析问卷法、管理职位描述问卷法、功能性工作分析法等。

一、观察法

观察法是指工作分析人员到现场去实地查看员工的实际操作情况，予以记录、分析、归纳，并整理为适用的文字资料的方法。在分析过程中，应经常携带员工手册、工作分析指南，以便参考运用。工作分析人员观察现场操作时，必须注意员工在做什么、员工如何做、员工为何要做，以及员工的技能好不好，而对于可以改进、简化的工作事项，也应予以记录说明。当观察完某工作场地的人员如何进行实际操作后，最好再在其他两三处工作场地进行观察，以保证行为样本的代表性，避免因所观察的员工的个人习惯导致信息出现局限性。工作分析人员应注意的是，观察法的目的是工作而不是个人的特性。

观察法虽常被工程师在从事动作研究的时候所运用，但在工作分析中如果仅运用此方法，所获得资料往往不足以供撰写工作说明使用。实际上，观察法多应用于了解工作条件、危险性或所使用的工具及设备等方面。

(一) 观察法的优点

通过对工作的直接观察和工作者的介绍，工作分析人员能更多、更深刻地了解工作要求，从而使所获得的信息比较客观和正确，同时也要求观察者要有一定的实际操作经验。

(二) 观察法的缺点

(1) 不适用于工作周期长和主要是脑力劳动的工作。
(2) 不易观察紧急而又偶然的工作，例如处理紧急情况等。
(3) 不能得到有关任职者资格要求的信息。

(三) 观察法的注意事项

(1) 要注意工作行为样本的代表性。
(2) 观察人员在观察时，尽量不要影响被观察者，避免干扰被观察者的注意力。
(3) 观察前要有详细的观察提纲(见表2-2)和行为标准。

表2-2　工作分析的观察提纲(部分)

被观察者姓名		日期	
观察者姓名		观察时间	
工作类型		工作部门	
观察内容	1. 什么时候开始正式工作?＿＿＿＿＿＿＿ 2. 上午工作几个小时? ＿＿＿＿＿＿＿ 3. 上午休息几次? ＿＿＿＿＿＿＿ 4. 第一次休息时间从＿＿＿＿＿＿到＿＿＿ 5. 第二次休息时间从＿＿＿＿＿＿到＿＿＿ 6. 上午完成多少件产品? ＿＿＿＿＿＿＿ 7. 平均多长时间完成一件产品?＿＿＿＿＿＿ 8. 与同事交谈几次? ＿＿＿＿＿＿＿ 9. 每次交谈约多长时间? ＿＿＿＿＿＿＿ 10. 室内温度: ＿＿＿＿＿＿＿ 11. 上午抽了几支烟? ＿＿＿＿＿＿＿ 12. 上午喝了几次水? ＿＿＿＿＿＿＿ 13. 什么时候开始午休? ＿＿＿＿＿＿＿ 14. 出了多少次品? ＿＿＿＿＿＿＿ 15. 搬了多少次原材料? ＿＿＿＿＿＿＿ 16. 工作场地的噪声是多少分贝? ＿＿＿＿＿		

(4) 观察者要避免机械记录，应反映工作有关内容，并对工作信息进行比较和提炼。

二、问卷法

问卷法是工作分析中最常用的一种方法，也是获取工作信息的一种较好的方法，就是让员工通过填写问卷来描述其工作中所包含的任务和职责。问卷法适用于脑力工作者、管理工作者或工作不确定因素很大的员工，如软件开发人员、行政经理等。问卷法比观察法更便于统计和分析。

(一) 问卷法的形式及特点

问卷法通常包括结构化问卷、开放式问卷两种。结构化问卷由工作分析人员事先准备好的项目组成，代表了工作分析人员希望了解的工作信息。问卷回答者只需要在问卷项目后填空、选择或对各个项目进行分数评定。结构化问卷简单、明确，不需要占用回答者太多时间，但回答方式比较呆板，不允许回答者有发挥的余地。如果问卷中有的项目表达模糊或不切实际，回答者也只能勉强作答或空着不答。开放式问卷让回答者用一段话表达自己的意见，这就给他们提供了发表不同看法的机会，如请叙述工作的主要职责。最好的问卷介于两者之间，既有结构化问题，也有开放式问题。工作分析问卷调查表示例如表2-3所示。

(二) 问卷法的优点

(1) 它能够从许多员工那里迅速得到进行工作分析所需的资料，节省时间和人力，费用低，速度快。

(2) 问卷可以让任职者在工作之余填写，不会影响工作时间。

(3) 问卷法可以分析较多的样本量，因此，适用于需要对很多工作进行分析的情况。

(4) 分析资料可以数据化，由计算机进行数据处理。

(三) 问卷法的缺点

(1) 设计理想的调查问卷要花费大量的时间、人力和物力，费用比较高，而且，在问卷投入使用前，还应该进行测试，以了解员工对问卷中问题的理解情况。为了避免误解，还经常需要工作分析人员亲自解释和说明。

(2) 问卷缺乏面对面交流带来的轻松的气氛，缺乏对被调查者回答问题的鼓励或支持等肯定性反馈，因此被调查者可能不积极配合与认真填写，从而影响调查的质量。

表2-3 工作分析问卷调查表

姓名		工作名称	
部门		工号	
主管姓名		主管职位	

1. 任务综述(简单说明你的主要工作)

2. 特定资格要求(说明你承担的职务需要完成哪些任务,需要什么学历、证书或许可证)

3. 设备(列举为完成本职工作需要使用的设备或工具等)
设备名称　　　　　　　　　　　　　平均每周使用小时、次数

4. 日常工作任务(尽可能多地描述日常工作,并根据工作的重要性和每项工作所花费的时间由高到低排列)

5. 工作接触(列出在公司或公司外所有因工作而发生联系的部门和人员,并根据接触频率由高到低排列)

6. 决策(说明你的日常工作中包含哪些决策)

7. 文件记录责任(列出需要由你准备的报告或保存的文件,并说明文件交给谁)

8. 工作条件(描述你的工作环境与条件)

9. 资历要求(描述胜任本工作的人最低应达到什么要求,如最低教育程度、专业或专长、工作经历、工作年限、特殊培训与资格、特殊技能等)

10. 其他信息(请写出前面各项中没有涉及的,但你认为对本职务很重要的其他信息)

填表人:　　　　　　　　日期:

三、访谈法

访谈法是一种应用最为广泛的工作分析方法,工作分析人员就某一个职务或职位面对面

地询问任职者、主管、专家等人对工作的意见和看法。访谈的程序可以标准化，也可以非标准化。一般情况下，应用访谈法时应以标准化访谈格式进行记录，目的是便于控制谈话内容及对同一职务不同任职者的回答进行相互比较。

访谈法不仅可以获得观察法所不能获得的资料而且可以对已获得的资料加以证实。访谈法也是美国企业界使用的最为普遍的方法之一。尽管它不像问卷法那样具有完善的结构，但它具有问卷法不可替代的作用。

(一) 访谈法的优点

(1) 可以对工作者的工作态度与工作动机等较深层次的内容有比较详细的了解。

(2) 运用面广，能够简单且迅速地收集多方面的工作分析资料。

(3) 由任职者亲口讲出工作内容，工作分析者可随时提问，对有关问题加以澄清。

(4) 使工作分析人员了解使用直接观察法不容易在短期内发现的情况，有助于管理者发现问题。

(5) 向任职者解释工作分析的必要性及功能。

(6) 有助于与员工的沟通，缓解其负面情绪和调整其心态。

(二) 访谈法的缺点

(1) 工作分析人员需要受过专门的训练，具有专业技巧。

(2) 费力、费时，工作成本较高。

(3) 收集到的信息往往被扭曲，会在一定程度上失真。员工容易认为是对其工作业绩的考核或认为是薪酬调整的依据，故会夸大或弱化某些职责。

(三) 访谈的内容

(1) 工作目标：组织为什么设立这一职务，根据什么确定职务的报酬。

(2) 工作内容：任职者在组织中有多大的作用，其行动对组织产生的后果有多大。

(3) 工作的性质和范围：这是访谈的核心，包括该工作在组织中的地位，其上下级职能的关系，所需的一般技术知识、管理知识、人际关系知识、需要解决的问题的性质以及自主权。

(4) 所负责任：涉及组织、战略政策，控制、执行等方面。

(四) 访谈的形式

访谈的形式可分为个人访谈、集体访谈和管理人员访谈三种。由于主管与现职人员可能对某些工作的说法不同，工作分析人员必须把双方的资料合并在一起，予以独立的观察、证实和权衡。这不仅需要运用科学的方法，还需要具有可被人接受的人际关系技能。只有把这三种访谈形式加以综合运用，才能真正透彻地完成工作分析。

(五) 访谈的原则

(1) 与主管密切配合。

(2) 与面谈对象尽快建立融洽的关系。

(3) 准备完善的问题列表。

(4) 要求面谈对象依重要性程度依次列出工作职责。

(5) 将收集好的资料交给任职者及其上司阅览，以便补充、修改。

(六) 访谈法的注意事项

(1) 尊重访谈对象，接待要热情，态度要诚恳，用词要恰当。

(2) 营造一种良好的气氛，使访谈对象感到轻松愉快。

(3) 工作分析人员应该适当地对访谈对象进行启发和引导，避免对重大原则问题发表个人看法和观点。

【工作分析访谈实例】

××公司工作分析访谈提纲

一、打招呼，简单地介绍自己，明确访谈目的。例如：你好，我是×××，在这次我们与贵公司的合作项目中，我担任访谈员的角色，我们的任务是对整个公司的全部岗位任职者进行访谈，用于制定工作岗位说明书，从而有效地指导新员工的工作以及为人力资源管理的其他活动奠定基础。我们的访谈不是对员工进行评价，也不会对员工的薪酬产生任何影响。您是否有充分的时间接受访谈，访谈时间可能会在半个小时以上，好了，现在我们开始吧！

二、请问您目前正在从事什么工作，它的岗位名称是什么？（　　　　　　）它隶属于哪一个部门？（　　　　　　）在本部门从事相同工作的岗位共有几个？（　　　　　　）您的直接上级主管的岗位名称是什么？（　　　　　　）您是否有直接的下属？有几个？岗位名称分别是什么？（　　　　　　）

三、请您用一句话来概括您目前的工作在公司中所起到的作用？（可以做如下提示，如某公司财务经理的工作是"科学地进行公司的融资和投资活动"； 某公司材料采购经理的工作是"经济地为公司进行原材料的采购活动，并对材料的运输、保管进行相应的管理活动"）

四、请详细地描述您的工作岗位的各项职责和为完成职责所进行的各项工作活动，包括所采取的方法、使用的辅助工具或设备等，以及您认为的工作标准。这是我们访谈的一个主要内容，请您尽可能按照活动发生的时间顺序或活动的重要性程度来详细描述。

主要工作职责	完成职责所进行的工作活动或任务以及时间比例	工作设备或辅助工具	工作标准

五、为了有效地完成上述工作，在公司内部，您要在哪些方面接受谁的指示和受谁的直接监督？

接受指示或命令的方面	受谁直接监督

您在哪些方面或领域监督别人的工作或向别人发布指示？

发布指示或命令的方面	向谁发布指示

您的日常工作需要哪些同级部门和人员的配合与协作，您的工作又配合了哪些部门或人员的工作？您工作中哪些方面需要经常与哪些公司外部的机构或人发生联系？

联系方面	与谁发生联系

六、为了完成岗位的工作，您拥有哪些权限？(例如招聘专员在职位申请者面试工作中拥有组织权，在建立公司招聘制度活动中拥有制定权等)

七、您的日常工作是被安排在什么时间内进行的，是正常班，还是夜班？工作是否有加班，加班发生在什么时间？(   )所占比率如何？(   )工作是否忙闲不均？(是、否)最忙时发生在哪段时间？(   )出差时间有多长？(   )

八、您日常是否都在办公室、车间内工作，如果不是，那您的工作场所都在什么地方？(   )在这些场所工作的时间大概占多少比例？(   )环境如何？(噪音、温度、湿度、照明、污染、辐射、视疲劳、颈疲劳、粉尘、空调、有危险)有无职业病发生的可能？(   )

九、您在这个岗位上任职有一段时间了，以您的观点来看，在这个岗位上工作需要具备哪些方面的知识？

1. 工作的专业知识，如对工作相关知识、法规、制度的掌握和了解。

2. 基础知识，如外语、计算机等。

十、具备哪些能力的人可以承担这项工作？

1. 心智要求，如智商。

2. 特殊能力，如领导能力、激励能力、计划能力、人际关系、协调能力、公共关系、分析能力、决策能力、书面表达、口头表达、谈判、演讲、与人沟通与交往、判断、接受指令等。

3. 个人素质(非智力因素)，如细心、耐心、有责任感、忠诚度。

十一、岗位要求承担者具备哪些身体素质和生理方面的要求(如无色盲和听力障碍,手指灵敏性、身体协调性、反应速度等)?(   )有无特殊性别要求?(有、无)有无特殊年龄要求?(有、无)

十二、需要哪些学历、资历或经验要求?

1. 学历:无(   )高中及以下(含中专)(   )大专(   )大本(   )研究生以上(   )

2. 专业的特殊要求:(   )

3. 资历或经验要求(如大专毕业几年、大企业相关工作经验):(   )

4. 相关证书或执照:(   )

十三、您对我们上面所谈的还有哪些补充?

十四、请您看一下我们的访谈记录,确认无误后,请留下联系方式,以便日后有不明之处再回访,感谢!

四、工作实践法

工作实践法是指由工作分析人员亲自从事所需研究的工作,以收集相关信息的方法。这种方法的优点在于能够获得第一手资料,可以准确地了解工作的实际过程,以及在体力、知识、经验等方面对任职者的要求。但是这种方法只适用于短期内可以掌握的工作或者工作内容比较简单的工作,如餐厅服务员等,不适用于需要进行大量训练才能从事的工作和危险的工作。

五、工作日志法

工作日志法是指由任职者按时间顺序,详细记录自己在一段时间内的工作内容与工作过程,经过归纳、分析,达到工作分析目的的一种工作分析法。在缺乏工作文献时,日志法的优势尤为明显。日志的形式可以是不固定的,也可以由组织提供统一的格式。工作日志填写实例如表2-4所示。

表2-4 工作日志填写实例

姓名		年龄		岗位名称	
所属部门		直接上级		从事本业务工龄	
2018年1月10日		工作开始时间:8:30		工作结束时间:17:30	
序号	工作活动名称	工作活动内容	工作活动结果	时间消耗	备注
1	复印	协议文件	4页	6分钟	存档
2	起草公文	贸易代理委托书	8页	1小时15分钟	报上级审批
3	贸易洽谈	玩具出口	1次	40分钟	承办
4	布置工作	对日出口业务	1次	20分钟	指示
5	会议	讨论东欧贸易	1次	1小时30分钟	参与
……					
16	请示	货代数额	1次	20分钟	报批
17	计算机录入	经营数据	2屏	1小时	承办
18	接待	参观	3人	35分钟	承办

(一) 工作日志法的优点

(1) 工作日志法是在完成工作以后逐日即时记录的，具有详尽性的优点。

(2) 使用工作日志法所获得的工作信息可靠性很高，往往适用于确定有关工作职责、工作内容、工作关系、劳动强度方面的信息。

(二) 工作日志法的缺点

(1) 工作日志法是由工作任职者自行填写的，信息失真的可能性较大，任职者可能更注重工作过程，而对工作结果的关心程度不够。

(2) 运用工作日志法进行工作分析对任职者的要求较高，任职者必须完全了解工作职位的情况和要求。

(3) 工作日志法的信息整理工作量大，归纳工作烦琐。

一般来说，在进行工作分析时，工作日志法很少作为唯一的、主要的信息收集技术，常常要与其他方法相结合。实际工作中，工作分析人员通常会将组织已有的工作日志作为问卷设计、访谈准备或者对某一项工作做初步了解的文献资料使用。

六、文献分析法

文献分析法是一项经济且有效的信息收集方法，通过对与工作相关的现有文献进行系统性的分析来获取工作信息。文献分析法一般用于收集工作的原始信息，编制任务清单初稿。

七、职位分析问卷法

职位分析问卷法(position analysis questionnaire，PAQ)是由美国心理学家麦考密克耗费10年时间设计的一种利用清单的方式来确定工作要素的方法。职位分析问卷法应用广泛，可以用来分析商业、工业企业以及公共部门中的各种职位。

(一) 职位分析问卷的内容

职位分析问卷包括194个标准化的问题，这些问题代表了从各种不同的工作中概括出来的工作行为、工作条件及工作本身的特点，可以分为六个方面。

(1) 信息加工。员工从哪里以及如何获得完成工作所必需的信息。

(2) 脑力过程。执行工作时需要完成的推理、决策、计划以及信息加工活动。

(3) 体力过程。执行工作时所发生的身体活动以及所使用的工具和设备。

(4) 人际关系。执行工作时与他人发生的关系。

(5) 工作环境。执行工作过程中所处的物理环境和社会环境。

(6) 其他特点。其他与工作有关的内容，如工作时间安排、报酬等。

对某项工作进行分析时，工作分析人员首先要确定每一个问题是否适用被分析的工作；然后从六个维度来对有效问题加以评价，这六个维度是信息使用度、耗费时间、对工作的重要性、发生的可能性、适用性和特殊计分；最后将这些评价结果输入计算机中会产生一份报告，说明某项工作在各个维度上的得分情况。

(二) 职位分析问卷法的优点

利用职位分析问卷法进行工作分析可以将工作按照上述维度的得分提供一个量化的分数顺序，这样就可以对不同的工作进行比较，与工作评价类似。

(三) 职位分析问卷法的缺点

(1) 职位分析问卷法对体力劳动性质的职业适用性好，对管理性质、技术性质的职业适用性较差。

(2) 职位分析问卷法由于没有对职位的特殊工作活动进行描述，所以无法体现工作性质的差异，如警察和家庭主妇。

(3) 职位分析问卷的可读性差，没有受过10～12年的培训无法理解其全部的内容。

职位分析问卷实例如表2-5所示。

表2-5　PAQ职位分析问卷(部分)

1. 信息加工
   1.1 工作信息来源(根据员工在工作时将下列各项作为信息来源的使用程度评定其等级。)
   　　使用工作信息的程度：0不使用；1很少/不太经常；2偶尔；3中等/适度；4比较频繁；5经常/大量使用。
   　　(1)　4　书面资料(书、报告、笔记、短文、工作指令等)。
   　　(2)　2　数据材料(与数量或数字有关的材料，如图表、会计报表、数字表格等)。
   　　(3)　1　图片资料(如图形、设计图、X光片、地图、描图等)。
   　　(4)　1　模型及相关工具(如模板、钢板、模型等，不包括第(3)项所包括的内容)。
   　　(5)　2　指示器(如罗盘、仪表、信号灯、速度仪、钟表等)。
   　　(6)　5　测量仪器(如直尺、天平、厚度仪、温度计、量杯等，不包括第(5)项所描述过的装置)。
   　　(7)　4　机械装置(如工具、设备、机器等)。
   　　(8)　3　在制原料(在改造、加工的过程中成为信息来源的零部件、材料、物体等)。
   　　(9)　4　非在制原料(非加工过程的零部件、材料、物体等在受检验、处理、包装、配售、选品过程中均是信息源)。
   　　(10)　3　自然特征(被观察的风景、原野、植物、气候等其他自然特征均可是信息源)。
   　　(11)　2　人为的环境特征(被观察或被检查的建筑、堤坝、高速公路、水库、铁路等，不考虑第(7)项中已经提到的机器设备等)。

八、管理职位描述问卷法

管理职位描述问卷法(management position questionnaire，MPDQ)是专门为管理职位而设计的一种结构化的工作分析方法。管理职位描述问卷包含了与管理责任、约束、要求和其他多方面职位特征有关的13种类别及所属的208个项目。

(一) 管理职位描述问卷中的项目类别

(1) 产品、市场和财务战略计划，指的是进行思考并制订计划以实现业务的长期增长和公司的稳定。

(2) 与组织中其他单位和员工之间的关系协调，指的是管理人员对自己没有直接控制权的员工个人和团队活动的协调。

(3) 内部事务控制，指的是检查与控制公司的财务、人事和其他资源。

(4) 产品和服务责任，指的是控制产品和服务的技术，以保证生产的及时性和质量。

(5) 公众和顾客关系，指的是通过与人们直接接触的办法来维护公司在客户与公众中的名誉。

(6) 高级咨询，指的是发挥技术水平来解决企业中出现的特殊问题。

(7) 行动自主权，指的是在几乎没有直接监督的情况下开展工作活动。

(8) 财务审批权，指的是批准企业的大额财务投入。

(9) 职能服务，指的是提供诸如寻找事实和做记录这样的服务。

(10) 员工监督，指的是通过与下属员工面对面的交流来计划、组织和控制这些人的工作。

(11) 复杂性与压力，指的是在很大的压力下工作以及在规定的时间内完成所要求的工作任务。

(12) 高级财务责任，指的是对公司的绩效造成直接影响的、大规模的财务投资决策和其他财务决策。

(13) 广义的人力资源责任，指的是从事公司中对人力资源管理和影响员工的其他政策具有重大责任的工作。

(二) 管理职位描述问卷法的使用方法

工作分析人员首先要判断该工作是否适合采用管理职位描述问卷法进行分析，然后通过回收调查问卷收集、评价与管理职位相关的活动、联系、决策、人际交往、能力要求等方面的信息数据，通过特定的计算机程序加以分析，有针对性地制作与工作相关的个性化信息报表，最终为人力资源管理的各个职能板块，如工作描述、职位评价、人员甄选、培训开发、绩效考核、薪酬设计等，提供信息支持。

管理职位描述问卷法通常用于分析和评价新增管理岗位的工作内容和工作条件，以决定其工作的管理水平以及在组织薪酬结构中的地位。另外，此方法对于选拔管理人员和建立合理的晋升制度也很有效。

九、功能性工作分析法

功能性工作分析法(functional job analysis，FJA)是由美国培训与职业服务中心开发出来的，是把每一项工作均按照承担此工作的员工与信息、人、物之间的关系在各项要素中进行等级划分。每一项工作的基本功能都有其重要性的等级，数值越小，代表的级别越高；数值越大，代表的级别越低。如表2-6所示，假设分析接待员的工作，工作分析人员把这项工作根据员工与信息、人、物的关系分别标注5、6、4，则分别代表复制信息、与别人交谈/传递信息、处理事情。采用这种方法进行分析时，各项工作都会得出分数，把三项得分(如5、6、4)加总所得分数就成为决定薪酬和待遇的依据。

表2-6 功能性工作分析法中接待员工作的基本功能

	信息	人	物
基本活动	0 综合 1 协调 2 分析 3 汇编 4 计算 5 复制 6 比较	0 指导 1 谈判 2 教育 3 监督 4 引导 5 劝解 6 交谈—示意 7 服务 8 接受指示	0 创建 1 精密加工 2 操作与控制 3 驾驶与运行 4 处理 5 照料 6 反馈—回馈 7 操作

第三节 工作说明书的编写

工作分析的结果要形成工作说明书,工作说明书是组织对各类岗位的性质和特征(识别信息)、工作任务、职责权限、岗位关系、劳动条件和环境,以及本岗位人员任职的资格或条件等事项所做的统一规定。

一、工作说明书的内容

一份比较完备的工作说明书应该包含职位描述和任职资格两部分内容。

(一) 职位描述

1. 工作标识

工作标识包括工作名称和工作身份。工作名称能比较准确地反映工作的主要职责,并且指明任职者在组织等级制度下的相互关系。工作身份又称工作地位,包括所属部门、直接上级职位、工作等级、工资水平、所辖人数、定员人数、工作分析时间和人员等。

2. 工作概述

工作概述是对主要工作职责的简要说明,需要用简洁、准确的文字揭示工作的总体性质、中心任务和工作目标。

3. 工作联系

工作联系说明工作承担者与组织内以及组织外的其他人之间的联系情况。

4. 工作职责与任务

工作职责与任务是指把每一种工作的详细职责列举出来,并用一到两句话分别对每一项任务加以描述。

5. 工作权限

工作权限界定了工作承担者的权限范围,包括决策的权限、对其他人实施监督的权限,以及经费预算的权限等。

6. 工作绩效标准

工作绩效标准说明员工在执行每一项任务时被期望达到的标准。工作绩效标准应该是具体、明确、可衡量的。

7. 工作条件

工作条件是指工作所处的环境，包括温度、噪音水平、危害条件或其他特殊的工作环境。

(二) 任职资格

1. 资历要求

资历要求包括对教育背景和工作经历的要求。例如，对任职者的专业、学历的要求，任职者所受的相关培训、所获得的职业证书，任职者有无相关的工作经历，以及任职者从事相关工作的时间等。

2. 技能要求

技能要求是指对任职者的基本技能、专业技能和其他技能的要求。例如，任职者的领导能力、组织能力、协调能力、创新能力、分析能力、信息处理能力、人际交往能力和表达沟通能力等。

3. 心理素质

心理素质包括个性和心理特点，如各种感、知觉能力，记忆、思维、语言、操作活动能力，应变能力，兴趣爱好，性格类型等。

4. 职业品质

除了一般的社会道德要求外，对任职者的职业品质也要有所要求，如敬业精神、职业态度、职业纪律等。

5. 身体素质

主要是岗位对身体的特殊要求，如身高、体重、力量、视力、身体健康状况等。

二、编写要求

(一) 职位描述的编写要求

1. 内容清楚、详尽、完整

工作说明书要清楚地描述职位的工作情况，并且内容要详尽、完整，但是要避免工作描述过于琐碎，以免不能独立使用。

2. 语句简洁、逻辑性强

语句构成要简洁、规范，要有逻辑性；语句应该按照工作的基本性质、职位高低、资格条件的重要性等排序。

3. 指明范围

在界定职位时，要确保指明工作的范围和性质，并且包括所有重要的工作关系。

4. 用词标准

要建立标准化的词库。词汇应具体，避免抽象的概念；一般不使用形容词，并且要避免使用难以理解的技术性词汇；如有可能，尽量使用数学语言。

(二) 任职资格的编写要求

1. 区别对待不同性质的工作

在制定任职资格时，要根据工作性质和工作分析的不同结果区别对待。性质简单、固定而且条件可以列举的工作(如专业人士、技术员、打字员等)，任职资格可以直接根据个人资格条件(如学历、培训、资格证书等)列举，基本可以满足使用的要求；凡是不属于上述类别的工作，可以根据工作分析的结果，预测影响该项工作绩效的个人条件是什么，进而确定胜任此项工作必需的资格和条件。

2. 满意的标准而不是最优的标准

任职资格应该反映取得令人满意的工作绩效必需的资格和条件，而不是理想的候选人应该具备的条件，制定的标准应该是满意的标准，而不是最优的标准。

3. 注意任职者的个性特征

任职者的个性特征会影响工作的绩效，而这一点往往被企业在实际招聘工作中所忽略，致使招聘的人员在实际工作中不能承担工作压力，缺乏达到目标的意志和决心，不能与他人保持良好的合作关系，从而影响个人的工作绩效和组织绩效。

工作说明书范例如表2-7和表2-8所示。

表2-7 机械设计工程师工作说明书

职位名称	机械设计工程师	所属部门	机械部
直属上级	机械部部长	直接下属	无
职位概要：开发、设计公司机械类产品，并提供相关的技术支持			
工作内容 1. 开发与设计公司机械产品 2. 绘制产品装配图及零部件图 3. 招投标工作的技术支持 4. 按照ISO9001的要求进行设计输入输出文件的编制和管理 5. 对生产、产品调试以及售后服务给予相应的技术支持 6. 参加产品的设计评审工作，整理评审结果 7. 完成部门经理临时交办的其他任务			

(续表)

任职资格
1. 教育背景：机械或相关专业本科以上学历
2. 经验：5年以上机械设计经验
3. 技能技巧：熟悉产品的制造工艺、加工工艺；熟悉机械部件的设计；熟练应用AutoCAD等应用软件；熟悉ISO9001标准中的设计程序及标准要求；熟练操作办公软件
4. 态度：具有良好的团队精神和较强的合作能力；具有良好的沟通能力；动手能力强，吃苦耐劳
工作条件
1. 工作场所：办公室
2. 环境状况：基本舒适
3. 危险性：基本无危险，无职业病危险

表2-8 副总经理(营销)工作说明书

职位名称	副总经理(营销)	所属部门	营销中心
直属上级	总经理	直接下属	营销区域经理

职位概要：组织部门人员完成销售计划，管理销售工作，达成公司制定的各种市场目标
工作内容
1. 组织编制公司年、季、月度销售计划及销售费用预算，并监督实施
2. 调查公司产品和竞争对手产品在市场上的销售情况，综合客户的反馈意见，撰写市场调查报告，提交给公司总经理
3. 组织下属营销人员做好销售合同的签订、履行与管理工作，监督营销人员做好应收账款的催收工作
4. 制定本部门相关的管理制度并监督、检查下属人员的执行情况
5. 负责投标工作的技术指导和重大项目的技术谈判工作
6. 组织营销活动中重大质量问题的分析，及时向总经理汇报，并提出有效的纠正措施
7. 组织对公司客户的售后服务，与技术部门联络以取得必要的技术支持
8. 组织建立顾客档案，对顾客满意度的监测负责
9. 对下属人员进行业务指导和工作考核
10. 组织建立销售情况统计台账，定期报送财务部
11. 完成总经理交办的其他工作
权责范围
1. 权力：有权对销售费用的支出进行总体控制；有权代表公司对外谈判并签订销售合同；对下属人员有考核权；对公司产品的价格浮动有建议权
2. 责任：对销售计划的完成负组织责任；对销售合同的签订、履行和管理负总体责任，如因合同的订立、履行及管理不善给公司造成损失，应负相应的经济责任、行政责任直至法律责任
任职资格
1. 教育背景：市场营销、企业管理或相关专业本科以上学历
2. 培训经历：受过管理技能开发、市场营销、合同法、财务基本知识、谈判技巧等方面的培训
3. 经验：8年以上市场管理工作经验，5年以上营销经理工作经验
4. 技能技巧：对营销工作有较深刻的认知；能够独立从事营销工作，具有较强的组织能力、计划能力、控制能力、协调能力和人际交往能力，以及较高的谈判技巧；具有较强的观察力和应变能力；能够熟练操作办公软件
5. 态度：工作努力，积极进取；具有较高的工作热情和良好的团队合作精神

(续表)

工作条件
1．工作场所：办公室
2．环境状况：舒适
3．危险性：基本无危险，无职业病危险

本 章 小 结

工作分析是组织进行人力资源规划以及其他一切人力资源管理活动的基础，是人力资源管理的第一个主要环节。工作分析又称职位分析、职务分析或岗位分析，它是一种应用系统方法对组织中某一特定工作或职位的任务、职责、权力、隶属关系、工作条件等相关信息进行收集和分析，做出明确规定，并确认完成工作所需要的能力和资质的过程。

工作分析的作用主要体现在企业管理与人力资源管理两个方面。

工作分析主要是对事和对人进行分析，即收集与工作和能胜任该工作的人有关的信息。

工作分析的主要流程分为四个阶段：准备阶段、实施阶段、分析描述阶段和应用阶段。

工作分析的方法总体上分为定性的工作分析方法和定量的工作分析方法。定性的工作分析方法包括观察法、问卷法、访谈法、工作实践法、工作日志法和文献分析法等；定量的工作分析方法包括职位分析问卷法、管理职位描述问卷法、功能性工作分析法等。

工作分析的结果要形成工作说明书，一份比较完备的工作说明书应该包括职位描述和任职资格两部分内容。

习 题

一、单选题

1．工作活动中不能再继续分解的最小单位是(　　)。

    A．工作要素　　　　　　　　　　B．任务

    C．职责　　　　　　　　　　　　D．职位

2．由两个或两个以上的工作组成，职责的繁简难易、轻重大小及任职条件要求相似的所有职位的集合称为(　　)。

    A．职门　　　　　　　　　　　　B．职系

    C．职级　　　　　　　　　　　　D．职等

3．(　　)是人力资源管理活动的基础。

    A．岗位设计　　　　　　　　　　B．薪酬设计

  C. 培训考核   D. 工作分析

4. 下列各项中,不是工作分析目的的选项是( )。

  A. 了解工作性质   B. 了解工作的内容和方法

  C. 了解绩效完成状况   D. 了解具备什么条件的人才能做此工作

5. 深入工作现场,能比较全面地了解工作情况,是工作分析方法中( )的优点。

  A. 实践法   B. 参与法

  C. 问卷法   D. 观察法

6. 工作分析的过程可以分为四个阶段,其中( )阶段的主要任务是了解情况,确定样本,建立关系,组建工作小组。

  A. 准备   B. 调查

  C. 分析   D. 完成

7. 工作分析的方法分为定性分析方法与定量分析方法,下列属于定性分析方法的是( )。

  A. 职位分析问卷法   B. 管理职位描述问卷法

  C. 问卷调查法   D. 功能性工作分析法

8. 工作分析人员可以了解到员工的工作态度和工作动机,得到平常不易察觉的情况,同时组织可以借此机会向员工解释工作分析的必要性,员工也有机会释放因受挫而带来的不满。这是工作分析方法中( )的优点。

  A. 职位分析问卷法   B. 管理职位描述问卷法

  C. 问卷调查法   D. 访谈法

9. 工作分析所获信息应用于多项人力资源管理活动中,下列活动中,不需要使用工作分析相关信息的是( )。

  A. 招聘与甄选   B. 员工关系管理

  C. 绩效考评   D. 工作评价与报酬

10. 工作分析中需要收集许多相关信息,下列各项中,不属于此类信息的选项是( )。

  A. 工作活动   B. 工作所需器械

  C. 工作环境   D. 工作薪酬

11. ( )是工作分析中最常用的一种方法,比较适用于脑力工作者、管理工作者或工作不确定因素很大的员工。

  A. 功能性工作分析法   B. 管理职位描述问卷法

  C. 问卷调查法   D. 访谈法

12. 对组织中某个特定职务的设置目的、任务或者职责、权力和隶属关系、工作条件和环境、任职资格等相关信息进行收集与分析,并对该职务的工作做出明确的规定,且确定完成该工作所需的行为、条件、人员的过程,称为( )。

  A. 工作描述   B. 工作分析

  C. 工作计划   D. 工作说明

二、多选题

1. 工作分析在企业管理中的作用有(   )。
    A. 支持企业战略   B. 为绩效管理奠定基础
    C. 优化工作流程   D. 改进工作方法

2. 工作说明书的内容包含(   )。
    A. 职位描述   B. 工作内容
    C. 任职资格   D. 岗位规范

3. 下列各项中,属于定性工作分析方法的有(   )。
    A. 管理职位分析问卷   B. 访谈法
    C. 问卷法   D. 工作日志法

4. 采用访谈法进行工作分析时,访谈的内容包括(   )。
    A. 工作目标   B. 工作内容
    C. 工作的性质和范围   D. 所负责任

5. 功能性工作分析法主要把每一项工作按照(   )进行等级划分,数值越小,代表级别越高;反之,代表级别越低。
    A. 人与工作之间的关系   B. 人与信息之间的关系
    C. 人与人之间的关系   D. 人与物之间的关系

三、判断题

1. 职位就是根据组织目标为个人规定的一组任务及相应的责任。(   )

2. 工作分析结果的表达文件之一是工作说明书。(   )

3. 观察法是工作分析人员到现场去实地查看员工的实际操作情况,所获资料足以用于撰写工作说明书。(   )

4. 访谈法是工作分析最常用的一种方法,也是获取工作信息的一种较好的方法。(   )

5. 职位分析问卷法适用于所有职位的工作分析。(   )

四、名词解释

1. 工作分析   2. 工作说明书

五、简答题

1. 工作分析所要收集的信息有哪些?
2. 工作分析的方法有哪些?
3. 工作分析的实施流程是什么?
4. 工作说明书的内容及编写要求是什么?

六、论述题

为什么工作分析是人力资源管理活动的基础，其作用体现在哪些方面？

七、实操题

某公司为人力资源部经理草拟了一份工作说明书，其主要内容如下：

(1) 负责公司的劳资管理，并按绩效考评实施奖惩；

(2) 负责统计、评估公司人力资源需求情况，制订人员招聘计划并按计划招聘公司员工；

(3) 按实际情况完善公司《员工工作绩效考核制度》；

(4) 负责向总经理提交人员鉴定、评价的结果；

(5) 负责管理人事档案；

(6) 负责本部门员工工作绩效考核；

(7) 负责完成总经理交办的其他任务。

该公司总经理认为这份工作说明书格式过于简单，内容不完整，描述不准确。

任务：为该公司人力资源部经理重新编写一份工作说明书。

🗒 案例分析

清扫工作应该由谁来做

宏伟公司内部设立了财务、人力资源、营销和生产四个职能部门，其中，生产部门处于中心位置。在生产部门之下，依次设有各车间、班组。公司在运营过程中，内部人员职责权限划分上接连出现了问题。

在组装车间，一位包装工将大量液体洒在操作台周围的地板上，小组长要求其扫干净，不料这位工人一口回绝："我的职责是包装产品，这远比清扫重要，您应该让勤杂工处理这样的工作。况且，我的工作职责中没有要求我打扫卫生。"

小组长无奈，只得去找勤杂工，而勤杂工只有在正班工人下班后才开始清理厂房。于是，小组长只好自己动手，将地板打扫干净。

第二天，小组长向车间主任请示处分包装工，得到了同意，谁料人力资源部门不但不给予支持，反而警告车间越权。

车间主任感到不解，认为人力资源部的规定不合理，并向生产部门领导反映了这一情况，请求得到支持。小组长更是满腹委屈，感到自己尚且不如普通员工地位高，成了员工的服务员。他反问："难道我就该什么都负责，我的职责中也没有要求我打扫卫生呀。"

这样一来，公司生产部门与人力资源部门之间，以及生产部门内部就出现了矛盾。生产部门领导觉得自己的车间主任受了委屈，就向总经理反映了这一问题，要求总经理警告人力资源部门不要过多地干涉车间内部事务，否则生产运作就会受到太多的影响，甚至无法再干下去。总经理说："我只管战略性的重大事务，内部的分工与沟通你们自己去协商。"生产部门领导感到很吃惊，但随后他表示理解总经理的指示，并且与人力资源部门领导进行协商。人力资源部门领导的态度也很积极，马上让秘书拿来工作说明书一起分析。

包装工的工作说明书规定："包装工以产品包装工作为中心职责，负责保持工作平台以及周围设备处于可操作性状态。"

勤杂工的工作说明书规定："勤杂工负责打扫车间，整理物品，保持厂房内外的整洁有序。为了保证不影响生产，工作时间为生产休息时间。"

小组长的工作说明书规定："小组长主要负责使班组的生产有序、高效，并协调内部工作关系。"

车间主任的职责更笼统："车间主任负责本车间生产任务的完成，并且可以采取相应的措施对员工加以激励。"

人力资源部门的职责主要包括人员的招聘、选拔、培训、考评、辞退、奖惩、工资福利等。

因为员工奖惩权归人力资源部门，因此人力资源部门坚持认为生产部门对员工进行处分是越权。生产部门则认为，对员工的奖惩应由各部门自己决定，否则难以领导员工开展工作，难以对员工进行有效管理。小组长更是感到委屈，并声称要辞职，协商陷入了僵局。

问题：

1. 宏伟公司在人力资源管理上面临的主要问题是什么？
2. 就如何妥善解决宏伟公司人力资源管理问题，提出你的建议。

第三章

人力资源规划

【导读】

人力资源规划是指为了实现组织的战略目标，对组织中的人力资源供求状况进行预测，制定相应的政策和措施，从而使组织的人力资源供给和需求达到平衡。不同的组织战略需要制定不同的人力资源规划与其相适应，同时人力资源规划与其他人力资源管理活动有着复杂的关系。人力资源规划分为战略性人力资源规划和战术性人力资源规划，影响人力资源规划的因素包括组织内部和组织外部两个方面。人力资源规划的程序包括组织战略分析、人力资源信息的获取、人员预测、供需匹配、执行计划与实施监控，以及人力资源规划的评估。人力资源需求预测的方法包括定性与定量两方面；人力资源供给预测需要考虑内部和外部供给。由于人力资源供需的刚性，企业人力资源供给与需求的不平衡是一种必然的现象。企业人力资源供给与需求的不平衡有三种类型，即人力资源供给与需求的结构性不平衡、人力资源不足、人力资源过剩。

【学习目标】

掌握人力资源规划的定义、目标及意义；掌握人力资源规划与组织战略的关系；了解人力资源规划与其他人力资源管理工作的关系；掌握人力资源规划的类型，了解影响人力资源规划的因素；掌握人力资源规划的程序；掌握人力资源需求预测的方法；掌握人力资源供给预测的方法；掌握使人力资源供需平衡的方法。

【学习难点】

人力资源规划与组织战略的关系；人力资源需求预测的方法；人力资源供给预测的方法。

【教学建议】

第一节、第二节以课堂讲授为主，结合学生讨论进行学习；第三节、第四节以课堂讲授为主，结合习题进行学习；第五节以教师引导、学生讨论为主。

大树、猴子、果子

国外流传着这样一个调侃故事：企业就像一棵树，树的每层树枝上都爬满了猴子，上面的猴子往下看，看到的都是笑脸；下面的猴子往上看，看到的都是屁股。如果有果子，总是顶层的猴子先吃。对于往上爬的猴子，它们的脸先得贴过很多猴子的屁股，能爬多高，取决于贴屁股的技巧有多好。上面的猴子是不会自己溜下来的，除非年老体衰，抓不住树枝掉下去，或者被下面年轻力壮的猴子给硬踢下去。在陷入困境的时候，上层的猴子会折断几根树枝抽打下面的猴子，猴子们纷纷往下掉一层，混乱中总会有猴子从树上掉下去，这些不幸者获得的赔偿就是从树上掉下来的果子！企业中的新陈代谢看似一种自然的规律，但是就像故事中所描述的一样，上层的猴子有更多的果子吃，是不会自愿掉下去的。因此，要让下面的猴子有机会爬上去，除了猴子刻苦训练提高本身的技能之外，企业似乎还需要做些什么……

问题：企业在需要某类人员而人才市场又无法提供，怎么办？企业已经付出某方面的培训费，但由于许多老员工的离开又必须再次付出这方面的培训费用，怎么办？企业为了避免人才短缺而大量储备人才，最终造成人才浪费和人工成本的上升，怎么办？企业培养的员工成为竞争对手的骨干力量时，怎么办？其实这些都是许多企业司空见惯的事情，怎样处理这些问题呢？有三种办法：一是出现问题之后及时解决，此类办法通常称为"下策"；二是出现问题之后分析原因，避免再次出现类似情况，此类办法通常称为"中策"；三是事先估计出现各种问题的可能性，在筹备中就有意识地加以避免，此为"上策"。所谓的"上策"即为企业的人力资源规划。

第一节　人力资源规划概述

中国有句古话"凡事预则立，不预则废"，意思是说只有事前做好准备才有成功的可能性。人力资源规划是人力资源管理的重要部分，属于整个人力资源管理统筹性的工作。人力资源规划是一个积极主动的过程，它努力计划和预见组织内部和外部环境的各个领域中可能发生的事件，并在这些事件发生之前制订计划以适应可能的人员需求。在人力资源管理系统中，人力资源规划为其他人力资源管理活动提供目标、原则和方法。

一、人力资源规划的定义

人力资源规划(human resource planning，HRP)是指为了实现组织的战略目标，根据组织的人力资源现状，科学地预测组织在未来环境变化中的人力资源供求状况，并制定相应的政策和措施，从而使组织的人力资源供给和需求达到平衡，并使组织和个人都获得长期的利益。这一定义包括以下五层含义。

(1) 制定人力资源规划的目的是实现组织的战略目标，保证组织的长期持续发展。在现代社会中，人力资源是组织最宝贵的资源，人力资源的数量充足且具有良好素质是一个组织取得成功的关键。人力资源规划就是对组织的人力资源管理进行统筹安排，从而为组织的发展提供人力保证。也就是说，人力资源规划可以为组织配备一定数量与质量的人力资源，提高组织的效率和效益，使组织的长期目标得以实现。

(2) 搞清组织现有的人力资源状况是制定人力资源规划的基础。为实现组织的战略目标，首先要立足于开发和利用现有的人力资源。因此，组织要从人力资源的数量、质量、结构等各个方面出发，对人力资源现状进行盘点，并运用科学的方法，找出现有人力资源与组织发展的差距，为人力资源规划的制定提供依据。

(3) 组织制定人力资源规划的主要原因是环境在不断变化。组织外部的政治、经济、法律、技术、文化等环境因素一直处于动态的变化中，相应地就会引起组织内部的战略目标不断地变化，从而导致人力资源供求随之变化。因此，必须制定人力资源规划，对这些变化进行科学的预测和分析，以确保组织对人力资源的需求得到满足。

(4) 制定必要的人力资源政策和措施是人力资源规划的主要环节。人力资源规划的制定实质上就是在人力资源供求预测的基础上制定相应的政策和措施，以实现人力资源的供求平衡，确保组织对人力资源需求的顺利实现。

(5) 人力资源规划要使组织和个人都获得长期的利益。也就是说，人力资源规划在帮助组织实现战略目标的过程中，还要切实地关心组织中的每个人在物质、精神和职业发展等方面的需要，为帮助他们实现个人目标创造良好的条件。只有这样，才能留住企业的人才，充分发挥组织中每个人的积极性、主动性和创造性，提高每个人的工作效率；才能吸引、招聘到组织所需要的人才，从而最终提高整个组织的效率，实现组织的战略目标。

二、人力资源规划的目标

人力资源规划的主要目标是使组织内部和外部人员的供应与特定时期组织内部预计空缺职位相吻合，并为组织未来发展所需人才做出安排。具体表现在以下方面。

(1) 防止人员配置过剩或不足。如果拥有过多员工，组织会因工资成本过高而损失经济效益；如果员工过少，又会由于组织不能满足现有业务需要，从而影响组织的经营。

(2) 确保组织在适当的时间、地点获得适当数量并具备所需技能的员工。组织必须从技能、工作习惯、个性特征、招募时间等方面预计其所需要的员工类型，这样才能招聘到最适应组织需求的员工，并能有针对性地培训员工，使他们能在组织需要的时候产生最高的工作绩效。

(3) 确保组织能够对环境变化做出适当的反应。人力资源规划的过程就是对组织内外部环境变化做出的有关人力资源预测和调整的主动反应，使组织总能比竞争对手先行一步。

(4) 为所有的人力资源活动和体系提供方向和一致的标准。人力资源规划为其他人力资源职能(如人员配置、培训与开发、工作绩效评价、薪酬等)确立了方向，并确保组织比较系统地看待人力资源管理活动，理解人力资源规划和体系之间的相互关系，以及某一职能领域的变化对另一职能领域所产生的影响。

三、人力资源规划的意义

人力资源规划的实施对于组织的良性发展以及人力资源管理系统的有效运转具有非常重要的作用。

(一) 有助于组织发展战略的制定

人力资源规划与组织的发展战略之间存在双向互动的关系，组织进行人力资源规划时要以发展战略和经营规划为依据，而组织的发展战略和经营规划也需要将自身的人力资源状况作为一个需要考虑的重要变量。例如，如果预测的人力资源供给无法满足设定的目标，就需要对战略和规划做出相应的调整。由此来看，做好人力资源规划反过来会有利于组织战略的制定，使战略更加切实可行。

(二) 有助于组织人员的稳定

组织的正常运转需要自身的人员状况保持相对稳定，但组织是在复杂的内外部环境中开展经营活动的，内外部环境是不断变化的，组织应当依据这些变化及时做出相应的调整，如改变经营计划、变革组织结构等，而这些调整都会影响人员的数量和结构。此外，组织内部的人力资源本身也是在不断变化的，如辞职、退休等，也会使人员数量和结构发生改变。由于人力资源的特殊性质，这些变化所造成的影响往往具有一定的时滞，因此组织为了保证人员状况的稳定，必须提前了解这些变化并制定相应的措施，这时，人力资源规划就显得非常必要。

(三) 有助于降低人工成本的开支

人力资源在为组织创造价值的同时也给组织带来了一定的成本开支。理性的组织会关注人力资源管理的投入与产出。通过人力资源规划，组织可以将员工的数量和质量控制在合理的范围内，从而节省人工成本的支出。

四、人力资源规划与组织战略的关系

人力资源管理活动发生作用的重要前提是匹配(或契合)，主要包括两种类型：外部匹配和内部匹配。外部匹配又称纵向整合，是指人力资源战略选择与企业战略之间保持一致，和企业的发展阶段保持一致，要完全符合组织的特点；内部匹配又称横向整合，是指发展和强化人力资源管理各种政策和实践之间的内在一致性，即将几种互补的人力资源活动一起开发和执行，从而保证它们的内在一致性，达到相互促进的目的。

(一) 总体战略与人力资源规划

组织的总体战略包括成长战略、稳定战略(或维持战略)、转向战略(或紧缩战略)，每种战略都需要独特的人员管理办法与之相匹配。

1. 成长战略

组织的成长战略可以分成内部成长战略与外部成长战略。

(1) 采用内部成长战略的组织关注市场开发、新产品或新服务的开发，企业会努力将资源组织起来强化现有的优势。采用内部成长战略的企业进行人力资源规划的关注点是：制定适当的规划以保证及时招聘和培训新员工；改变现有员工的晋升和发展机会，保证组织在快速成长时期依然能够继续保持质量和绩效标准。

(2) 采用外部成长战略的组织通常通过购并竞争对手(横向整合)，或购并上下游相关组织(纵向整合)，从而扩展资源或强化市场地位。采用外部成长战略的企业进行人力资源规划的关注点包括两个方面：一是对不同组织的人力资源管理体系进行合并；二是裁员。兼并和收购通常导致解雇员工，必须做出让谁走、让谁留的决策，并且要制订人才保留计划，体现组织为员工承担的所有法律义务(对解聘人员依法进行相应的安置和补偿)。

2. 稳定战略(或维持战略)

采用稳定战略的组织认为环境中的机会是有限的，企业决定维持目前的经营方式。在这类组织中，员工晋升的空间越来越少，他们往往会考虑到其他企业去寻找机会。因此，在采用稳定战略的企业中，人力资源规划的关注点是确定关键员工，并制定特殊的人才保留政策。

3. 转向战略(或紧缩战略)

采用转向战略的组织通常会压缩或精简业务，以增强基本能力。大型组织在成长过程中往往出现组织效率低下，不能对市场变化做出迅速反应，环境所产生的威胁多于所提供的机会，组织会压缩非主营业务，将发展的重点回归至主营业务上。这时组织一般会进行重组，人力资源规划的关注点是两个方面：一是裁员，这同样存在裁谁、留谁的问题，组织对被裁人员应承担相应的法律义务；二是提高留下员工的士气，裁员之后，组织中的员工的满意度和归属感一般都会下降，如何提高留下员工的士气是人力资源规划关注的重点。

(二) 经营战略与人力资源规划

组织的经营战略包括成本领先战略、差异化战略、聚焦战略，每种战略同样需要不同的人员管理办法与之相匹配。

1. 成本领先战略

采用成本领先战略的组织效率优先，关注消减成本，通过降低产品售价来吸引顾客、占领市场。采用成本领先战略的企业进行人力资源规划的关注点是：企业采用内部晋升为主的体制；强调与工作相关的特定培训；对工作进行专业化分工；强调以工作为基础的薪酬；使用绩效考核作为控制机制。

2. 差异化战略

采用差异化战略的组织力图使产品或服务不同于竞争对手，从而培养顾客对其品牌的忠诚度。采用差异化战略的企业进行人力资源规划的关注点是：强调创新和弹性，向员工提供宽泛的职业通道；加大外部招聘的比重；为获得竞争优势而招聘和培训员工；强调以个人为基础的薪酬；使用绩效考核作为发展工具。

3. 聚焦战略

采用聚焦战略的组织认为不同的细分市场有不同的需求，并极力去满足某个特定群体的需求。采用聚焦战略的企业进行人力资源规划的关注点是：招聘符合目标市场对象的员工，培训员工以增强对顾客需求的理解。

五、人力资源规划与其他人力资源管理工作的关系

人力资源规划与人力资源管理的其他职能有着复杂的联系。事实上，当组织基于新的战略要求进行人力资源规划时，对人力资源管理工作的各个方面都会带来影响并提出新的要求。

(一) 与工作分析和工作设计的关系

人力资源规划往往要求对组织中的部分甚至全部重要工作进行分析和界定，对工作乃至整个组织进行重新设计。

(二) 与人员招聘和录用的关系

基于新的人力资源规划，组织对任职者提出新的要求，必须采取新的方法、技术和策略获得新型的人力资源以满足组织的需求。

(三) 与绩效考核的关系

基于新的人力资源规划，新的考核标准、考核体系甚至新的文化随之出现，绩效考核的方法也会发生相应的变化。例如，有时根据人力资源规划的扩张、收缩、转型等特殊要求，绩效考核的目标、策略也会做出相应的调整。

(四) 与薪酬福利的关系

针对人力资源规划做出的调整，尤其是对人力资源的规格、类型、质量提出的新要求，组织薪酬福利的方式、策略、标准、水平等也需要进行相应调整。例如，一个企业由传统行业向IT行业转型，人力资源在结构上发生了重大变化，其薪酬体系也势必有所改变。

(五) 与培训和开发的关系

人力资源规划必然会对原有的人力资源提出调整的要求，这就要求相应的培训和开发工作迅速跟上，采取配套措施为新战略的实施和实现保驾护航。

六、人力资源规划的类型

人力资源规划可以从不同的角度划分为不同的类型。根据规划时间的长短，可以分为战略性人力资源规划和战术性人力资源规划两种类型。

(一) 战略性人力资源规划

战略性人力资源规划主要指根据企业战略确定的人力资源管理的总体目标和配套政策，一般是三年以上的人力资源计划。战略性人力资源规划是从实现组织目标的过程中，人力资源应该发挥什么作用的角度来分析组织目标和资源获取过程。在进行战略性人力资源规划的过程中，企业为了考虑长远的发展，较多地关注宏观影响因素。对于任何一个组织而言，组织的人力资源规划必须与其经营计划相互依赖与吻合。著名人力资源计划专家詹姆斯·沃克指出："如今，所有的经营问题都有人的因素，所有的人力资源问题都有经营的因素。"组织的各种特殊战略，如战略性扩张、战略性收缩与裁员、战略性外包、战略性重组、战略性转移等，都是直接影响战略性人力资源规划的因素。目前，许多著名的公司，如英特尔、施乐均没有区分人力资源规划与战略规划，他们认为这两种计划的周期是相同的，人力资源问题是企业管理内在固有的。

(二) 战术性人力资源规划

战术性人力资源规划主要指三年以内的人力资源计划，又称年度人力资源计划。战术性人力资源规划主要是为了企业当前的发展，较多地考虑微观的影响因素，为了达到企业的战术目标而制定。战术性人力资源规划常常是战略性人力资源规划的具体化和专业化，一般包括以下内容。

1. 晋升规划

晋升是指个体在组织中向较高职位的移动。晋升规划是根据企业的人员分布状况和层级结构拟订的人员提升政策和方案。晋升不仅意味着个人利益的实现，而且也意味着工作的挑战性、尊重与自尊的增加。当更大的责任与更高的自我实现结合起来的时候，会产生巨大的工作动力，使组织获得更大的利益。对于企业来说，把有能力的人提升到适合其能力发挥的工作岗位上，不仅体现了注重能力的思想，而且也改善了劳动投入产出的经济性；对于员工个人来说，创造并提供使其充分发挥能力的条件，可满足职工的多种需要，提高士气和工作满意度。

2. 补充规划

补充规划即拟订人力资源补充的政策，使企业能够合理、有目标地在中、长期把所需数量、质量、结构的人员填补在可能产生的职位空缺上。补充规划可以改变企业内人力资源结构不合理的状态。补充规划和晋升规划密切相关，因为晋升也是一种补充。晋升表现为企业内低职位向高职位的补充运动，其结果往往是使职位空缺逐级向下推移，直至最低职位空缺产生，这时往往导致外部补充。此外，补充规划、培训开发规划和配备规划也有类似的关系。

3. 培训开发规划

制定培训开发规划的目的在于为企业中长期发展所需的一些职位准备人才，是围绕改善个人与职位要求的配合关系而制定的。如果组织对有发展前途的人员制定培训开发规划，根据可能的职位空缺和出现的时间分阶段、有目的地培养他们，那么当职位空缺时，已培训好的人员就可以迅速补充到新职位上去。培训开发规划与晋升规划、配备规划、个人职业规划之间有密切的联系，培训完成于晋升发生之前，是配备规划、个人职业规划必须涉及的内容。

4. 配备规划

配备规划是对中、长期内处于不同职务或从事不同类型工作的人员分布状况的规划。组织中各个部门、职位所需要的人员都有一个合适的规模，这个规模是随着组织内、外部环境和条件的变化而变化的。配备规划就是确定这个合适的规模以及与之对应的人员结构是怎样的，这是确定组织人员需求的重要依据。

5. 继任规划

继任规划是指公司制订的用来填补最重要的管理决策职位的计划。从广义上来说，继任规划是确保供给能够胜任当前的和将来的关于经营战略的高级或关键工作的继任者的过程。继任规划服务于两个目的：第一，在组织的重要职位出现离职的时候，便于人员过渡，帮助完成人员替换；第二，确定具有高潜质的员工的开发需求，加强对这些人员进行未来工作所需技能的开发，帮助他们实现职业发展计划。

6. 个人职业规划

个人职业规划是企业为了不断地增强其成员的满意感，并使其能与组织的发展和需要统一起来，而制订的协调有关员工个人的成长、发展与企业的需求、发展相结合的计划。一个人的成长和发展只有在组织中才能实现，因而它不仅是个人的事，也是组织所必须关心的事，特别是对那些有发展前途的人，企业要设法保留他们，把他们视为最宝贵的财富。为了防止这部分人的流失，就要设法使他们在工作中得到成长和发展，并在此过程中满足其需求。显然，人的职业发展要与组织发展对人的需求结合起来，脱离组织需求的个人职业发展必然会导致人员的流失。通过个人职业规划，可以把满足个人成长发展的需求与组织的发展对人的需求紧密结合起来，保证共同利益的同步实现。

七、影响人力资源规划的因素

影响人力资源规划的因素包括外部环境因素和内部环境因素。

(一) 外部环境因素

1. 经济因素

市场的繁荣与萧条对人力资源规划会产生显著影响。经济增长、利率调整、通货膨胀等因素决定了人力资源的可获得性，对工资高低、加班、招聘、裁员等决策都有直接的影响。例如，在有2%失业率的劳动力市场和有8%失业率的劳动力市场招聘员工的难度是绝不相同的。在有2%失业率的市场中进行招聘，几乎不可能为任何岗位招聘到合适的员工，因为文化水平、技能较高，或者愿意工作的人大都已找到合适位置。只有当失业率上升时，寻找工作且具备相当水平的员工数量才会增加，企业的招聘工作相对才能容易些。

2. 人口和劳动力队伍的变化

人口的变化将导致劳动力供给的变化，这也就意味着企业获得所需要的具有一定劳动技能的人力资源也将发生变化。人口统计中的人口总数、劳动适龄人口数量、女性数量、受过高等教育的人口数量变化等都是重要的人口信息，这些信息最终将导致企业劳动力队伍和结构的变化。企业在进行人力资源规划时必须考虑这些因素的影响。

3. 法律和法规的约束

为了保护劳动者的权益，政府制定了有关的法律、法规，以保证人力资源活动的正常有序进行。近年来，我国出台的与平等就业、职业安全与健康、劳动争议、社会保险等有关的一系列法律、法规都对企业的人力资源活动起到了规范和约束作用。企业的人力资源规划必须在这些法律、法规的框架中进行，忽视这些法律、法规的影响，必将导致人力资源规划制定和实施的失败。

4. 公众对工作和职业态度的变化

公众对工作和职业的态度反映了社会选择工作的取向和动力，对人力资源的招聘、培训和薪酬分配都会产生影响。如果人们的就职取向与企业招聘岗位一致，则人们选择工作会相对容易，企业也易于招聘到合格人员；否则，企业就难以招聘到合适的员工，此时，只有提高薪金吸引人才，或对内部人员进行培训。因此，在人力资源规划中应该注意企业和所需岗位在社会公众中的吸引力。

(二) 内部环境因素

1. 技术变化

新材料、新能源和新技术在企业中的应用，给企业带来了多方面的变化，这些变化必然导致企业对人力资源需求的改变，且对人力资源质量、数量和结构提出了新的要求。企业常常需要更多掌握新知识的人力资源与技术的变化相适应，这就必然导致企业人力资源结构的调整。在人力资源结构的调整过程中，一方面需要吸纳大批具备新知识的劳动者，另一方面又排斥知识老化的员工。也就是说，技术的变化将使企业的人力资源流动加快，这是企业进行人力资源规划时必须考虑的一个重要因素。

2. 企业规模

企业规模的变化表现为两方面：一是在原有业务范围内扩大或压缩规模；二是增加新的业务或放弃旧的业务。这两方面的变化都会对人力资源的增减产生影响。

3. 企业经营方向

企业经营方向的调整有时并不一定导致企业规模的变化，但对人力资源的需求却会发生改变。例如，军工企业转产民品就必须增加市场分析人员和销售人员，否则将无法适应多变的民品市场。

4. 企业文化

不同企业的企业文化不同，所制定的人力资源规划的风格也有所不同。例如，有的企业注重内部培养与内部晋升，有的企业奉行"拿来主义"，需要人员的时候直接从劳动市场招聘；再如，有的企业倾向于把员工培养成通才，而有的企业却注重专业化人员的培养。这些不同的企业文化势必要求相应的人力资源规划与之匹配。

5. 企业员工素质的变化

随着社会的进步，企业员工的素质也有了普遍的提高。在企业中，白领员工的比例增加，知识工人成为企业发展的主要力量。在这种形势下，传统的人事管理体制和方法已经无法适应发展的需要，现代的人力资源开发与管理体制和方法便应运而生。此时，人力资源规划作为人力资源管理的基础工作，必须做出相应的调整，保证人力资源管理活动既能适应员工素质的变化，又能促进员工素质的提高。

6. 企业高层主管人员的变化

企业高层主管人员的变化对人力资源规划的影响体现在两方面：一方面，会使企业的经营目标发生改变，从而影响企业的人力资源规划；另一方面，不同的高层管理人员对人力资源管理所持的观念和态度不同，会直接影响他们对企业人力资源管理活动的支持程度，进而影响他们对人力资源规划的重视程度。如果企业的高层管理者能够认识到人力资源规划对开展人力资源管理工作的重要性，那么，人力资源规划的制定工作就能够顺利地进行，而且制定出的人力资源规划也一定能较好地促进企业经营战略的制定和实施。

第二节　人力资源规划的程序

人力资源规划需要按照一定的程序来进行，如图3-1所示。

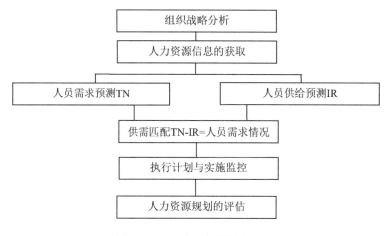

图 3-1　人力资源规划的程序

一、组织战略分析

组织的战略规划先于人力资源规划，人力资源规划应该与企业的组织战略相吻合，按照战略规划的要求，转化为定量和定性的人力资源计划。例如，在制定出扩大生产、提高综合生产率的战略规划之后，相应的人力资源规划就应考虑增加人员、提高人员素质、进行相应的培训等问题。由此来看，在制定人力资源规划的准备工作中，首先要对组织的战略目标进行分析和调研，没有确定发展战略的组织不可能确定人力资源规划。

二、人力资源信息的获取

任何一项规划或者计划要想做好，都必须充分地占有相关的信息。信息的质量决定人力资源规划的质量。由于影响组织人力资源供给和需求的因素很多，为了能够比较准确地做出预测，就需要通过环境分析系统和员工信息系统收集和调查与之有关的各种信息。组织的人力资源系统包括很多信息，主要有：人员调整状况；人员的经验、能力、知识、技能的要求；工资名单上的人员情况；员工的培训、教育等情况。这些信息一方面来源于组织的人力资源信息系统，另一方面来源于岗位分析工作。

三、人员预测

人力资源规划好比是一座桥梁，连接着企业目前的状况与未来的发展。这座桥梁不是对企业未来发展一厢情愿的设计，而是顺应与尊重现实的因势利导。在人力资源规划中最关键的一环是对人力资源需求与供给的预测，预测的质量决定人力资源规划的价值。

在预测过程中，选择做预测的人是十分关键的，因为预测的准确与否和预测者对影响人力资源规划各方面信息的掌握，以及他的管理、判断能力关系重大。人力资源的需求除了受产量、销售量、税收等商业因素的影响外，还会受改善技术、改进工作方法、改进管理等非商业要素的影响。同时，对不同企业或组织而言，同一因素产生的影响程度并不相同，所以预测者需要具备丰富的知识和清醒的头脑。

四、供需匹配

供需匹配是指将数量、组合、技能和技术等方面的人员供需情况进行对比，确定供需缺口。在这一环节中，重要的是确定匹配不当的问题发生在哪些环节。一般需要考虑以下问题：

(1) 在所预测的人力资源供需之间是否存在不平衡？

(2) 现有生产率发展趋势和报酬水平对劳动力的水平和成本有什么影响？

(3) 在某些工作岗位和年龄层是否存在人员流动的问题？

(4) 是否拥有一批符合未来需要的、具有足够潜力的管理者？

(5) 是否存在关键能力短缺问题？

通过上述分析，企业才能制定出相应的人力资源规划，如晋升规划、补充规划、继任规划等。

五、执行计划与实施监控

在制定相应的人力资源规划后，应采取各种具体行动，如开始招聘、录用、培训、调任、提拔，以及重新培训等，从而将方案转化为具体计划、目标日期、时间进度安排和资源投入等可操作的项目，并具体实施计划，同时对计划实施情况进行监控。

六、人力资源规划的评估

人力资源规划的评估包括事前的结果预期及实施后的效果评价。

(一) 事前的结果预期

虽然人力需求的结果只有过了预测期限才能得到最终检验，但为了给企业人力资源规划提供正确决策的可靠依据，有必要事先对预测结果进行初步评估。通常由专家及企业有关部门的主管人员组成评估组来完成评估工作。评估时，应对人力资源规划的效果、成本效益、可行性、不足以及可改进的方面进行评价。

(二) 实施后的效果评价

实施后的效果评价包括对规划制定过程的评价和对规划效果的评价。

1. 对规划制定过程的评价

评价规划制定过程时需要考虑的问题如下。

(1) 人力资源规划者熟悉人事问题的程度以及这些人员在组织中被重视的程度。

(2) 人力资源规划者与提供数据和使用人力资源规划的人事、财务、业务等其他部门的工作关系如何。

(3) 各有关部门之间信息交流的难易程度。

(4) 决策者对人力资源规划中提出的预测结果、行动方案和建议的利用程度。

(5) 人力资源规划在决策者心目中的价值。

2. 对规划效果的评价

对人力资源规划效果的评价主要包括以下几点。

(1) 实际招聘人数与预测的人员需求量的比较。

(2) 劳动生产率的实际水平与预测水平的比较。

(3) 实际的人员流动率与预测的人员流动率的比较。

(4) 实际执行的行动方案与规划的行动方案的比较。

(5) 实施行动方案后的实际结果与预测结果的比较。

(6) 劳动力和行动方案的成本与预算额的比较。

(7) 行动方案的收益与成本的比较。

在对人力资源规划进行评估时，一要客观、公正和正确；二要进行成本—收益的分析，经济上没有效益的规划是失败的；三要征求部门领导和基层领导的意见，因为他们是规划的直接受益者。

第三节 人力资源需求预测

人力资源预测主要分为人力资源需求预测和人力资源供给预测。人力资源需求预测是指对组织在未来某一特定时期内所需要的人力资源的数量、质量以及结构进行估计的活动。

一、人力资源需求分析

企业对人力资源的需求受到诸多因素的影响，主要影响因素如下。

(1) 企业发展战略和经营规划。企业的发展战略和经营战略直接决定了企业内部的职位设置情况及人员需求数量、质量与结构。企业决定实行扩张或紧缩战略，或企业的经营规划发生变化时，企业的职位结构和人员构成也会相应地进行调整。

(2) 市场需求。在生产技术和管理水平不变的条件下，市场需求与人力资源需求呈正比，当市场需求增加或减少时，企业内设置的职位和聘用的人数也会相应地增加或减少。

(3) 生产技术与管理方式。生产技术和管理方式在很大程度上决定了企业内部的生产流程和组织方式，进而决定了组织内职位设置的数量和结构。因此，当组织的生产和管理技术发生重大变化时，会引起组织内职位和人员情况的巨大变化。

(4) 人员流动比率。人员流动比率是指由于辞职、解聘或合同期满后终止合同等原因引起的职位空缺规模。人员流动比率的大小及这一比率的内部结构状况会对企业的人力资源需求产生直接影响。

(5) 企业所拥有的财务资源对人力需求起到约束作用。

二、人力资源需求预测的方法

人力资源需求预测的方法主要有两类：定量预测法与定性预测法。

(一) 定量预测法

定量预测法又称统计学方法，是指通过对某些商业要素进行预测从而决定劳动力队伍的大小。所谓商业要素，是指销售量或市场份额等组织的商业属性。例如，医院可以使用计划的患者数来预测某个时间段所需要的护士人数。这种方法适用于一个组织在稳定的环境中运作时或某一种商业要素可以用某种程度的确定性被预测出来时。在一个不稳定的环境中，没有以往的经验作为预测的依据，是不可能对劳动力的人数进行预测的。

常用的定量预测法有以下几种。

1. 趋势预测法

趋势预测法是指根据企业过去几年的人员数量，分析它在未来的变化趋势并依此来预测企业在未来某一时期的人力资源需求量。这种预测方法相对比较简单、直观，但是在使用时一般都要假设其他的一切因素都保持不变或者变化的幅度保持一致，因此具有比较大的局限性，适用于经营稳定的企业，并且主要作为一种辅助方法来使用。

趋势预测法的具体步骤：首先收集企业在过去几年内人员数量的数据，并且根据这些数据画图；然后用数学方法进行修正，使其成为一条平滑的曲线，将这条曲线延长就可以看出未来的变化趋势。在实践中为了简便起见，往往将这种趋势简化为直线关系。

例如，某公司过去8年的人员数据如表3-1所示，请预测今后第二年和第四年人力资源的需求是多少。

表3-1　某公司过去8年的人员数量

年度	1	2	3	4	5	6	7	8
人数	450	455	465	480	485	490	510	525

首先根据过去几年人员的数量来分析人员数量的变化趋势。如果假设人数随年度的变化是一种线性变化，人数是变量Y，年度是变量X，那么根据散点图(见图3-2)建立直线趋势方程：

$$Y = a + bX$$

利用最小二乘法，可以分别计算出a和b。

$$a = \overline{Y} - b\overline{X}$$

$$b = \frac{\sum_{i=1}^{n}(X_i - \overline{X})(Y_i - \overline{Y})}{\sum_{i=1}^{n}(X_i - \overline{X})^2}$$

代入数据可得：$a = 435.357$，$b = 10.476$。

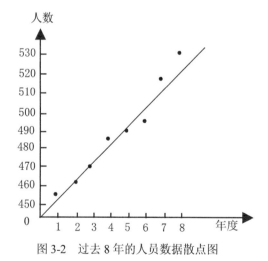

人数

图 3-2　过去 8 年的人员数据散点图

趋势线就可以表示为$Y = 435.357 + 10.476X$，也就是说，每过一年，企业的人力资源需求要增加10.476，通常取整数11。这样就可以预测出今后第二年和第四年的人力资源需求：

$Y_1 = 435.357 + 10.476 \times (8+2) = 540.117 \approx 541$(人)

$Y_2 = 435.357 + 10476 \times (8+4) = 561.069 \approx 562$(人)

所以，今后第二年的人力资源需求为541人，而第四年的人力资源需求则为562人。

2. 回归预测法

回归预测法是指根据数学中的回归原理对人力资源需求进行预测，其基本思路是：首先确定与企业中的人力资源数量和构成高度相关的因素，建立回归方程；然后根据历史数据，计算出方程系数，确定回归方程；最后只要得到了相关因素的数值，就可以对人力资源的需求量做出预测。回归模型包括一元线性回归模型、多元线性回归模型和非线性回归模型。一元线性回归是指与人力资源需求高度相关的因素只有一个。多元线性回归是指有两个或两个以上的因素与人力资源需求高度相关。如果人力资源需求与其相关因素不存在线性关系，就应该采用非线性回归模型。多元线性回归与非线性回归非常复杂，通常使用计算机来进行线性回归，也可以运用公式来计算。

例如，已知某医院在未来五年内计划将床位从目前的300个增加到460个，请预测那时需要多少名护士？人力资源部门经理对6家规模不同的医院进行了调查，得到表3-2所示的数据。

表3-2　医院规模与护士需求数量之间的关系的确定

医院规模(以床位数为标准)/床位	200	300	400	500	600	650
注册护士的数量/人	250	270	450	490	640	670

根据表3-2，将护士数量作为纵坐标，床位数作为横坐标，绘制出散点图(见图3-3)。

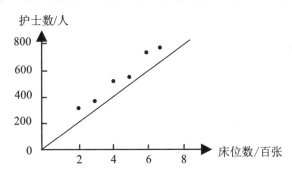

图3-3　护士数与床位数散点图

由散点图建立直线趋势方程：

$$Y = a + bX$$

护士数是变量Y，床位数是变量X，利用最小二乘法，可以分别计算出a和b。

$$a = \bar{Y} - b\bar{X}$$

$$b = \frac{\sum_{i=1}^{n}(X_i - \bar{X})(Y_i - \bar{Y})}{\sum_{i=1}^{n}(X_i - \bar{X})^2}$$

代入数据可得：$a = 20$，$b = 1$，即

$$Y = 20 + X$$

所以，如果床位增加到460个，则需要的护士数为 $Y = 20 + 460 = 480$(人)。

3. 工作负荷法

工作负荷法即按照历史数据，首先计算出对某一特定的工作每单位时间(如每天)内每人的工作负荷(如产量)，然后根据未来的生产量目标(或劳务目标)计算出所完成的总工作量，最后根据前一标准折算出所需的人力资源数量。

例如，某工厂新设一个车间，其中有四类工作。现预测未来三年操作所需的最低人力数。

第一步：根据现有资料得知这四类工作所需的标准任务时间分别为0.5、2.0、1.5、1.0小时/件。

第二步：估计未来三年每一类工作的工作量，即产量，如表3-3所示。

表3-3 某新设车间的工作量估计

单位：件

时间 工作	第一年	第二年	第三年
工作1	12 000	12 000	10 000
工作2	95 000	100 000	120 000
工作3	29 000	34 000	38 000
工作4	8 000	6 000	5 000

第三步：折算为所需工作时数，如表3-4所示。

表3-4 某新设车间的工作时数估计

单位：小时

时间 工作	第一年	第二年	第三年
工作1	6 000	6 000	5 000
工作2	190 000	200 000	240 000
工作3	43 500	51 000	57 000
工作4	8 000	6 000	5 000
总计	247 500	263 000	307 000

第四步：根据实际的每人每年工作时数折算所需人力。假设每人每年工作小时数为1 800小时，由表3-4的数据可知，未来三年所需的人力数分别为138、147和171人。

4. 比率分析法

比率分析法是通过计算某些原因性因素和所需员工数量之间的比率来确定人力资源需求的方法。

(1) 人员比率法。例如，某企业有200名生产人员和10名管理人员，那么生产人员与管理人员的比率就是20，这表明1名管理人员管理20名生产人员。如果企业明年将生产人员扩大到400人，那么根据比率可以确定企业对管理人员的需求为20人，也就是要再增加10名管理人员。

(2) 生产单位/人员比率法。例如，某企业有生产工人100名，每日可生产50 000单位的产品，即一名生产工人每日可生产500单位产品。如果企业明年要扩大产量，要求每日生产100 000单位产品，根据比率可以确定需要生产工人200名，也就是要再增加100名生产工人。

比率分析法假定企业的劳动生产率是不变的，如果考虑到劳动生产率的变化对员工需求量的影响，可用以下公式计算：

$$N = \frac{w}{q(1+R)}$$

式中：N——人力资源需求量；w——计划期内任务总量；q——目前的劳动生产率；R——计划期内生产率变动系数。

例如，某风扇生产企业2018年的年产量为10 000台，基层生产员工为200人，2019年计划增产5 000台，估计生产率的增长率为0.2，假设该公司福利良好，基层生产人员不流失，那么，2019年该公司至少应招聘多少名基层生产人员？

$$2019年该公司需要的生产人员数 = \frac{10\ 000+5\ 000}{\frac{10\ 000}{200}\times(1+0.2)} = 250(名)$$

2019年公司要招聘的基层生产人员数量=250-200=50(名)。

5. 定员定额分析法

1) 按劳动效率定员

按劳动效率定员就是根据生产任务和员工的劳动效率、出勤率来计算定员人数，计算公式为

$$定员人数 = \frac{计划期生产任务总量}{工人劳动效率\times出勤率}$$

一般来说，某工种生产产品的品种单一、变化较小而产量较大时，宜采用产量定额来计算人数。

例如，某车间每班生产某产品的产量任务为2 000件，每个员工的班产量定额为10件，定额完成率预计平均为125%，出勤率为90%，请计算该工种每班的定员人数。

$$定员人数 = \frac{2\ 000}{10\times125\%\times90\%} \approx 178(人)$$

2) 按设备定员

按设备定员即根据设备需要开动的台数、开动的班次、员工看管定额，以及员工的出勤率来计算定员人数，计算公式为

$$定员人数 = \frac{需要开动设备台数\times每台设备开动班次}{员工看管定额\times出勤率}$$

例如，某车间为完成生产任务需要开动车床40台，每台开动班次为两班，看管定额为每

人看管2台，出勤率为96%，请计算该工种定员人数。

$$定员人数 = \frac{40 \times 2}{2 \times 96\%} \approx 42(人)$$

3) 按岗位定员

按岗位定员即根据岗位的多少和岗位的工作量大小来计算定员人数。这种方法适用于用连续性生产装置(或设备)组织生产的企业，如冶金、化工、炼油、造纸、玻璃制瓶、烟草以及机械制造、电子仪器等企业中使用大中型联动设备的人员。除此之外，还适用于一些不操作设备又不实行劳动定额的人员。计算公式为

$$定员人数 = \frac{共同操作的各岗位生产工作时间的总和}{工作班时间 - 个人需要与休息宽放时间}$$

例如，某车间有一套生产设备，现有三个岗位共同操作，甲岗位生产工作时间为260工分，乙岗位生产工作时间为300工分，丙岗位生产工作时间为240工分，根据该工种的劳动条件和劳动强度等因素，规定个人需要与休息宽放时间为60工分，请计算岗位定员人数。

$$定员人数 = \frac{260 + 300 + 240}{480 - 60} \approx 2(人)$$

(二) 定性预测法

定性预测法又称判断法，是一种最简单、最常用的预测方法。这种方法依赖的是人的经验、智力和判断能力，而不是数字处理能力。常用的定性预测法有以下几种。

1. 主观判断法

主观判断法是组织各级领导根据自己的经验和直觉，自下而上确定未来所需人员的方法。具体做法是，先由组织各职能部门的基层领导根据自己部门在未来各时期的业务增减情况提出本部门各类人员的需求量，再由上级领导估算平衡，最后由最高领导层进行决策。这种人力需求预测方法主要适用于短期预测，对组织规模较小、结构简单和发展均衡稳定的企业比较有用。在使用这种方法时，要求管理人员必须具有丰富的经验，这样预测的结果才会比较准确。使用主观判断法时往往会出现"帕金森定律"的现象，即各个部门的负责人在预测本部门的人力资源需求时一般都会扩大，避免这个问题需要组织最高管理层的控制。

2. 德尔菲法

德尔菲法又称专家决策术，是专家们对影响组织某一领域发展的看法达成一致意见的结构化方法。该方法是20世纪40年代末由兰德公司的"思想库"发展起来的，目标是通过避免专家面对面地集体讨论所产生的成员间的相互影响，从而充分利用专家的知识经验。德尔菲法一般适用于人力总额的预测。

德尔菲法的特点如下。

(1) 吸取和综合了众多专家的意见，避免了个人预测的片面性。

(2) 不采用集体讨论的方式，而是匿名进行，从而使专家们可以独立地做出判断，避免了

从众行为。

(3) 采取了多轮预测的方法，经过几轮反复，专家们的意见趋于一致，具有较高的准确性。

实施德尔菲法的基本程序如下。

第一轮：提出要求。明确预测目标，提供有关情况和资料，征求专家意见及补充资料。

第二轮：提出预测问题。由专家对调查表所列问题进行评价并阐明理由，然后由协调组对专家意见进行统计。

第三轮：修改预测。要求每位专家根据第二轮统计资料的反馈再次进行判断，并要求持异议的专家充分陈述理由。

最后一轮：进行最后预测。请专家提出他们最后的意见及依据，预测结果由此产生。

为使该方法奏效，应注意以下原则。

(1) 专家人数一般不少于30人，问卷的返回率应不低于60%，以保证调查的权威性和广泛性。

(2) 提高问卷的质量，问题应该符合预测目的并且表达明确，保证专家都能从同一个角度去理解问题，避免造成误解和歧义。问题尽量简化，所问问题应该是被问者能够回答的。

(3) 要给专家提供充分的资料和信息，确保他们能够进行判断和预测。

(4) 不要求精确，允许专家使用估计数字，并让他们说明预计数字的肯定程度。

(5) 要取得专家们的理解和支持，确保他们能够认真进行每一次预测。

(6) 向决策层领导说明预测的益处，特别说明预测对生产率和经济收益的影响，争取他们的支持。

第四节　人力资源供给预测

组织预测了未来的员工需求之后，接下来就需要明确这些员工的可获得性。预测人力资源的可获得性必须同时考虑内部供给和外部供给。

一、企业内部供给预测方法

(一) 人员核查法

人员核查法是指通过对现有人力资源的数量、质量、结构和在各职位上的分布状态进行核查，从而了解企业可供调配的人力资源拥有量及其利用潜力的方法。在组织规模不大时，核查是相当容易的。若组织规模较大、组织结构复杂时，应建立企业内部人力资源信息库。人员核查法是静态的预测方法，它不能反映人力拥有量未来的变化，因而多用于短期人力拥有量预测。

人员核查法主要运用技能清单来记录员工的培训背景、工作经历、持有的资格证书以及对工作能力的评价，如表3-5所示。

表3-5 技能清单示例

姓名：		职位：		部门：	
出生年月：		婚姻状况：		到职日期：	
教育背景	类别	学校	毕业日期	主修科目	
	大学				
	硕士				
	博士				
技能	技能种类		所获证书		
训练背景	训练主题		训练机构	训练时间	
志向	你是否愿意担任其他类型的工作？			是	否
	你是否愿意到其他部门去工作？			是	否
	你是否愿意接受工作轮换以丰富工作经验？			是	否
	如有可能，你愿意承担哪种工作？				
你认为自己需要接受何种训练	改善目前的技能和绩效：				
	晋升所需要的经验和能力：				
你认为自己现在可以接受哪种工作指派？					

(二) 人员调配图

人员调配图是一种岗位延续计划，用于了解潜在的人员变动，显示了每一位有可能成为组织重要职位候选人的内部雇员当前的工作成绩以及可提升程度，如图3-4所示。

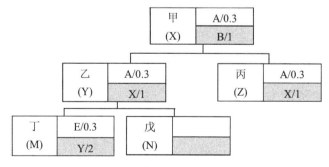

图3-4 某部门人员调配图

图3-4假设的是公司某个部门的组织架构图，该部门有X、Y、Z、M、N五个职位，分别由甲、乙、丙、丁、戊五个人来从事，名字右上方空白的方框中记录了目前从事该职位的员工能够调动的岗位以及适应新岗位的时间，名字右下方带阴影的方框中记录了该员工可以晋升的职位以及晋升所需的时间。例如对甲来说，他还可以从事A职位的工作，完全适应该职位工作需要0.3年，也就是大约三个半月的时间；此外，他还可以晋升到B职位上去，晋升到这个位置需要1年的时间。当然，这种方法仅仅预测的是潜在的供给，因此对甲来说，他1年后

并不一定会晋升到B职位上去。戊目前的技能状况既不能调动，也不能晋升。

图3-4反映了组织人力资源的准备情况，为了保证预测的准确性，需要对人员的调换信息进行及时更新。例如，戊经过培训后有了相应的技能，能够调动到别的职位上工作，那么在下一年度的人员调配图中，就要把这一信息添加进去。

(三) 人员接续计划

人员接续计划可以预测企业中具体岗位的人力资源供给，避免人员流动带来的损失。人员接续计划的过程是：首先，通过工作分析，明确工作岗位对员工的要求，确定岗位需要的人数；其次，根据绩效评估和经验预测，确定哪些员工能够达到工作要求，哪些员工可以晋升，哪些员工需要培训，哪些员工需要被淘汰；最后，根据以上数据，企业就可以确定该岗位上所需的人员补充。人员接续模型如图3-5所示。

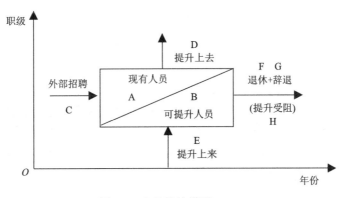

图 3-5　人员接续模型

图3-5中，B = D + H。该岗位的内部人力资源供给量=现有+流入-流出，即M=A+C+E-D-F-G。

制订人员接续计划可以避免企业人力资源的中断风险。通过人员接续计划建立后续人才储备梯队，根据职位要求提早进行相关培训，这样既培养了后备人才，又有效避免了企业的风险。

(四) 马尔科夫模型

马尔科夫模型是一种定量分析预测企业内部人力资源供给的方法。该方法的基本思想是找出过去人事变动的规律，以此来推测未来的人事变动趋势。其应用原理是：假设给定时期内从低一级向上一级，或从某一职位转移到另一职位的人数是起始时刻总人数的一个固定比例。也就是说，转移率一定时，在给定各类人员起始人数、转移率和未来补充人数的条件下，就可以确定出各类人员的未来分布，做出人员供给的预测。

分析的第一步是做一个人员变动表，表中的每一个数字表明从一个时期到另一个时期在两个工作之间调动的员工数量的历年平均百分比。一般以5~10年为周期来估计年平均百分比，周期越长，根据过去人员变动所推测的未来人员变动就越准确。

例如，某企业有四类职位，从低到高依次是A、B、C、D，各类人员的分布情况如表3-6

所示，请预测一下未来人员供给情况。

表3-6　企业人员的分布情况

职位	A	B	C	D
人数	40	80	100	150

预测未来人员供给情况时，首先确定各类职位的人员转移率，这一转移率可以表示为一个人员转移矩阵表，如表3-7所示。

表3-7　人员转移矩阵表

	A	B	C	D	离职率合计
A	0.9				0.1
B	0.1	0.7			0.2
C		0.1	0.75	0.05	0.1
D			0.2	0.6	0.2

表3-7中的数字表示在固定的时期(通常为1年)内，两类职位之间转移的员工数量。例如，表3-7表示在任何一年内，A类职位的人有90％留在公司；B类职位的人有80％留在公司，其中10％转移到A类职位，70％留在原来的职位。有了各类人员原始人数和转移率，就可以预测未来的人力资源供给情况，将初期人数与每类职位的转移率相乘，然后再纵向相加，就得到每类职位第二年的供给量，如表3-8所示。

表3-8　第二年企业人员的分布情况

	初期人数	A	B	C	D	离职合计
A	40	36				4
B	80	8	56			16
C	100		10	75	5	10
D	150			30	90	30
预测的供给		44	66	105	95	60

由表3-8可以看出，在第二年中，A类职位的供给量为44，B类职位的供给量为66，C类职位的供给量为105，D类职位的供给量为95，整个企业的职位供给量为310，将供给预测和需求预测做比较，就可以得出企业在明年的净需求量。对于A、C类职位，其供给量充足，企业可以考虑择优选用；对于B、D类职位，其供给量不足，企业必须考虑外部聘用。如果要对第三年做出预测，只需将第二年预测的数据作为初期数据即可。

使用马尔科夫模型进行人力资源供给预测的关键是要确定人员转移矩阵表，而在实际预测时，由于受各种因素的影响，人员转移率是很难准确确定出来的，往往都是一种大致的估计，这就会影响预测结果的准确性。

为了有效进行内部人力资源供给的预测，组织有必要建立人力资源信息系统(HRIS)，进行人力资源信息的收集、传输、储存、加工、维护和使用。人力资源信息系统是管理信息系统(M1S)的重要组成部分，它为收集、综合分析与人力资源有关的信息提供了有效的工具。人力资源信息系统为实现人力资源管理的目标而将各种分散的人力资源信息组成合理的、分层的、有一定结构的整体。小型组织的人力资源信息系统一般是档案的人工管理，如技能清单；对于许多大型组织来说，则应该建立计算机信息系统。

二、企业外部的供给预测

从长期的角度来看，招聘和录用新员工对所有组织都是必不可少的。对外部劳动力供给的预测不仅能够帮助组织确定在哪里可以找到潜在的员工，还可以帮助预测哪种类型的人最可能在组织中获得成功。对外部劳动力供给的预测是保证组织制定合适的标准、及时招聘到所需要人员的重要工作。

外部劳动力供给预测包括对地方劳动力市场和对全国劳动力市场的预测。

(一) 对地方劳动力市场的预测需要考虑的因素

(1) 公司力所能及范围内的人口密度。

(2) 现有或将来来自其他组织对人力的竞争。

(3) 当地的失业水平。

(4) 当地传统的招聘模式以及获得具备所要求资格、技能员工的可能性。

(5) 当地教育系统和培训机构的人才输出状况。

(二) 对全国劳动力市场的预测需要考虑的因素

(1) 离校学生人数和劳动力规模的统计学趋向。

(2) 全国对特殊类别人力的需求，以及教育培训机构的人才输出情况。

(3) 不断变化的教育模式所带来的影响。

(4) 本地区、本行业的规模和成熟度。

组织外部人力供给的来源主要包括失业人员、各类学校毕业生、转业退伍军人、其他组织流出人员等。如果公司收集了现有员工来源的信息，就能够统计并制定出最佳的人力资源规划。

第五节　人力资源供需的平衡

由于人力资源供需的刚性，导致企业人力资源供给与需求的不平衡成为一种必然的现象。企业人力资源供给与需求的不平衡有三种类型，即人力资源供给与需求的结构性不平衡、人力资源过剩、人力资源供给不足。

一、人力资源供给与需求的结构性不平衡

组织人力资源的供给和需求完全平衡一般是很难发生的，即使在供需总量上得到了平

衡，往往也会在层次和结构上出现不平衡，所以结构性失衡是企业人力资源供需中较为普遍的现象。目前，我国企业普遍存在冗员现象，经常是5个人干3个人的活，但一些关键岗位、重要岗位又缺乏合适人选。这主要是由于外部环境问题造成的，对企业而言，平衡的方法一般有下面几种。

(1) 进行人员内部重新配置，包括晋升、调动、降职等，来弥补空缺职位。

(2) 进行针对性的专门培训，使内部员工能够从事空缺职位的工作。

(3) 进行人员置换，释放那些组织不需要的人员，补充组织需要的人员，从而调整人员的结构。

二、人力资源过剩

绝对的人力资源过剩状况主要发生在企业经营萎缩时期，这时过剩人员的处置成为企业能否度过萧条期的关键因素之一。人力资源过剩时，可以采取的具体措施有以下几种。

(1) 扩大经营规模或者开拓新的增长点，从而增加对人力资源的需求。

(2) 永久性裁员或者辞退员工。裁员或辞退虽然能够比较快速地解决组织问题，但会造成劳资双方的敌对行为，也会带来众多的社会问题，需要完善的社会保障体系作为支持。

(3) 提前退休。即给那些接近退休年龄的员工以优惠政策，让他们提前离开组织。目前这种方法是一种较易被各方面所接受的妥协方案。

(4) 冻结招聘，就是停止从外部招聘人员，通过自然减员来减少供给。

(5) 缩短工作时间、工作分享或降低员工的工资，通过这种方式也可以减少供给。

(6) 对员工进行培训，这相当于进行人员储备，为未来的发展做好准备。

三、人力资源供给不足

人力资源的供给不足主要表现在企业的经营规模扩张时期和新的经营领域的开拓时期，这一阶段常常是企业人力资源结构调整的最好时机。另外，企业在原有的经营规模下和经营领域中也可能出现人力资源不足，比如人员的大量流失，这是一种不正常的现象，表明企业的人力资源政策出现了重大问题。这时主要可以采取以下措施来平衡供需。

(1) 从外部招聘人员，包括返聘退休人员，这是最为直接的方法。这时一般根据组织的情况来确定招聘人员的类型，如果人员需求是长期的，就要聘用全职人员；如果需求是短期增加的，可以聘用兼职或临时人员。

(2) 提高现有员工的工作效率。提高现有员工工作效率的方法有很多，例如改进生产技术、提高工资、进行技能培训、调整工作方式、延长工作时间、让员工加班加点等。

(3) 降低员工的离职率，减少员工的流失，同时进行内部调配，促进内部的流动来增加某些职位的供给。

(4) 将组织的某些人力资源业务外包，等于减少了对人力资源管理的需求。

上述平衡人力资源供需的方法在实施过程中会对组织和员工产生不同的效果，表3-9对这些效果进行了比较。

表3-9 平衡人力资源供需的方法比较

方法	速度	员工受伤害的程度
裁员	快	高
减薪、降级	快	高
工作分享或工作轮换	快	中等
提前退休、自然减员	慢	低
再培训	慢	低

本 章 小 结

人力资源规划是指为了实现组织的战略目标，对组织中的人力资源供求状况进行预测，制定相应的政策和措施，从而使组织的人力资源供给和需求达到平衡。

人力资源规划的目标表现在以下几个方面：防止人员配置过剩或不足；确保组织获得适当的员工；确保组织能对环境变化做出适当的反应；为所有的人力资源活动和体系提供方向和一致的标准。

人力资源规划的意义体现在有助于组织发展战略的制定、有助于组织人员的稳定、有助于降低人力资本的开支。

人力资源规划与组织战略的关系。

人力资源规划与其他人力资源管理工作的关系。

人力资源规划的类型包括战略性人力资源规划和战术性人力资源规划。

影响人力资源规划的因素包括外部环境因素和内部环境因素。

人力资源规划的程序包括组织战略分析、人力资源信息的获取、人员预测、供需匹配、执行计划与实施监控，以及人力资源规划的评估。

人力资源需求预测的方法主要有两类：定量预测法与定性预测法。常用的定量预测法包括趋势预测法、回归预测法、工作负荷法、比率分析法、定员定额分析法；常用的定性预测法有主观判断法和德尔菲法。

人力资源供给预测需要考虑内部供给和外部供给。内部供给预测方法有人员核查法、人员调配图、人员接续计划、马尔科夫模型。外部劳动力供给预测包括对地方劳动力市场和对全国劳动力市场的预测。

由于人力资源供需的刚性，导致企业人力资源供给与需求的不平衡成为一种必然的现象。企业人力资源供给与需求的不平衡有三种类型，即人力资源供给与需求的结构性不平衡、人力资源过剩、人力资源供给不足。

习 题

一、单选题

1. ( )是指为了实现企业的战略目标，根据企业的人力资源现状，科学地预测企业在未来环境变化中的人力资源供求状况，并制定相应的政策和措施，从而使企业的人力资源供给和需求达到平衡，并使企业和个人都获得长期的利益。

    A．人力资源战略   B．人力资源规划

    C．人力资源供给预测   D．人力资源需求预测

2. 人力资源规划的出发点是( )。

    A．组织目标和战略   B．现有人力资源状况

    C．劳动力市场状况   D．行业现状

3. 人力资源规划的目标在于真正做到( )。

    A．人力资源供需平衡   B．对组织具有导向作用

    C．人职匹配实现双赢   D．获取合适人才

4. 在人力资源管理的各项职能中，最具有战略性和主动性的是( )。

    A．工作分析   B．人力资源规划

    C．培训开发   D．职业生涯规划

5. 人力资源规划的实质是( )。

    A．分析人力资源管理的效果   B．分析现有人力资源的质量

    C．检查人力资源目标的实现程度 D．实现组织人力资源需求和供给的平衡

6. 下列各项中，( )是人力资源规划的目标之一。

    A．满足员工需求和调动员工的积极性

    B．有效控制人工成本

    C．保证组织在适当时间、地点有适当数量的且具有必备技能的员工

    D．制定企业目标的依据

7. 人力资源规划必须与企业的战略相适应，采用( )战略的企业，其人力资源规划关注的问题为：及时招聘、雇用和培训新员工，为现有员工的晋升和发展提供机会，并提出企业快速增长时期的绩效标准。

    A．紧缩型战略   B．稳定型战略

    C．发展型战略   D．集中化战略

8. 人力资源规划必须与企业的战略相适应，采用( )战略的企业，其人力资源规划关注关键员工，并制定相应的制度留住他们。

    A．发展型战略   B．稳定型战略

    C．紧缩型战略   D．集中化战略

9. 人力资源规划必须与企业的战略相适应，采用(　　)战略的企业，其人力资源规划关注的是培训员工以满足顾客的需求，并雇用符合目标市场要求的人。

    A. 成本领先战略   B. 差异化战略

    C. 集中化战略   D. 发展战略

10. 人力资源规划必须与企业的战略相适应，采用(　　)战略的企业，其人力资源规划的主要任务是员工劳资关系的处理和员工士气的增加。

    A. 紧缩型战略   B. 稳定型战略

    C. 发展型战略   D. 集中化战略

11. 下列各项中，不属于影响企业外部人力资源供给的因素是(　　)。

    A. 企业的经营规模   B. 宏观经济形式

    C. 人口状况   D. 劳动力市场状况

12. 下列各项中，不属于德尔菲法特点的是(　　)。

    A. 专家参与   B. 一次性预测

    C. 匿名进行   D. 采用统计方法

13. 企业内的管理人员凭借个人的经验和直觉，对企业未来的人力资源需求进行预测，这种预测方法为(　　)。

    A. 德尔菲法   B. 直觉分析法

    C. 经验分析法   D. 管理人员判断法

14. 影响人力资源需求的企业内部因素是(　　)。

    A. 经营方向的变化   B. 经济环境的变化

    C. 企业管理人员的变化   D. 法律政策的变化

二、多选题

1. 供需平衡的方法中，见效快、员工受伤程度小的方法有(　　)。

    A. 自然减员   B. 裁员

    C. 减薪   D. 提前退休

2. 企业内部供给预测的方法包括(　　)。

    A. 人员核查法   B. 德尔菲法

    C. 马尔科夫模型   D. 人员接续计划

3. 下列各项中，属于定性的人力资源需求预测的方法有(　　)。

    A. 人员调配图   B. 人员接续计划

    C. 主观判断法   D. 德尔菲法

4. 下列各项中，属于定量的人力资源需求预测的方法包括(　　)。

    A. 趋势预测法   B. 工作负荷法

    C. 定员定额分析法   D. 马尔科夫模型

三、判断题

1. 在组织中，对中、长期内处于不同职务或从事不同类型工作的人员分布状况的规划，是配备规划。（　　）

2. 继任规划指公司制订的用来填补最重要的管理决策职位的计划。（　　）

3. 德尔菲法是定量的人力资源需求预测方法。（　　）

4. 缩短工作时间、工作分享或降低员工的工资，这是人力资源供给大于需求时的一个解决方法。（　　）

5. 进行人员内部重新配置，包括晋升、调动、降职等，来弥补那些空缺的职位，这是人力资源供给小于需求时的一个解决方法。（　　）

6. 马尔科夫模型是一种定性预测企业内部人力资源供给的方法。（　　）

7. 根据企业过去几年的人员数量，分析人员数量在未来的变化趋势并依此来预测企业在未来某一时期的人力资源需求量。这种预测方法称为趋势预测法。（　　）

四、名词解释

1. 人力资源规划　　　2. 配备规划　　　3. 继任规划　　　4. 趋势预测法

5. 回归分析法　　　　6. 德尔菲法

五、简答题

1. 人力资源规划的目标是什么？

2. 战术性人力资源规划包括哪些规划？

3. 人力资源规划的步骤和程序是什么？

4. 德尔菲法的特点及实施程序是什么？

5. 平衡人力资源供求的措施是什么？

六、实操题

某机械工业企业主要生产A、B、C、D四种产品，其单位产品工时定额和2019年的订单如表3-10所示。该企业在2018年的平均定额完成率为110%，废品率为2.5%，员工出勤率为98%。假设2019年以上指标均不变化，请计算该企业2019年生产人员的定员人数。

表3-10　某企业单位产品工时定额及2019年订单

产品类型	单位产品工时定额/工时	2019年的订单/台
A类产品	150	100
B类产品	200	200
C类产品	350	300
D类产品	400	400

案例分析

鸿程建筑公司的人力需求预测

鸿程建筑公司是一家中型国有建筑企业。公司管理层基本上都是本地人，文化层次相对较高。一线的建筑工人大部分是来自郊区城乡接合部的农民。

随着城市建设速度的加快，建筑业发展迅猛，鸿程公司也不断发展壮大。随着企业的不断发展，公司的领导层发现，工地一线工人开始吃紧，有时进行加班加点的超负荷工作也远远满足不了发展的需求。为满足对人员配备的要求，公司人事部从其他地区匆忙招聘了大量的新雇员。为应付紧张的用工需要，人事部门不得不降低录用标准，使人员的质量大幅度下降。此外，招聘人员的结构也不尽合理，如单身或易地迁徙的员工过多、员工年龄偏大等。经常出现很多员工只工作了一两个月就充当工长的现象，人事部门刚招聘一名雇员顶替前一位员工的工作才几个月，就不得不再去招聘新的顶替者。为了招聘合适的人选，人事部门常常是疲于奔命。

为此，公司聘请有关专家进行了调查，寻找员工短缺的原因，并提出解决这一问题和消除其对组织影响的方法。专家调查表明，该公司以往对员工的需求处于无计划状态，在城郊还未变成城区之前，招工基本上还不太困难。随着城市的日益扩大，城郊农民工的数量也在日益缩小，因此，公司决定把解决员工短缺问题作为公司战略的一部分来考虑。

在专家的帮助下，依据公司本身的特性以及宏观经济形势，公司决定采用科学的预测法，来推测将来所需的员工人数。

公司在过去的12年中，工人数量如表3-11所示。

表3-11 公司过去12年工人数量

年份	2007	2008	2009	2010	2011	2012	2013	2014	2015	2016	2017	2018
人数	510	480	490	540	570	600	640	720	770	820	840	930

问题：

1. 如果你是专家组成员，你会采用何种方法预测2019年公司所需要的工人数量？
2. 你会制定怎样的人力资源规划？

第四章

人员招聘与录用

【导读】

招聘是人力资源管理活动中非常重要的职能，对整个人力资源管理工作有着举足轻重的影响。各企业招聘工作的程序包括制订招聘计划、招募、选拔、录用及招聘评价五个环节。招聘的渠道包括内部招聘与外部招聘，两种渠道各有其优缺点。人员甄选的方法也有很多，包括简历筛选、笔试、面试、心理测试等。招聘结束后，要进行相应的招聘评估，对整个招聘活动的过程及结果进行评价和总结，检查是否达到预期的招聘目的。

【学习目标】

了解招聘对人力资源管理工作的重要作用；掌握招聘的原则；掌握招聘的程序；了解内部招聘与外部招聘的优缺点；掌握人员甄选的方法与录用程序；掌握招聘评估的内容和方法。

【学习难点】

评价中心技术的内容；招聘工作效果评估。

【教学建议】

第一节以课堂讲授为主，结合学生讨论进行学习；第二节以课堂讲授为主；第三节以教师引导、学生讨论为主；第四节以课堂讲授为主，结合实务操作举例进行学习；第五节以课堂讲授为主。

第一节　招聘概述

一、招聘的含义

招聘是指在企业总体发展战略的指导下，制订相应的职位空缺计划，并决定如何寻找合适的人员来填补这些职位空缺的过程。招聘的实质是让潜在的合格人员对本企业的相关职位产生兴趣并且前来应聘这些职位。

由招聘的含义可知招聘工作的要点如下。

(1) 招聘活动的目的是吸引人员，也就是把相关人员吸引到本企业参加应聘，但不对应聘者进行挑选，对应聘者进行挑选是甄选、录用的任务。

(2) 招聘活动所要吸引的人员应当是企业所需要的人员，也就是说，要把那些能够从事空缺职位的人员吸引过来，这可以看作对招聘工作质量的要求。

(3) 招聘活动吸引人员的数量应当是适当，并不是说吸引的人员越多越好，而是应当控制在适量的范围内，既不能太多也不能太少，这是对招聘工作数量的要求。

二、招聘对人力资源管理的作用

招聘工作对整个人力资源管理工作有着举足轻重的影响。

(1) 招聘规划是人力资源规划的主要内容，招聘工作的成败直接决定人力资源规划的成败。

(2) 招聘工作是否科学直接体现企业是否公平、公正。招聘意味着相应职位的人才空缺，对于企业内部员工、外部潜在的应聘者而言，都是一个机会，如果招聘工作中的甄选没有做到科学地选拔人才，那么机会均等就不可能实现，不论对内部员工还是外部的潜在应聘者都是不公平、不公正的。也就是说，招聘工作可以在一定程度上反映企业的核心价值观。

(3) 招聘的成败直接影响培训与开发、绩效管理工作能达到的高度。培训与开发、绩效管理是招聘工作在人力资源管理过程中的延续。俗话说，"巧妇难为无米之炊"，如果招聘过程中没有把好人才选拔这个关口，那么培训与开发工作的成效肯定会大打折扣，绩效管理工作不论采取何种先进的工具，也难以达到其最根本的目标——绩效的提高。

(4) 招聘直接影响企业的用工成本与用工风险。大部分的劳资纠纷都是发生在解雇与裁员过程中，而解雇与裁员的原因有相当一部分是由于选拔了不恰当的人员造成人岗不匹配或人企不匹配，因此，预防劳资纠纷的真正源头应该是在招聘工作中。此外，解雇与裁员意味着新员工的再次招聘，又增加了人力资源的获取成本。因此，招聘对企业的用工成本和用工风险有着直接甚至是根本性的影响。

(5) 招聘影响企业文化的整合。企业的灵魂在于企业文化，而企业文化的整合关键在于企业员工的"同质性"，而企业员工"同质性"的关键在于招聘时的把关——人企匹配。企业员工的"同质性"不是加减的关系，原理与"酒与污水定律"是一致的：一杯酒倒入一缸污水中，还是一缸污水；一杯污水倒入一缸酒中，最后还是一缸污水。因此，招聘工作对企业文化的影响是源头性的。

总之，招聘工作对整个人力资源管理工作的影响都是举足轻重的。世界500强公司最重视的就是招聘，现实中我国很多的企业忽视了招聘的重要性，从源头上影响了企业人力资源管理水平乃至企业的核心竞争力。有效的招聘能给企业带来诸多益处，错误的招聘对企业的危害是多方面的，不仅影响企业的形象、增加成本，还会降低员工士气，因此，企业应该注重招聘工作，从修炼内功做起，这才是强企的根本之策。

三、招聘的原则

(一) 职务分析原则

企业要想有效地选择人员，首先要求管理人员清楚了解该职位的性质和目的，客观分析该职位的要求，包括组织等级中各个级别对技能的不同要求，在此基础上评价和比较各个职位，以便公正、平等地对待应聘者。因此，需要向应聘者明确职务要求和职务范围，该职位的工作量应饱和并具有挑战性。

(二) 效率优先原则

在招聘过程中，要根据不同的招聘要求，灵活选择适当的招聘选拔形式和方法，在保证招聘质量的情况下，尽可能降低招聘成本并录用到高素质的企业急需人才，即以尽可能低的招聘成本招聘到同样素质的员工。

(三) 公开原则

企业各类人力资源的招聘要公开、公正，应将招聘单位、岗位种类、岗位数量、任职资格和条件、考试的内容和时间、职务说明等均向社会公告，公开进行。这样既有利于社会人才公平参与竞争，又能使此项工作置于社会的公开监督之下，防止不正之风。

案例分析

大象聘猫

大象开办了一家饲养场，为了防止老鼠骚扰，大象贴出广告要聘请一只能干的猫来捉老鼠。来应聘的猫很多，都快把大象家的门挤破了。选哪一只呢？每只猫都很能干，它们都用期待的眼光看着大象。大象犹豫不决，一只花猫来到大象面前，它从皮包里掏出一张张花花绿绿的获奖证书，全都是它在钓鱼、歌咏、滚绣球等比赛中获得的。大象一见花猫有这么多获奖证书，不禁喜出望外，它想：这真是一只难得的、多才多艺的好猫呀！大象十分高兴地说："好吧，就录取你了。"

花猫上岗后，非常勤奋，一天到晚忙个不停，到处寻找老鼠，但由于饲养场是新开办的，没有多少老鼠，渐渐地，花猫变得懒洋洋的，整天把时间花在唱歌、钓鱼、滚绣球方面。慢慢地，老鼠多了起来，但是这时候花猫捉老鼠的技能已经变得生疏了，碰到老鼠竟然一只也捉不到。大象看到到处都是老鼠，就责备花猫说："怎么搞的？饲养场的老鼠这么多！"花猫还有些不服气："我一天到晚都没闲着呀！"大象更生气了："你说你没闲着，可你捉的老鼠在哪儿呢？""捉老鼠？"花猫鼻子轻蔑地哼了一声，"那不过是普通的猫就会玩的把戏，你让我这只才华出众的猫去干，这不是大材小用吗？""如果不能捉老鼠，即使你的才华再出众，对我有什么用呢？我真后悔被你的一张张证书弄花了眼，而偏偏没有想到你不能胜任捉老鼠这项工作。"大象回答说。

(四) 全面考核原则

人力资源管理人员要对候选人员的品德、知识、能力、智力、健康状况、心理、过去工作的经验和业绩等方面进行全面考核和考察，选择合适的人选。

(五) 平等原则

对所有应聘者要一视同仁，不分国别、民族、性别，都要平等对待，不得人为地制造各种不平等的限制或条件。也不能给出各种不平等的优惠政策，向社会上的有志之士提供平等竞争的机会，不拘一格地录用优秀人才。

(六) 择优原则

择优是人力资源选择的根本目的和基本要求，只有坚持择优原则，才能为组织遴选最合适的人员。因此，应选择科学的考核方法，精心比较，谨慎筛选。

(七) 能级对应原则

由于人的知识、阅历、背景、性格、能力等方面存在差异，人力资源选择应量才录用，不一定选择最优秀的，但要尽量选择最合适的。要做到人尽其才、用其所长，才能持久高效地发挥人力资源的作用。

(八) 合法原则

人力资源的选择必须遵守国家的法律、法规和政策。企业在人员招聘过程中发生的一切与国家有关法规相抵触的活动都是无效的，都要受到法律制裁。国务院发布的《国营企业招用工人暂行规定》中指出："企业招用工人，必须在国家劳动工资计划指标之内，贯彻执行先培训后就业的原则，面向社会、公开招收、全面考核、择优录用。"《中华人民共和国劳动法》(以下简称《劳动法》)对聘用也有所规定："劳动者就业，不因民族、种族、性别、宗教信仰不同而受歧视。"人员的聘用和选择要遵守国家的有关法律、法规和政策，不应有各种形式的歧视和违规行为。

第二节　招聘的程序

企业招聘的程序如图4-1所示。

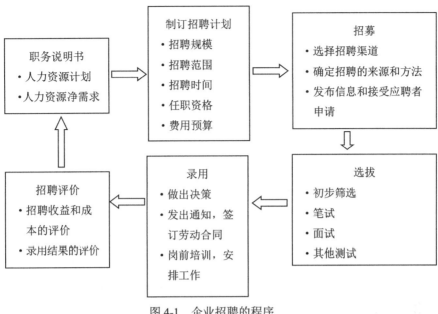

图 4-1 企业招聘的程序

一、制订招聘计划

招聘计划是招聘的主要依据。招聘计划由用人部门根据业务发展需要确定，然后由人力资源部进行审核，签署意见后交上级主管领导审批。有效的招聘计划离不开对招聘信息的分析，包括对企业内部信息的分析，如公司所处环境、住房福利、发展机遇等，也包括对企业外部信息的分析，如外部人才市场的研究、同行业人才工资福利待遇分析等。一般来说，招聘计划包括以下几个方面的内容。

(一) 招聘规模

招聘规模就是企业准备在招聘过程中吸引多少数量的应聘者。一般来说，企业是通过招聘录用的金字塔模型来确定招聘规模的，即将整个录用过程分为若干阶段，根据每个阶段通过的人数和参加人数的比例来确定招聘的规模，如图4-2所示。

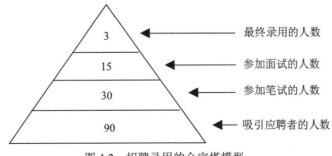

图 4-2 招聘录用的金字塔模型

(二) 招聘范围

招聘范围是指企业要在多大的地域范围内进行招聘活动。从招聘的效果考虑，范围越大，效果就越好，但是招聘范围大，招聘成本也会增加，因此应选择适度的招聘范围。一般来说，层次高或性质特殊的职位应在较大范围内招聘，而层次低或性质一般的职位在较小范围内招聘即可。若当地的劳动力供给较为紧张，招聘的范围就要扩大；反之，亦然。

(三) 招聘时间

招聘时间是指招聘到满足需要的员工的时间限制。由于招募本身需要耗费一定的时间，再加上选拔和录用时间，因此填补一个空缺的职位需要相当长的时间，为了避免人员短缺影响企业正常的运转，必须合理确定招聘时间，如表4-1所示。

表4-1　招聘时间安排

招聘阶段	平均时间/天
从收到个人简历到发出面试通知	5
从发出面试通知到面试	6
从面试到提供工作	4
从提供工作到接受所提供的工作	7
从接受工作到实际开始工作	21
总时间	43

(四) 任职资格

根据工作分析和人力资源战略规划确定空缺的职位，再根据空缺职位的工作性质和岗位特征确定填补这一空缺的员工应该具备的素质、知识和能力的要求，即任职资格。

(五) 费用预算

在招聘计划中要对招聘的费用做出预算，招聘费用通常包括人工费用(如招聘人员的薪水、福利、差旅费、生活补助和加班费等)、业务费用(如通信费、专业咨询与服务费、广告费等)、一般开支(如设备租用费、办公室用具设备、水电及物业管理费等)。

二、招募

招募是招聘的一个重要环节，其目的在于吸引更多的人来应聘，使企业有较大的选择余地。有效的招募可以提高招聘质量，减少企业和个人的损失。

招募的一般流程如下。

(一) 选择招聘渠道

一般来说，企业的招聘包括内部招聘和外部招聘。这两种招聘渠道对人才的选用各有利弊，因此企业应根据招聘岗位的要求以及内部的实际情况和外部环境的变化来选择合适的招聘渠道。

(二) 确定招聘的来源和方法

招聘的来源是指潜在的应聘者所存在的目标群体，招聘的方法则是指让潜在的应聘者获知企业招聘信息的方法和途径。招聘来源和方法的确定关系到企业能否招募到满足空缺职位要求的员工。例如，企业需要招聘技术熟练的工人，但选择的招聘来源是技校，由于在校学生缺乏实践经验，显然招聘的效果就会不理想。

(三) 发布信息和接受应聘者申请

企业根据空缺岗位的要求和宣传要求，对确定的招聘渠道发布招聘信息，吸引应聘者前来应聘，按照事先确定的招聘规模，接受符合招聘条件的应聘者的应聘申请。

三、选拔

选拔是指企业根据用人条件和用人标准，运用适当的方法和手段，对应聘者进行审核、比较和选择的过程。有效选拔可以保证企业所吸纳的员工具有优良的素质，有利于事得其人和人尽其才，有利于降低员工流失率，节约招聘成本和岗前培训费用，有利于形成员工队伍的合理结构。

选拔的一般流程如下。

(一) 初步筛选

人力资源部对所有应聘者的资格、条件进行初步筛选，筛掉不合格的人选和条件偏差的人选，向符合条件的应聘者发出考试通知书。

(二) 笔试

由业务部门确定测试题和负责测试的人员，并由测试人员负责评分工作，最后将测试结果和备选人员名单报给人力资源部。

(三) 面试

人力资源部公布测试结果并通知备选人员参加面试。用人部门负责面试工作，人力资源部进行协助。面试的结果和被录用人员由用人部门决定并报告人力资源部，由人力资源部公布结果。

四、录用

录用是在选拔结果的基础上，挑选出符合要求的、能够填补职位空缺的人员。
人员录用的流程如下。

(一) 做出决策

对于面试合格的人员，在身体条件、提供信息的真伪等方面进行再次审核，审核通过后，最后确认录用人员。

(二) 发出通知，签订劳动合同

对决定录用的人员发出通知，限期来企业报到，签订劳动合同。

(三) 岗前培训，安排工作

对于签订劳动合同的新员工，要进行岗前培训，试用期过后，经检验合格，安排正式工作，至此，人员招聘的工作结束。

五、招聘评价

招聘评价是对这一次招聘工作的总结，是对人力资源管理工作提出的更高要求，是招聘过程必不可少的一个环节。招聘评价包括以下两方面的内容。

(一) 招聘收益和成本的评价

招聘收益和成本的评价主要是通过成本与效益的对比进行，如果招聘使用的费用少，录用人数多，意味着招聘单位成本低；反之，招聘成本较高。由此可以确定哪些费用是可以节约的，有利于降低今后的招聘成本。

(二) 录用结果的评价

录用结果的评价主要是对录用员工的数量和质量进行评价，它是检验招聘工作成果与方法有效性的一个重要方面。通过对录用员工的数量和质量的评价，有利于找出招聘工作各环节的薄弱之处，改进招聘工作，为人力资源计划的修订提供依据。

第三节　招聘的渠道

一、内部招聘

(一) 内部招聘的途径

在许多著名企业的人力资源管理制度中，都有"优先从内部员工中招聘"这样的内容，这不仅可以提高员工的安全感和忠诚度，同时也让员工感到企业给自己提供了选择的空间。内部招聘可以激发员工追求更高层次的岗位，选择更适合自己的职业。

内部招聘的途径主要有内部提升、内部调动、工作轮换和返聘4种。

1. 内部提升

让组织内部符合条件的员工从一个较低层次的岗位晋升到一个较高层次的岗位的过程就是内部提升。

2. 内部调动

当组织中需要招聘的岗位与员工原来的岗位层次相同或略有下降时，把员工调到同层次或下一层次岗位上工作的过程称为内部调动。通过内部调动可以向员工提供全面了解组织中不同机构、不同岗位的机会，为将来的提升做准备或为不适合现有职位的员工寻找更适当的位置。

3. 工作轮换

工作轮换是指暂时的工作岗位变动，通过实习或培训的方式使管理职位的受训者更广泛、更深入地了解组织的工作流程和各部门的工作特点等情况，使他们在工作轮换的过程中得到全面锻炼。

4. 返聘

返聘是指组织将解雇、提前退休、已退休或下岗待业的员工再召回来重新工作。这些人都熟悉组织的情况，能很快适应工作环境。

(二) 内部招聘的方法

在进行内部招聘时，一般是先列出各职位所需要的技能，然后在组织内部公布所出现的职位空缺，最后对愿意填补空缺职位的内部人员进行公开选拔。

1. 管理和技能档案

管理和技能档案能够全面、及时地反映所有雇员的最新技能状况，有助于组织确定目前现有的工作人员是否拥有填补空缺职位的任职资格。

2. 职位公告

职位公告是企业向员工通报组织内部现有职位空缺的一种方式，组织可以采用内部电视台、内部报刊和内部网站等多种方式发布职位公告。职位公告通常包括工作职称、工作职责、资格要求、工作日程、薪资待遇和申请程序等内容。职位公告是企业最经常使用的吸引内部申请人的方法，特别适用于非主管级别的职位。

3. 职位竞标

职位竞标是一种允许那些自己认为已经具备职位要求的员工申请企业内部空缺职位的自荐技术。通常，组织并不鼓励所有适合的员工都去竞标同一职位，而是在考虑员工的职业生涯发展规划的基础上，鼓励那些高绩效和高潜能的员工首先参与竞标，这样有利于组织人才的发展与保留。

(三) 内部招聘的优缺点

1. 内部招聘的优点

内部招聘对于组织的管理职位来说是非常重要的招聘渠道。20世纪50年代，美国企业中有50%的管理职位是由公司内部人员填补的，目前这一比率已经上升到90%以上。正是因为内部招聘有许多优点，才会有如此多的组织采用这种招聘方式。

(1) 内部招聘对现有的员工来说是一种重要的晋升渠道，得到升迁的员工会认为自己的才干得到组织的承认，因此他们的积极性和绩效都会提高。

(2) 由于现有的员工已经在组织内工作了一段时间，对组织的情况比较了解，更有效忠的意愿，因此人员流失的可能性比较小。

(3) 提拔内部员工可以提高所有员工对组织的忠诚度，使他们在制定管理决策时能做出比较长远的考虑。

(4) 对于组织来说，内部招聘不仅可以节约大量的招聘广告费用和选拔录用费用，还可以节约相应的培训费用。通过内部招聘，员工在组织内接受的培训得到了肯定，员工对组织的贡献也得到了最好的回报。

(5) 有利于保持组织内部的稳定性。新员工和老员工之间、新员工和组织之间，碰撞最多的是组织文化和组织核心价值观，当然也有一些非主流方面的碰撞。无论是何种碰撞，都会产生两个方面的影响：一是促进组织思考和发展；二是扰乱了组织的日常秩序和正常运作，可能出现不稳定。内部招聘在使组织将优质人力资源补充到合适岗位的同时，极大程度地减少了不稳定因素的出现，保持了组织内部的稳定性。

(6) 减少识人、用人的失误。

2. 内部招聘的缺点

作为一种选择范围相对较小的招聘方式，内部招聘也有许多不足之处。

(1) 被拒绝的申请者可能会感到不公平、失望，从而影响工作的积极性和创造性，因此要对其进行正确的引导，认真做好解释和鼓励工作。

(2) 会在员工群体中引起嫉妒、攀比的心理，进而引发拉帮结派。

(3) 长期进行内部招聘，会导致近亲繁殖，使企业缺乏创新意识。

(4) 当用人出现分歧时，可能引发组织高层领导的不团结。

(5) 如果企业已经有了内部招聘的惯例，当企业出现创新需要而急需从外部招聘人才时，就可能会遭到现有员工的抵制，损害员工的积极性。

二、外部招聘

(一) 外部招聘的渠道

外部招聘的渠道包括招聘广告、校园招聘、人才中介机构(就业机构、猎头公司)招聘、网络招聘、员工推荐、临时性雇员和海外招聘等。外部招聘方法的选择主要取决于周围的用工环境和工作情境，特别是要将亟待填补的职位类型、工作接替要求的时间、招聘的地理区域、实施招聘方法的成本，以及可能吸引到的求职者，这5种因素结合起来考虑。

1. 招聘广告

招聘广告是应用最为普遍的吸引应聘者的方法。招聘广告的阅读者不仅是现实的工作申请者，还包括潜在的工作申请者、企业客户和一般大众，所以企业的招聘广告代表着企业形象，需要认真对待。

发布招聘广告需要注意以下两点。

1) 媒体的选择

广告媒体的选择取决于招聘岗位的类型。一般来说，低层次的职位可以选择地方性媒体，高层次或专业化程度较高的职位则需要选择全国性或专业性的媒体。不同的媒体各有其优缺点，也各有其适用范围。

(1) 报纸。在报纸上发布招聘广告的优点：标题短小、精练；广告内容的多少可以灵活选择；发行范围集中于某一特定的地域；各种栏目分类编排，便于积极的求职者进行查找。缺点：集中的招聘广告容易导致招聘竞争的出现；发行对象没有确定性。

在报纸上发布招聘广告适用于以下情况：当企业将招募限定于某一地区时；当可能的求职者大量集中于某一地区时；当有大量的求职者在翻看报纸，并且希望被雇用时。

(2) 杂志。利用杂志发布招聘广告的优点：专业性杂志能够使广告到达很小的职业群体；广告内容的灵活性较强；时限长，求职者可能会将杂志保存起来再次翻看。缺点：发行的地域太广，企业希望将招聘限定在某一特定区域内时一般不宜使用；每期的发行时间间隔较长，需要较长的广告预约期。

在杂志上发布招聘广告适用于时间和地区不受限制的招聘活动，以及专业技术人员的招聘活动。

(3) 广播电视。通过广播电视发布招聘广告的优点：让那些不是很积极的求职者更容易地了解到招聘信息；可以将求职者来源限定在某一特定地域；广告内容极富灵活性；比印刷广告更能有效地渲染气氛；较少因广告集中而引起招聘竞争。缺点：只能传递简短的信息；缺乏持久性，需要不断地重复播出才能给人留下深刻的印象；商业设计和制作不仅耗时而且成本很高；缺乏特定的兴趣选择，需要为无效的广告接收者付费。

广播电视招聘适用于下列情况：当招聘处于激烈竞争的情况下，急需扩大影响，将企业的宣传与招聘同时进行的时候；没有足够的求职者翻阅企业的印刷广告的时候；当职位空缺有许多种，而在某一特定地区又有足够求职者时。

(4) 其他印刷品。海报、公告、招贴、传单、宣传旗帜、小册子、直接邮寄、随信附寄等都是在特殊场合有特别效果的招聘广告发布方法。这些方法可以在求职者可能采取某种立即行动的时候引起他们对企业招聘的兴趣，而且极富灵活性，但是这些方法自身的作用非常有限，必须保证求职者能到招募现场来，因此与其他招聘方法相结合才能产生良好的效果。

2) 广告的结构

广告的结构要遵循AIDA原则，即注意(attention)、兴趣(interesting)、欲望(desire)和行动

(action)。换而言之，好的招聘广告要能够引起读者的注意并使读者对企业产生兴趣，继而产生应聘的欲望并采取实际的应聘行动。

(1) 广告必须能够引起求职者对广告的注意。

(2) 广告必须能够引起求职者对工作的兴趣。

(3) 广告必须能够引起求职者申请工作的愿望。

(4) 广告必须能够鼓励求职者积极地采取行动。

2. 校园招聘

大学校园是高素质人员相对比较集中的地方，是专业人员和技术人员的重要来源。企业能够在校园招聘中找到大量具有较高素质的合格申请者，招聘、录用的手续也相对简便。而且年轻的大学毕业生充满活力，富有工作热情，可塑性强，对自己的第一份工作具有较强的敬业精神。校园招聘也有明显的不足之处，主要有以下几点。

(1) 许多毕业生，尤其是优秀毕业生在校园招聘中常常有多手准备。

(2) 刚刚进入劳动力市场的毕业生，由于缺乏实际工作经验，对工作和职位容易产生不现实的期望。

(3) 学生气较重，在工作配合、等级管理、制度理解执行等方面会有欠缺。

(4) 流动率较高，不能给企业安全感，甚至有时候第一份工作就是他们的跳板。

(5) 相对于其他招聘形式来说，校园招聘成本比较高，花费的时间也较长。

3. 人才中介机构(就业机构、猎头公司)招聘

人才中介机构可分为两类：一类是劳动力市场、职业介绍所和人才市场；另一类是各种猎头公司。前者服务的对象比较大众化，后者则专门招聘高中级人才。

4. 网络招聘

网络招聘也称在线招聘或电子招聘，是指利用互联网技术进行的招聘活动，包括信息的发布、简历的收集和整理、电子面试以及在线测评等。网络招聘并不仅仅是将传统的招聘业务搬到网上，而是一种全新的招聘方式，这种招聘方式具有互动性、无地域限制且具备远程服务功能。网络招聘有招聘范围广、信息量大、可挑选的余地大、应聘人员素质高、招聘效果好和费用低等优点，被越来越多的公司所采用。

5. 员工推荐

当工作岗位出现空缺时，可由员工向企业推荐求职者，求职者经过竞争和测试合格后可被录用。由员工推荐等渠道所获得的员工在组织的任期更长，绩效表现也更好。

1) 员工推荐的优点

(1) 员工推荐的成本比较低。

(2) 当员工推荐求职者时，对方通常已经从员工那里对公司的情况有所了解，并且已经为转换工作做好了准备，公司可以尽快面试或录用，从而缩短招聘时间。

(3) 员工一般不会推荐不合适或不可靠的求职者，因此成为替公司筛选人才的"过滤网"。

2) 员工推荐存在的主要问题

(1) 易在组织内形成裙带关系，不易管理。

(2) 招聘工作容易受推荐人喜好程度的影响，从而影响招聘水平，尤其是在主管推荐的情况下。

(3) 人员的选择面较窄。

(4) 推荐者往往愿意举荐与自己同类的人，从而会在一定程度上妨碍平等就业。

(二) 外部招聘的优缺点

1. 外部招聘的优点

(1) 有利于平息和缓和内部竞争者之间的紧张关系。

(2) 能够为组织带来新的活力。

(3) 可以通过外部招聘为组织树立良好的形象。

(4) 可以规避涟漪效应产生的各种不良反应。

2. 外部招聘的缺点

(1) 外聘人员不熟悉组织的情况。

(2) 组织对应聘者的情况缺乏深入的了解。

(3) 会在一定程度上影响内部员工的积极性。

(4) 招聘成本高。

第四节　甄选与录用

一、甄选的方法

(一) 简历筛选

简历筛选是对人才进行初步筛选的方法，是判断应聘者是否符合岗位基本要求的一种资格审查，一般由人力资源部门进行。简历筛选要从以下几个方面来进行。

1. 工作经历

通过对工作经历的考察，了解应聘者与应聘职位相关的工作经历，包括应聘者以往具体的工作内容、职责、取得的成果等，以此来判断应聘者是否符合岗位要求。

2. 教育背景

教育背景资料可以提供应聘者的受教育程度、教育类型、所学专业等信息。通过对教育背景的分析，评估应聘者可能拥有的潜力，从而判断应聘者适合的工作类型。

3. 职业发展状况

通过了解应聘者过去的职业发展状况来推断以后的工作状况。一个一直进步很快的人很可能在今后的工作中仍然保持这种状态，并且说明他具有较好的自我激励措施、魄力和能力。考察应聘者在工作中承担的责任是否不断扩大、不断接受更具挑战性的工作，从而判断他的整个职业发展是否呈向上趋势。

4. 应聘者的无形资产

应聘者的无形资产包括能力、经验、受到的培训、对事物的洞察力、对相关工作岗位的了解等，应聘者拥有的无形资产越多，进入新的工作岗位时，所需的调整期越短，就越能在短期内做出成绩。

5. 沟通的能力

通过对简历所表达的组织结构、表达方式、简历设计等信息进行考察，可以了解应聘者与人沟通的能力。

6. 应聘者的态度

一份成功的简历应该能够表现应聘者很有礼貌、观点很专业、做事果断、价值观正确、思维有条理等。在阅读简历时，如果对应聘者产生了任何一种不好的感觉，都应该引起注意。

(二) 笔试

笔试是指通过文字测验的形式，对应聘者的基本知识、专业知识、管理知识、技能、综合分析能力和文字表达能力等进行衡量的人员选拔方法。参加笔试的应聘者在试卷上笔答事先拟好的试题，企业根据应聘者解答的正确度予以评定成绩。

1. 笔试的优缺点

(1) 笔试的优点：笔试的题目比较多，一份笔试卷子可以涵盖几道乃至上百道试题，可以增加对应聘者知识、技能和能力的考察信度和效度；可以对大规模的应聘者同时进行筛选，节省时间，提高效率；应聘者心理压力比较小，容易发挥出正常水平；成绩评定比较客观、公正等。

(2) 笔试的缺点：不能全面考察应聘者的工作态度、价值取向、品德修养，以及企业管理能力、口头表达能力和操作能力等。

一般来说，笔试成绩合格者才能参加下一轮的选拔。

2. 笔试应注意的问题

(1) 注意题目的准确性。题目是笔试的主要内容，题目的恰当与否直接关系到笔试考核的信度和效度。笔试的内容既要体现应聘岗位的知识、能力要求，又要难度适当，过难过易都会影响其效度。

(2) 确定合理的评分规则。企业要根据考核内容的重要性及题目难度来确定各个题目的分值，分值的分配是否合理关系到能否有效地测试到应聘者的真实水平。

(3) 阅卷及成绩复核。阅卷时，要本着客观、公正、公平的原则进行。例如，阅卷人应共同讨论打分的宽严尺度、在密封应聘者个人信息的情况下阅卷、建立严格的成绩复核制度及考试违规处理制度等。

(三) 面试

面试是指通过供需双方正式交谈，使组织能够客观地了解应聘者的业务知识水平、语言表达能力、反应能力、个人修养、逻辑思维能力、外貌风度、工作经验、求职动机等信息，应聘者能够更多地了解组织的信息以及自己在组织中的发展前途，将个人期望与现实情况进行比较，进一步判断组织提供的职位是否与个人兴趣相符等。面试是员工招聘过程中非常重要的、不可或缺的一步。

1. 面试的程序

1) 面试前的准备阶段

企业在面试应聘者之前应确定面试的目的，认真阅读应聘者的求职申请表，围绕要证实的疑点和问题编制面试提纲，针对不同的对象应有不同的侧重点，确定面试的时间、地点，并编制面试评价表。

2) 面试的开始阶段

面试开始，面试者要努力创造一种和谐的面谈气氛，使双方建立信任、亲密的关系，解除应聘者的紧张和顾虑。常用的方法是寒暄、问候、微笑和采用放松的姿势。可先让对方简要介绍自己的情况，此时面试者的注意力要高度集中，注意倾听和观察。

3) 正式面试阶段

正式面试阶段是面试的核心阶段，面试者应该通过引导应聘者讲述一些关于核心胜任能力的事例来收集应聘者核心胜任能力的信息，并对这些信息做出基本的判断和研究。正式面试阶段占整个面试比重的80%。在此阶段的面试中，面试者较多采用开放式的提问，让应聘者多讲，然后面试者注意聆听。由于面试的目的是了解应聘者，所以面试者不要暴露自己的观点、情绪，不要让对方知道你的倾向。聆听时，可进行一些澄清式或封闭式的提问，但不要随便打断对方的讲话，不要随声附和，所提问题可以先易后难，针对疑点逐一提问，以达到预期的目的。

由于正式面试阶段带有评估的性质，所以结束时，要给予对方提问的机会。另外，为提高评估的准确性，针对某一事项，可同时提出几个问题，从不同的角度了解应聘者对这一事项的立场和态度。对问题的回答虽然很重要，应聘者表现出来的修养和态度也很重要。

4) 面试的结束阶段

不论应聘者是否会被录用，面试均应在友好的气氛中结束。同时，面试者应立即整理面试记录并填写面试评价表，核对有关材料，做出总体评价意见。在总结评价时，要特别注意以下情况：不能提供良好的离职理由；以前职务(或工资)高于应聘职务(或工资)；家庭问题突出；经常变换工作等。

2. 面试的类型

1) 从面试所达到的效果来分类

(1) 初步面试。初步面试可以增进用人单位与应聘者的相互了解。在初步面试的过程中，应聘者可以对书面材料进行补充(如对技能、经历等进行说明)，组织对其求职动机进行了解，并向应聘者介绍组织情况、解释职位招聘的原因及要求。

(2) 诊断面试。诊断面试可以对经初步面试筛选合格的应聘者进行实际能力与潜力的测试，其目的在于招聘单位与应聘者双方互相了解深层次的信息，如应聘者的表达能力、交际能力、应变能力、思维能力、个人工作兴趣与期望等，以及组织的发展前景、个人的发展机遇、培训机遇等。

2) 从参与面试的人员来分类

(1) 个别面试。个别面试是指一个面试人员与一个应聘者面对面地交谈。这种方式的面试有利于双方建立亲密的关系，使双方能深入地相互了解，但这种面试的结果易受面试人员的主观因素干扰。

(2) 小组面试。小组面试是指由两三个人组成面试小组对各个应聘者分别进行面试。面试小组由用人部门与人力资源部门的人员共同组成，从多种角度对应聘者进行考察，提高面试结果的准确性，避免个人偏见。

(3) 集体面试。集体面试是指由面试小组对若干应聘者同时进行面试。在集体面试过程中，通常是由面试主考官提出一个或几个问题，引导应聘者进行讨论，从中发现、比较应聘者的表达能力、思维能力、组织领导能力、解决问题的能力、交际能力等。集体面试的效率比较高，但对面试主考官的要求较高，主考官在面试前应对每个应聘者有大致的了解，而且在面试时应善于观察、控制局面。

3) 从面试的组织形式来分类

(1) 压力面试。压力面试往往是在面试开始时就给应聘者以意想不到的一击，通常是怀有敌意的或具有攻击性的，主考官以此观察应聘者的反应。一些应聘者在压力面试前显得从容不迫，也有一些应聘者表现得不知所措。用这种方法可以了解应聘者承受压力和调整情绪的能力，测试应聘者的应变能力和解决紧急问题的能力。压力面试一般用于招聘销售人员、公关人员和高级管理人员。

(2) 行为描述面试。行为描述面试是近年来的研究成果，是基于行为的连贯性原理发展起来的。面试主考官通过行为描述面试可以了解两方面的信息：一是应聘者过去的工作经历，判断其选择本组织的原因，预测其未来在本组织中发展将采取的行为模式；二是了解应聘者对特定行为所采取的行为模式，并将其行为模式与空缺职位所期望的行为模式进行比较、分析。

(3) 能力面试。与注重应聘者以往取得的成就不同，能力面试关注的是应聘者如何实现所追求的目标。在能力面试中，主考官要试图找到应聘者在过去的经历中所反映出来的优势。要确认这些优势，主考官要寻找STAR因素，即情景(S)、任务(T)、行动(A)和结果(R)。其大致过程如下：首先确定空缺职位的责任与能力，明确其重要性；然后询问应聘者过去是否承担过与空缺职位类似的职位，或是否曾经处于类似的工作情景，一旦主考官发现应聘者有类似的工作经历，再确定他们曾经负责的任务，进一步了解一旦出现问题他们将采取的行动，以及行动的结果。

4) 从面试的结构化程度来分类

根据面试所提问题的结构化程度，面试大体可分为结构化面试、非结构化面试和混合式面试三种。

(1) 结构式面试。此类面试要事先拟订问题，然后一一提问。结构式面试有利于提高面试的效率，了解的情况较为全面，但谈话方式程序化，不太灵活。

(2) 非结构式面试。面试者无固定的提问提纲，针对每位应聘者提出不同的问题。这种面试可以了解到特定的情况，但缺乏全面性，效率较低。

(3) 混合式面试。将结构式面试与非结构式面试结合起来，即为混合式面试。混合式面试可以取两者之长，避两者之短，所以是常用的面试方法。

3. 面试中的提问技巧

1) 简单提问

在面试刚开始时，通常采用简单提问来缓解面试的紧张气氛，消除应聘者的心理压力，使应聘者能轻松进入角色，充分发挥自己的水平。这种提问常以问候性的语言开始，如"一路上辛苦吗？""你乘什么车来的？""你家住在什么地方？"等。

2) 递进提问

递进提问的目的在于引导应聘者详细描述自己的工作经历、技能、成果、工作动机、个人兴趣等。应采用诱导式提问，如"你为什么要离职？""你为什么要到本公司来工作？""你如何处理这件事情？""你如何管理你的下属？"等。避免使用肯定式或否定式提问，如"你认为某事情这样处理对吗？""你有管理方面的经验吗？"等。因为前一种提问方式能给应聘者更多发挥余地，能更加深入地了解应聘者的能力和潜力。

3) 比较式提问

比较式提问是指要求应聘者对两个或更多的事物进行比较、分析，以达到了解应聘者的个人品格、工作动机、工作能力与潜力的目的，如"如果现在同时有一个晋升机会与培训机会，你将如何选择？""在以往的工作经历中，你认为你最成功的地方是什么？"等。

4) 举例提问

举例提问是面试的一项核心技巧。当应聘者回答有关问题时，主考官让其举例说明，引导应聘者回答解决某一问题或完成某项任务所采取的方法和措施，以此鉴别应聘者所谈问题的真假，了解应聘者解决实际问题的能力。例如，"请举例说明你对员工管理的成功之处。"

5) 客观评价提问

客观评价提问是指主考官有意让应聘者介绍自己的情况，客观地对自己的优缺点进行评价，或以曾在主考官身上发生的某些事情为例，以此引导应聘者毫无戒备地回答有关敏感问题，借此对应聘者进行更加深刻的了解。例如，"世上没有十全十美的人，比如说，我在处理突发事件时就容易冲动，今后有待进一步改善。你觉得你在哪些方面需要改进？"

(四) 心理测试

心理测试是指通过一系列的心理学方法来测量应聘者的智力水平和个性方面的差异。由于心理测试的难度较大，用人单位应选择专业的心理测试人员，或者委托专业的人才机构或心理学机构进行测试。一般地说，心理测试主要包括以下几种类型。

(1) 人格测试：该测试的目的是了解应聘者的人格特质。人格对工作成就的影响是极为重要的，不同气质、性格的人适合不同种类的工作。对于一些重要的工作岗位，如主要领导岗位，为了选择合适的人才，需要对应聘者进行人格测试。

(2) 职业兴趣测试：该测试的目的是了解应聘者的职业兴趣倾向。美国心理学家霍兰德把人的职业兴趣分为六类：实际型、研究型、社会型、企业型、常规型和艺术型。职业兴趣测试的目的是进行合理的人事配置，一个有强烈兴趣并积极投身本职工作的人与一个对其职业毫无兴趣的人相比，其工作态度与工作绩效是截然不同的，根据人们的职业兴趣倾向进行职位配置，会最大限度地发挥其潜力，保证工作的圆满完成。

(3) 能力测试：一般包括普通能力倾向测试、特殊职业能力倾向测试和心理运动技能测试等。能力测试的目的是测量人的某种潜能，从而预测他在某个职业领域中成功和适应的可能性，或判断哪项工作适合他。能力测试对人员招聘和配置都有重要意义。

(五) 评价中心技术

评价中心技术是应用现代心理学、管理学、计算机科学等相关学科的研究成果，通过心理测验、能力测试、个性测试和情境测试对人员进行评价，并与工作岗位要求及企业组织特性进行匹配，从而准确地把握人的个性、动机和能力等，做到人职匹配，确保人员达到最佳工作绩效。评价中心技术是一种综合性的人员测评方法，被认为是针对高级管理人员的最有效的测评方法之一。

评价中心技术的一个重要特征就是在情景性测试中对被测评者的行为进行观察和评价，主要包括无领导小组讨论、公文筐、角色扮演、管理游戏、即席发言等测评技术。

1. 无领导小组讨论

无领导小组讨论是经常使用的一种评价中心技术，采用情景模拟的方式对应聘者进行集体面试。将一定数目的应聘者组成一组(5~7人)，进行一小时左右的与工作有关问题的讨论，讨论过程中不指定谁是领导，也不指定应聘者应坐的位置，让应聘者自行安排。评价者观测应聘者的组织协调能力、口头表达能力、辩论的能力等各方面的能力和素质是否达到拟任岗位的要求，以及自信程度、进取心、情绪的稳定性、反应的灵活性等个性特点是否符合拟任岗位的团体气氛，由此对应聘者进行综合评价。

2. 公文筐

公文筐也称公文处理测验，是指将应聘者置于特定职位或管理岗位的模拟环境中，由面试者提供一批该岗位经常处理的、排列杂乱的文件，要求应聘者在一定时间内和规定条件下处理完毕，并以口头或书面方式解释、说明这样处理的原则和理由，公文包括文件、备忘录、电话记录、上级指示、调查报告、请示报告等。公文筐主要考察应聘者是否能正确区分事情的轻重缓急，是否能适当请示上级或授权下属。

3. 角色扮演

角色扮演是用于测评人际关系处理能力的情景模拟活动。评价者设置一系列尖锐的人际矛盾与人际冲突,要求应聘者扮演某一角色并进入模拟情景,去处理各种问题和矛盾。评价者通过对应聘者在模拟情景中表现出来的行为进行观察和记录,测评其素质和潜能,以及应聘者在模拟情景中的行为表现与组织预期的行为模式、拟任职位规范之间的吻合程度,来预测应聘者的个性特征与工作情景间的匹配度。

4. 管理游戏

管理游戏是一种以完成某项实际任务为目的的团队模拟活动,通常采用小组形式进行,数名应聘者组成一个小组,基于给定的材料、工具共同完成一项任务,并在任务结束后就某一主题进行讨论和交流。在完成任务的过程中,每个小组成员被分配一定的任务,甚至还规定了小组成员的角色,不同的角色权限不同,但不管处于什么角色,所有成员要通力合作才能完成任务。在完成任务的过程中,测评者通过观察应聘者的行为表现,对预先设计好的某些能力与素质指标进行评价。

5. 即席发言

即席发言是指给应聘者一个题目,让应聘者稍做准备后按题目要求进行发言,以便了解其心理素质和潜在能力。即席发言主要了解应聘者快速思维反应能力、理解能力、思维的发散性、语言的表达能力、言谈举止、风度气质等。

二、人员的录用

一系列的应聘人员甄选工作完成后,要做出人员的录用决定。在正式发出录用通知前,需要进行录用人员的背景调查,然后发出人员录用通知书,办理入职手续。

(一) 背景调查

1. 背景调查的时间

背景调查一般安排在通过面试后、决定正式录用前。个别企业还会根据实际情况将其安排在试用期间进行,但在员工正式上岗前必须完成。

2. 背景调查的执行者

背景调查的执行者一般为企业的人力资源部门或行政管理部门。背景调查的咨询对象有三类:第一类是学籍管理部门;第二类是被调查者原雇主的人力资源部门或其上司、同事、下属;第三类为档案管理部门。

3. 背景调查的方式

背景调查的方式有证明信、电话调查、信函调查、上门调查、非正式调查等。凡是涉及企业的人、财、物以及核心机密等岗位的人员,原则上应该采用电话、信函或上门调查等方式提取背景信息。对于一般员工,至少应该提供最近一家雇主的证明材料。

4. 背景调查的内容

(1) 学历调查:目前大学毕业证书已经可以在互联网上查询,这为招聘单位进行背景调查提供了便利条件。

(2) 个人资质：工作单位、辞职原因、家庭住址、成长经历、品行、家庭状况等。

(3) 工作经历：对应聘者过去的工作经历进行调查，了解其受聘时间、职位和职责、离职原因、薪酬、成就、主要能力等。对于应聘者的工作经历来说，最好的了解渠道就是应聘者过去的雇主、同事及客户。

(4) 档案记录：主要调查应聘者过去是否有过违法或者违纪等不良行为。

5. 背景调查的注意事项

(1) 信息的真实性：不要只听信被调查者或者某一个渠道来源的信息，应该从多个不同的信息渠道去验证信息。

(2) 调查的技巧：如果一个应聘者还没有离开原来的工作单位，那么在向他的雇主做背景调查时应该注意技巧，以免给应聘者造成不利的影响。

(3) 关注点：应将调查集中在与应聘者未来工作有关的信息上，而不是泛泛调查。

(4) 执行人员：对于高层管理人员的背景调查，如CEO、CFO、CTO、CHO等职位，可以委托专业的调查机构进行调查，毕竟他们有着更广泛的渠道和更专业的技巧。

(5) 人性化原则：调查前，应征得应聘者的同意，取得应聘者的理解与配合。

(二) 录用通知书

录用通知书中除包括录用信息外，还需包括员工的报到时间、地点、报到时需提交的各类证件等内容。

🎓 【录用通知书范例】

录用通知书

尊敬的＿＿＿先生/女士：

您应聘本公司＿＿＿职位一事，经复核审议，决定录用。请于20＿＿年＿＿月＿＿日上午＿＿＿时之前携带下列证件、资料到本公司人力资源部报到。

(1) 身份证原件；

(2) 毕业证书、学位证书原件，其他与工作相关的资质证明；

(3) 区、市级以上医院体检证明。

报到后，本公司会组织专门的职前介绍和短期培训，使您在本公司工作期间感到愉快。如果您有疑惑或困难，请与人力资源部联系。电话：0086—××××××；联系人：××。

××公司人力资源部(公章)

20××年×月×日

(三) 入职手续

新员工到公司报到时，需要履行相应的入职手续，其中包括：提交身份证、学历证明、职称证书等的复印件；填写员工档案；签订劳动合同；参加新员工培训等。

1. 填写员工档案

新员工报到后须填写纸质员工档案，并建立员工电子信息档案，目的是使人力资源部门全面掌握新员工的个人信息，重点记录员工所接受的教育和相关培训、个人所具备的技能、个人的职业发展意向等。

2. 签订劳动合同

在员工入职的同时，企业必须与员工签订劳动合同。约定的试用期应包括在劳动合同期中，试用期的长短应根据合同期限的长短而定。劳动合同期限在6个月以下的，试用期不得超过15天；劳动合同期限在6个月以上1年以下的，试用期不得超过30天；劳动合同期限在1年以上2年以下的，试用期不得超过60天；劳动合同期限在2年以上的，试用期不得超过6个月。

试用期是用人单位与劳动者建立劳动关系后为相互了解、选择而约定的考察期。在试用期内，劳动者若被证明不符合录用条件，用人单位可以随时解除合同；而劳动者在试用期内若认为用人单位的工作不适合自己，也可随时解除合同。

3. 新员工培训

1）认知培训

认知培训主要包括企业概况、企业主要管理者介绍、企业制度、员工守则、企业文化宣讲等内容，方式多为集中培训，一般由公司的管理者和人力资源部门主讲。认知培训主要是帮助新员工全面且准确地认识企业、了解企业，从而尽快找准自己在企业中的定位。

2）职业培训

职业培训是为了帮助新员工尤其是刚走出校门的毕业生更快地完成角色转换，成为一名职业化的工作人员。职业培训的内容主要包括社交礼仪、人际关系、沟通与谈判、科学的工作方法、职业生涯规划、压力管理与情绪控制、团队合作技能等，方式多为集中培训。

需要注意的是，职业培训的形式一定要多样化，不宜用宣讲式，应尽可能采用互动式，让新员工在互动的过程中领悟所学的知识，这样才能在以后的工作中运用自如。职业培训结束时应进行考核，最好采用开放式的考核方式，如培训总结或者情景模拟等。

3）技能培训

技能培训主要是结合新员工即将上任的工作岗位而进行的专业技能培训，如师徒制培训。技能培训有两种模式：一是集中培训，即将岗位技能要求相同或相似的新员工集中起来进行培训，这样可以扩大技能的传播范围，节约培训成本，但沟通难以深入，并且要达到一定的人数；二是分散式培训，即由技能熟练的老员工对相应岗位的新员工进行指导，并确定指导责任制，一名老员工可以指导一名或多名新员工。如果将这两种培训模式结合起来运用，则技能培训的效果会更好。

第五节 招聘评估

一、招聘评估的含义和标准

(一) 招聘评估的含义

招聘评估是在完成招聘流程中各阶段工作的基础上，对整个招聘活动的过程及结果进行评价和总结，检查是否达到预期的招聘目的。

(二) 招聘评估的标准

一次招聘活动成功与否，至少要从以下五个标准来判断。

(1) 准确性。从所选用测评工具的测试内容、合理程度及其与工作性质吻合的程度来判断招聘的准确性，要求负责招聘的人员必须真正了解空缺职位的岗位要求。

(2) 可靠性。即评价结果应客观反映应聘者的实际情况，这主要取决于选拔方法的效度。

(3) 客观性。即不受主观因素的影响，对应聘者进行客观的评价。

(4) 全面性。即测评内容是否具有完整性，能否全面反映招聘岗位所需的各项要求。

(5) 适合性。即录用人员与企业需求是否匹配。

二、招聘评估的作用

招聘评估是招聘过程中必不可少的一个环节，有利于提高招聘绩效。具体来讲，招聘评估的作用主要表现在以下五个方面。

(1) 有利于检验工作分析的有效性。

(2) 有利于检验招聘计划的有效性。将招聘完成率、招聘成本效益评估、录用人员质量评估等指标结合起来进行分析，可以检验招聘计划的有效性。

(3) 有利于提高招聘工作质量。对招聘工作进行评估有利于评估招聘渠道的吸引力和有效性，有助于改进招聘的筛选方法、评估测评结果的准确度，从而提高整体招聘工作的绩效，提高新聘员工的质量，避免招聘工作的短视性，从而有利于合理配置企业资源。

(4) 有利于正确评价招聘人员的工作业绩，调动其积极性。

(5) 有利于降低招聘费用。

三、招聘结果的成效评估

(一) 招聘的成本效益评估

1. 招聘成本

招聘成本包括在招聘过程中的招募、选拔、录用、新员工安置以及适应性培训等各环节发生的费用。

1) 招募成本

招募成本是为吸引和确定企业所需内外人力资源而发生的费用，主要包括招募人员的直接劳务费用(如工资与福利等)、直接业务费用(如参加招聘洽谈会的费用、差旅费、招聘代理费、专家咨询费、广告费、宣传材料费、办公费、水电费等)、间接管理费用(如行政管理费、临时场地及设备使用费)、预付费用等。

招募成本=直接劳务费用+直接业务费用+间接管理费用+预付费用

2) 选拔成本

选拔成本由对应聘人员进行鉴别选择到做出录用决策的过程中所支付的费用构成。一般情况下，选拔成本主要发生在以下几个环节的工作过程中：初步口头面试，进行人员初选；应聘者填写求职申请表，并汇总应聘者资料；进行各种书面知识测试与心理测验；进行诊断面试；内部选拔人员现有工作情况调查，提出评价意见；根据应聘者的资料、知识测试成绩与心理测验结果、面试中的表现、调查评价意见等，召集相关人员讨论录用人选；对录用人员进行背景调查，获取有关证明材料；通知背景调查合格者体检，向体检合格者通知录用信息。以上每一个环节所发生的选拔费用不同，其成本的计算方法也不同。

3) 录用成本

录用成本是指经过招募、选拔后，把合适的人员录用到企业中所发生的费用。录用成本包括录取手续费、调动补偿费、搬迁费和旅途补助费等由录用引起的有关费用，这些费用一般都是直接费用。

一般来讲，被录用者职位越高，录用成本也就越高。从企业内部录用员工仅是工作调动，一般不会再发生录用成本。可利用下列公式计算录用成本：

录用成本=录取手续费+调动补偿费+搬迁费+旅途补助费+离职补偿金+违约补偿金

4) 安置成本

安置成本是将已录取员工安置到具体的工作岗位上时所发生的费用。安置成本由为安排新员工的工作所必须发生的各种行政管理费用、为新员工提供工作所需要的装备费用、欢迎新员工入职的相关费用，以及录用部门因安置人员所损失的时间成本构成。被录用者职位的高低对安置成本的高低有一定的影响。

安置成本=各种安置行政管理费用+欢迎费用+必要装备费用+安置人员时间损失成本

5) 离职成本与重置成本

虽然招聘成本是招聘过程中实际发生的各种费用，但招聘工作只是整个人力资源管理工作的起点，招聘工作质量的高低直接影响员工的质量及稳定性。因此，招聘成本也应包括因招聘不慎造成员工离职从而给企业带来的损失，即离职成本，以及重新再招聘时所花费的费用，即重置成本。

员工离职成本可以分为直接成本和间接成本两部分，直接成本是指那些通过检查记录和准确估计，所花费的时间和资源可以被量化的成本。员工离职的间接成本要比直接成本高得多。研究表明，80%的员工离职成本都是间接成本。

除了招聘成本以外，我们通常还需要关注招聘的单位成本。招聘的单位成本是招聘成本与实际录用人数之比。

2. 招聘成本评估

招聘成本评估是指对招聘中的费用进行调查、核实，并对照预算进行评价的过程。招聘成本是鉴定招聘效率的一个重要指标，招聘成本评估包括招聘预算和招聘核算两部分。

3. 招聘成本效用评估

招聘成本效用评估是对招聘成本所产生的效果进行的分析，主要包括招聘总成效分析、招募成效分析、人员选拔成效分析、人员录用成效分析等。

总成本效用的计算公式为

$$总成本效用 = \frac{录用人数}{招聘总成本}$$

总成本效用说明实际录用人数与招聘费用之间的关系。

招募成本效用的计算公式为

$$招募成本效用 = \frac{应聘人数}{招募期间的费用}$$

招聘成本效用说明招募期间的费用支出对于吸引应聘者的效用。

选拔成本效用的计算公式为

$$选拔成本效用 = \frac{被选中人数}{选拔期间的费用}$$

选拔成本效用说明选拔过程中资金使用的效率。

人员录用效用的计算公式为

$$人员录用效用 = \frac{正式录用的人数}{录用期间的费用}$$

人员录用效用说明录用期间资金的使用效率。

4. 招聘收益评估

招聘工作投入了资金，对其进行产出评价应该包括投资效益的量化考核。一般来说，新员工充实到企业后，招聘工作基本结束，但从长远来看，招聘是个具有延续性的工作。新员工入职后，不仅应能够完成基本的工作，为组织创造出预期的收益，同时随着新员工创造性潜力的发挥，还要能够创造出更多的新价值。

企业招聘投资收益包括新员工为企业带来的直接经济利益、企业产品质量改善、市场份额的增长、市场竞争力的提高，以及未来支出的减少等各方面。另外，招聘广告除了能吸引符合要求的求职者，也能引起部分消费者的关注，因此，计算招聘投资效益时，有必要将广告的效应加以考虑。

招聘收益评估内容主要包括招聘投资收益、招聘收益/成本比、留职n年(n=1，2，3…)或n年以上新员工的数量或百分比、业绩优良的新员工的数量或百分比、新员工晋升的百分比、推荐的候选人中被录用而且业绩突出的员工比例和招聘渠道的效益评估。

(二) 录用人员评估

录用人员评估就是根据组织招聘计划和招聘岗位的工作分析，对所录用人员的质量、数量和结构进行评价的过程。招聘工作结束后，对录用人员进行评估是一项十分重要的工作，只有在招聘成本较低，同时录用人员数量充足且质量较好时，才说明招聘工作的效率高。

1. 录用人员数量评估

应聘者比率的计算公式为

$$应聘比 = \frac{应聘人数}{计划招聘人数} \times 100\%$$

某职位的选择率的计算公式为

$$某职位的选择率 = \frac{某职位招聘的人数}{申请该职位的人数} \times 100\%$$

某职位的选择率是衡量企业对人员选择的严格程度和人员报名踊跃程度的一个指标。

录用比的计算公式为

$$录用比 = \frac{录用人数}{应聘人数} \times 100\%$$

招聘完成率的计算公式为

$$招聘完成率 = \frac{录用人数}{计划招聘人数} \times 100\%$$

招聘完成率说明新员工招聘计划的完成情况。

2. 录用人员质量评估

除了运用以上各个指标来进行录用人员数量评估外，也可以根据招聘的要求或工作分析中的要求对录用人员进行等级排列以进行录用人员质量评估。员工录用质量比是以应聘岗位的工作分析文件为基准设置的分数等级，通常以此来考察员工录用的质量。

四、招聘方法的成效评估

(一) 招聘的信度评估

信度主要是指测试结果的可靠性或一致性。应聘者多次接受同一测验或有关测验时，若其结果相同或相近，则认为该测验的可靠性较高。

通常用于招聘方法成效评估的信度主要有重测信度、复本信度、内在一致性信度和评分者信度。

1. 重测信度

重测信度又称稳定信度，是指用同一种测试方法对一组应聘者在两个不同时间进行测试的结果的一致性。两次结果之间的相关系数可以确定一致性程度，其系数高低不仅与测试方法本身有关，还与测试因素有关。

2. 复本信度

复本信度又称等值信度，是指对同一应聘者使用两种内容、结构、难度等方面相当的测试结果的一致性。

3. 内在一致性信度

内在一致性信度是指把同一(组)应聘者进行的同一测试分为若干部分加以考察，各部分所得结果的一致性。内在一致性信度可用各部分结果之间的相关系数来判别。

4. 评分者信度

评分者信度是指不同评分者对同一对象进行评定时的一致性。例如，如果许多人在面试中使用一种工具，给同一求职者打分，他们都给候选人相同或相近的分数，则这种工具具有较高的评分者信度。

(二) 招聘的效度评估

效度是指测评方法的有效性或精确性。在人员选拔过程中，有效的测验是指实际测得的应聘者特征与想要测的特征符合程度高，其结果应该能够正确地预计应聘者将来的工作成绩，即选拔结果是与今后的工作绩效密切相关的。

通常用于招聘方法成效评估的效度主要有预测效度、内容效度、同测效度和构想效度。

1. 预测效度

预测效度是指测试用来预测将来行为的有效性。在人员选拔过程中，预测效度是评价选拔方法是否有效的一个常用指标。

2. 内容效度

内容效度是指测试是否代表了工作绩效的某些重要因素。进行内容效度评估时，主要考虑所用的方法是否与想测试的特性有关。内容效度评价适用于知识测试与实际技能测试，而不适用于对能力和潜力的测试。

3. 同测效度

同测效度是指对现有员工实施某种测试，然后将测试结果与员工的实际工作绩效考核得分进行比较，若两者的相关系数很大，则说明这种测试效度较高。

4. 构想效度

构想效度是指能够测量到理论上的构想或特质的程度。构想通常是一些抽象的、假设性的概念或特质，如智力、创造力、语言流畅性、焦虑等，这些构想往往无法直接观察，但是都有其心理上的理论基础和客观现实性，可以通过各种可观察的材料加以确定。例如，员工满意度可以通过员工对报酬、对同事、对工作内容、对成长晋升等态度的肯定程度表现出来。构想效度关心的是能否正确反映理论构想的特性。

五、招聘工作总结

招聘工作总结一般是在招聘工作结束后，对整个招聘工作进行记录并进行相应的分析。该阶段主要通过撰写总结报告，来对招聘工作的全过程进行记录和经验总结，并对招聘活动的结果、经费支出等进行评定，主要内容有招聘计划、招聘进程、招聘结果、招聘经费、招聘评定。

撰写招聘工作总结应注意以下几点。

(1) 遵循真实客观原则。真实、客观地记录招聘的全过程，不掩盖缺点和不足，不夸大成绩。

(2) 由招聘主要负责人亲自撰写。

(3) 明确指出成功之处和不足之处。对取得的成绩和不足之处做出客观的评价，有利于以后招聘工作的开展和工作效率的进一步提高。

本 章 小 结

招聘是指在企业总体发展战略的指导下，制订相应的职位空缺计划，并决定如何寻找合适的人员来填补这些职位空缺的过程。

招聘工作对整个人力资源管理工作有着举足轻重的影响。

招聘的原则包括职务分析原则、效率优先原则、公开原则、全面考核原则、平等原则、择优原则、能级对应原则及合法原则。

招聘的程序包括制订招聘计划、招募、选拔、录用及招聘评价。

招聘的渠道包括内部招聘与外部招聘，各有其优缺点。

员工甄选的方法有简历筛选、笔试、面试、心理测试、评价中心技术。人员的录用包括进行员工背景调查、发出录用通知书、办理相应的入职手续。

招聘评估是在完成招聘流程中各阶段工作的基础上，对整个招聘活动的过程及结果进行评价和总结，检查是否达到预期的招聘目的。

习　题

一、单选题

1. (　　)是指专门为企业招聘中高级管理人员或重要的专门人员提供服务的就业机构。
   - A. 高级就业服务机构
   - B. 人才交流中心
   - C. 外企服务公司
   - D. 猎头公司

2. 招聘成本评估是衡量(　　)的一个重要指标。
   - A. 招聘效率
   - B. 招聘数量
   - C. 招聘质量
   - D. 招聘方法

3. 下列各项中，不属于内部招聘方法的是(　　)。
   - A. 工作轮换
   - B. 工作告示
   - C. 校园招聘
   - D. 人才库和继任计划

4. 招聘活动要以人力资源的(　　)职能为依据。
   - A. 薪酬管理
   - B. 工作分析
   - C. 员工关系管理
   - D. 绩效管理

5. 测量结果达到的可靠性或者一致性被称为测试的(　　)。
   - A. 信度
   - B. 效度
   - C. 关联度
   - D. 有效性

6. 测试中表现出来的能预测未来工作绩效的程度被称为测试的(　　)。
   - A. 信度
   - B. 一致性
   - C. 关联度
   - D. 效度

7. 笔试不具备的优点是(　　)。
   - A. 可以大规模地进行评价
   - B. 成绩评定较为客观
   - C. 评价成本较低
   - D. 适用于各类能力的考评

8. 在招聘员工时，(　　)是一项重要的考虑因素。
   - A. 工作经历
   - B. 个人特点
   - C. 身高
   - D. 外貌

9. 一般来说，(　　)岗位更适合从内部招聘。
   - A. 行政类
   - B. 技术类
   - C. 生产类
   - D. 营销类

10. 企业招聘员工常用的方法是(　　)。
    - A. 笔试
    - B. 面试
    - C. 背景调查
    - D. 情景模拟

11. 简历筛选不包括对应聘者(　　)是否符合岗位要求的一种资格审查。
    - A. 工作经历
    - B. 教育背景
    - C. 职业发展规划
    - D. 能力和经验

二、多选题

1. 下列各项中，属于内部招聘方法的有( )。
   A. 工作轮换　　　　　　　　　　B. 工作告示
   C. 校园招聘　　　　　　　　　　D. 人才库和继任计划

2. 笔试的优点包括( )。
   A. 可以大规模地进行评价　　　　B. 成绩评定较为客观
   C. 应聘者心理压力比较小　　　　D. 适用于各类能力的考评

3. 与外部招聘相比，内部招聘具有的优点包括( )。
   A. 招聘成本低　　　　　　　　　B. 有利于培养员工的忠诚度
   C. 有利于招聘到高质量的人员　　D. 有利于激励员工、鼓舞士气

4. 面试中的提问技巧包括( )。
   A. 递进提问　　　　　　　　　　B. 比较式提问
   C. 举例提问　　　　　　　　　　D. 主观评价提问

5. 招聘的评估标准包括( )。
   A. 多样性　　　　B. 可靠性　　　　C. 准确性　　　　D. 客观性

三、判断题

1. 面试中较多采用的是封闭式提问，让应聘者多讲，然后面试者注意聆听。( )

2. 评价中心技术是一种综合性的人员测评方法，被认为是一种针对高级管理人员的最有效的测评方法。( )

3. 小组面试可从多种角度对应聘者进行考察，以提高面试结果的准确性，避免个人偏见。( )

4. 测量结果达到的可靠性或者一致性被称为测试的效度。( )

5. 招聘广告是补充各种工作岗位都可以使用的吸引应聘者的方法，应用最为普遍。( )

6. 招聘评价只包括招聘收益和成本的评价。( )

7. 面试是员工招聘过程中非常重要的、不可或缺的一步。( )

四、名词解释

1. 招聘　　2. 心理测试　　3. 招聘评估　　4. 重测信度　　5. 构想效度

五、简答题

1. 招聘对人力资源管理的作用是什么？

2. 简述招聘的程序。

3. 招聘计划包括哪些内容？

4. 如何进行简历筛选？

5. 如何进行面试？面试的种类有哪些？
6. 招聘方法的成效评估包括哪些内容？

六、实操题

1. 请同学们4人为一组，通过课下拜访生产经营类企业，了解该企业的基本情况及各岗位情况，为该企业的两个关键岗位组织对外招聘工作。要求：
(1) 对企业进行介绍；
(2) 总结两个关键岗位的工作说明书；
(3) 编写为这两个岗位进行招聘的招聘计划。
2. 物业公司要招聘物业管家若干人，请你设计一个以无领导小组讨论为测试方法的面试活动。

案例分析

A化学公司是一家跨国企业，主要以研制、生产、销售医药和农药为主。随着生产业务的扩大，为了对生产部门的人力资源进行更为有效的管理和开发，2016年年初，分公司总经理决定在生产部门设立一个处理人事事务的职位，来协调生产部与人力资源部的工作，希望通过外部招聘的方式寻找人才。此项工作由人力资源部门经理建华和生产部门经理于欣负责。人力资源部经理建华开始一系列工作，在招聘渠道的选择上，设计了两个方案：一个方案是在本行业专业媒体中做专业人员招聘，费用为3 500元，好处是对口的人才比例会高，招聘成本低；不利条件是对企业的宣传力度小。另一个方案是在大众媒体上招聘，费用为8 500元，好处是对企业的宣传力度大，不利条件是非专业人才的比例高，前期筛选工作量大，招聘成本高。初步选用第一个方案，总经理看过招聘计划后，认为公司在大陆地区处于初级发展阶段，不应放过任何一个宣传企业的机会，于是选择了第二个方案。招聘广告刊登的内容如下。

您的就业机会在A化学公司。为您提供的职位是充满希望、发展迅速的新兴行业的生产部人力资源主管，负责生产部和人力资源部两部门的协调工作。有意者请把简历寄到A化学公司人力资源部。

在一周的时间里，人力资源部收到了800多份简历，建华和人力资源部的人员在800多份简历中筛选出70份有效简历，经筛选后留下5人。他来到生产部经理于欣的办公室，将简历交给了于欣经理，于欣经筛选后认为可从两人中做选择——李楚和王志勇。他们将所了解的两人资料对比如下。

李楚，男，企业管理学士学位，32岁，有8年一般人事管理及生产经验，在此之前有两份工作，均有良好的表现，可录用。

王志勇，男，企业管理学士学位，32岁，有7年人事管理和生产经验，以前曾在两个单位工作过，第一位主管评价很好，没有第二位主管的评价资料，可录用。

从以上的资料可以看出，李楚和王志勇的基本资料相当，但值得注意的是，王志勇在招聘过程中没有提到上一个公司主管的评价，公司通知两人一周后给消息。在此期间，李楚在静等佳音；王志勇打了几次电话给人力资源部经理建华，第一次表示感谢，第二次表示非常想得到这份工作。生产部经理于欣在反复考虑后，来到人力资源部，与建华商谈何人可录用，建华说："两位看起来都不错，你认为哪一个更合适？"于欣说："两位的资格都合格，唯一存在的问题是王志勇的第二家公司主管给的资料太少，但是虽然如此，我也看不出他有何不好的背景，你的意见呢？"建华说："很好，于经理，显然我们对王志勇的面谈表现都有很好的印象。人嘛，有点圆滑，但我想，会很容易与他人共事，相信在以后的工作中，不会出现大的问题。"于欣说："既然他将与你共事，当然由你做出决定。"于是最后决定录用王志勇。王志勇来到公司工作六个月，在工作期间，经观察发现，王志勇的工作表现不如期望的好，指定的工作也经常不能按时完成，有时甚至表现出不胜任其工作的行为，所以引起管理层的抱怨。显然，他不合适该职位，必须加以处理。

然而，王志勇也很委屈，来公司工作一段时间，招聘所描述的公司环境和各方面情况与实际情况并不一样，原来谈好的薪酬待遇在进入公司后又有所减少，工作的性质和面试时所描述的也有所不同，也没有正规的工作说明书作为岗位工作的基本依据。

问题：

1. 这次招聘效果不好的原因有哪些？
2. 你认为应如何改进这次招聘活动？

第五章

职业生涯管理

【导读】

职业生涯管理又称职业管理，是对职业生涯的设计与开发的过程。开展职业生涯管理工作可以满足员工和企业双方的需要，对员工个人和企业均具有重要的意义。国内外均有职业生涯管理的相关理论，国外比较有代表性的理论有职业选择理论和职业生涯阶段理论，国内职业生涯管理理论包括四阶段理论与五阶段理论，这些理论均对职业生涯的管理与规划具有指导作用。影响职业生涯的因素包括内在因素与外在因素。员工职业生涯规划的内容与步骤包括自我认知、环境认知、职业生涯目标设定与路线的选择、制订实现职业生涯目标的行动计划、职业生涯策略的实施，以及对职业生涯规划的评估、反馈与调整。个人职业生涯开发应从两方面入手，即自我要素开发和社会资本开发。组织职业生涯管理包括职业生涯发展阶段管理、职业生涯发展通道设计与管理、加强职业指导与素质测评、实施职业培训、建立职业生涯管理评价系统和完善人力资源管理体系。

【学习目标】

了解职业生涯管理的意义与特点；掌握职业生涯管理的相关理论；了解影响职业生涯的因素；掌握职业生涯规划的内容与步骤；掌握个人职业生涯开发的方法；掌握组织职业生涯管理的内容。

【学习难点】

职业生涯管理的相关理论；员工职业生涯规划的内容与步骤；组织职业生涯管理内容。

【教学建议】

第一节以课堂讲授为主；第二节以课堂讲授为主，结合实际案例进行分析；第三节以学生讨论学习为主；第四节、第五节以课堂讲授为主，并引导学生讨论学习。

第一节 职业生涯管理概述

一、职业生涯管理的相关概念

(一) 职业的含义及分类

1. 职业的含义

在现代社会中，"职业"是人们经常运用的一个词语，不同学派的专家和学者从不同角度、不同侧面对职业的内涵进行了不同的界定，比较有代表性的是社会学家和经济学家的观点。综合国内外专家对"职业"的理解，我们认为，职业是指人们在社会生活中所从事的以获得物质报酬作为自己主要生活来源，并能满足自己精神需求的、在社会分工中具有专门技能的工作。职业是人类文明进步、经济发展以及社会劳动分工的结果。

2. 职业的分类

职业分类是指特定的国家采用一定的标准和方法，依据一定的分类原则，针对从业人员所从事的各种专门化的社会职业，按照活动的性质、对象、内容、形式、功用和结果进行全面、系统的划分与归类。

由于各国经济发展水平不同、历史和国情不同，职业分类的具体情况也不相同。

1) 国外对职业的分类

(1) 按脑力劳动和体力劳动的性质、层次进行分类，分为白领工作人员和蓝领工作人员两大类。

(2) 按人格类型进行分类。美国著名的职业指导专家霍兰德提出人格—职业匹配理论，把人格类型划分为六种，即实际型、研究型、艺术型、社会型、企业型和常规型，与其相对应的是六种职业。

(3) 依据各种职业的主要职责或从事的工作进行分类。这种分类方法较为普遍。

2) 我国对职业的分类

1999年5月，由劳动和社会保障部、国家质量技术监督局、国家统计局联合组织编制的《中华人民共和国职业分类大典》将我国职业归为8个大类、66个中类、413个小类、1 833个细类(职业)。8个大类分别如下。

第一大类：国家机关、党群组织、企业、事业单位负责人，其中包括5个中类、16个小类、25个细类。

第二大类：专业技术人员，其中包括14个中类、115个小类、379个细类。

第三大类：办事人员和有关人员，其中包括4个中类、12个小类、45个细类。

第四大类：商业、服务业人员，其中包括8个中类、43个小类、147个细类。

第五大类：农、林、牧、渔、水利业生产人员，其中包括6个中类、30个小类、121个细类。

第六大类：生产、运输设备操作人员及有关人员，其中包括27个中类、195个小类、1 119个细类。

第七大类：军人，其中包括1个中类、1个小类、1个细类。

第八大类：不便分类的其他从业人员，其中包括1个中类、1个小类、1个细类。

(二) 职业生涯的含义及特性

1.职业生涯的含义

中西方学者对职业生涯的认识与研究由来已久，学者们对这一概念有不同的解释。我国学者吴国存将职业生涯分为狭义的职业生涯和广义的职业生涯。从个体生命空间意义上考察，狭义的职业生涯是指一个人从职业学习开始，至职业劳动结束，包括整个人生职业工作经历，即将职业生涯限定于直接从事职业工作的这段生命时光，起始于任职前的职业学习和培训。广义的职业生涯是指从职业能力的获得、职业兴趣的培养、选择职业、就职，直至最后完全退出职业劳动这样一个完整的职业发展过程，起始于人的出生。职业生涯是一个动态过程，不仅反映人们参加工作时间的长短，同时也涵盖了人们职业的发展、变更的历程和过程，但并不包括在职业上成功与失败或者进步快与慢的含义。

2. 职业生涯的特性

职业生涯具有以下特性。

(1) 独特性。职业生涯是个体的概念，指个体的行为经历是与其他人有区别的。

(2) 发展性。职业生涯是个动态的、发展的过程，是一个具有逻辑性的过程。

(3) 阶段性。职业生涯发展过程有着不同的阶段，各阶段有不同的目标和任务，职业生涯各阶段之间具有递进性。

(4) 终生性。职业生涯是一个人一生中的全部工作经历或历程。

(5) 互动性。个体的职业生涯是个人与他人、个人与环境、个人与社会互动的结果。

(三) 职业期望

职业期望又称职业意向，是员工对某项职业的向往，也就是希望自己从事某项职业的态度倾向。职业期望直接反映每个人的职业价值观。每种职业有各自的特性，不同人对职业特性可能有不同的评价和取向，这就是所谓的职业价值观。

(四) 职业选择

职业选择是指员工依照自己的职业期望和兴趣，凭借自身能力挑选职业，使自身能力、素质和职业需求特征相符合的过程。职业选择与职业期望有密切的联系，职业期望得以实现，职业选择是第一步。

(五) 职业生涯管理

职业生涯管理又称职业管理，是对职业生涯进行设计与开发的过程。职业生涯管理需要从个人和组织两个不同的角度进行。从个人角度来讲，职业生涯管理就是一个人对自己所要从事的职业、要加入的组织、在职业发展上要达到的高度等做出规划和设计，并为实现自己的职业目标而积累知识、开发技能的过程。个人的职业生涯管理一般通过选择职业、选择组织、选择工作岗位，以及在工作中技能得以提高、职位得到晋升、才干得到发挥等来实现；从组织角度来讲，职业生涯管理是指对员工所从事的职业进行的一系列计划、组织、领导和控制的管理活动，以实现组织目标和个人发展的有机结合。

二、职业生涯管理的意义

现代社会中，职业生涯跨越人生中精力最充沛、知识经验日臻丰富和完善的几十年，职业成为绝大多数人生活的重要组成部分。职业不仅提供了个人谋生的手段，而且创造了迎接挑战、实现自我价值的大好机会和广阔空间。企业也越来越认识到，人是最重要的资源。一方面，企业想方设法保持员工的稳定性和积极性，不断提高员工的业务技能以创造更好的经济效益；另一方面，企业又希望能吸纳具有新知识、新观念的员工以适应外界环境的变化，保持企业的活力和竞争力。开展职业生涯管理工作是满足员工与企业双方需要的最佳方式。

(一) 对员工个人的意义

对员工个人而言，职业生涯管理的意义与重要性主要体现在以下三个方面。

(1) 职业生涯管理可以增强员工对职业环境的把握能力和对职业困境的控制能力。对员工的职业生涯进行开发、管理与规划，不仅可以使员工个人了解自身的长处和短处，养成对环境和工作目标进行分析的习惯，又可以使员工合理计划、安排时间和精力开展学习和培训，以完成工作任务，提高职业技能。这些活动的开展都有利于强化员工对职业环境的把握能力和对职业困境的控制能力。

(2) 职业生涯管理可以帮助员工协调好职业生活与家庭生活的关系，更好地实现人生目标。良好的职业规划和职业生涯管理工作可以帮助员工从更长远的角度看待职业中的各种问题和选择，将工作和生活结合在一起，相互联系，共同服务于职业目标，使职业生活更加充实和富有成效。同时，职业生涯管理能帮助员工综合地平衡职业与个人追求、家庭目标等其他生活目标的关系，避免顾此失彼、左右为难的窘境。

(3) 职业生涯管理可以使员工实现自我价值的不断提升和超越。员工寻求职业的最初目的可能仅仅是找一份可以养家糊口的差事，进而追求的可能是财富、地位和名望。职业规划和职业生涯管理对职业目标的多次提炼可以逐步使员工工作的目的超越财富和地位，追求更高层次的自我价值实现的成就感和满足感。因此，职业生涯管理可以激发促使人们努力工作的最本质动力，升华成功的意义。

(二) 对组织的意义

对组织而言，职业生涯管理也同样具有深远的意义，主要体现在以下三个方面。

(1) 职业生涯管理可以帮助组织了解组织内部员工的现状、需求、能力及目标，调和它们与存在于企业现实和未来的职业机会与挑战间的矛盾。职业生涯管理的主要任务就是帮助组织和员工了解职业方面的需要和变化，帮助员工克服困难、提高技能，实现企业和员工的发展目标。

(2) 职业生涯管理可以帮助组织更加合理、有效地利用人力资源。合理的组织结构、组织目标和激励机制都有利于人力资源的开发和利用。与薪水、奖金、待遇、地位和荣誉的单纯激励相比，切实针对员工深层次职业需要的职业生涯管理具有更有效的激励作用，同时能进一步开发人力资源的职业价值。而且，职业生涯管理是针对组织和员工的特点"量身定做"的，与一般奖惩激励措施相比具有较强的独特性和排他性。

(3) 职业生涯管理可以为员工提供平等的就业机会，对促进企业持续发展具有重要意义。职业生涯管理考虑了员工的不同特点和需要，并据此设计不同的职业发展途径和道路，以利于不同类型员工在职业中扬长避短。在职业生涯管理中，年龄、学历、性别的差异不会造成歧视，而是代表不同的发展方向和途径，这就为员工在组织中提供了更为平等的就业和发展机会。因此，职业生涯管理的深入实施有利于组织人力资源水平的稳定和提高。尽管员工可以流动，但通过开展职业生涯管理工作可以使全体人员的技能水平得到提高，使全体人员的创造性、主动性和积极性保持稳定，甚至得到提升，这对于促进组织的持续发展具有至关重要的作用。

三、职业生涯管理的特点

(一) 职业生涯管理是组织与员工双方的责任

组织和员工都必须承担一定的责任，双方共同完成对职业生涯的管理。在职业生涯管理中，无论是个人或组织都不能过分依赖对方，应各自做好各项工作。

(1) 从员工角度来看，个人职业生涯规划必须由个人决定，要结合自己的性格、兴趣和特长进行设计。

(2) 从组织角度来看，在进行职业生涯管理时，所考虑的因素主要是组织的整体目标，以及所有组织成员的整体职业生涯发展，其目的在于通过对所有员工的职业生涯管理，充分发挥组织成员的集体潜力和效能，最终实现组织发展目标。

(二) 职业生涯管理是一种动态管理

职业生涯管理贯穿员工职业生涯发展的全过程和组织发展的全过程。每个组织成员在职业生涯的不同阶段及组织发展的不同阶段，其发展特征、发展任务以及应注意的问题都是不相同的。每个阶段都有各自的特点、目标和发展重点，所以对每个发展阶段的管理也应有所不同。由于决定职业生涯主客观条件的变化，组织成员的职业生涯管理也会发生相应的变化，职业生涯管理的侧重点也应有所不同。

⊜ 【小故事】

两个和尚

两个和尚分别住在相邻两座山上的庙里,这两座山之间有一条河,两个和尚每天都会在同一时间下山去河边挑水,久而久之便成了朋友。

不知不觉五年过去了,突然有一天左边这座山的和尚没有下山挑水,右边那座山的和尚心想:"他大概睡过头了。"因此就没有在意。

哪知一个星期过去了,左边这座山的和尚还是没有下山挑水。右边那座山的和尚心想:"我的朋友可能生病了,我要过去看望他,看看能帮上什么忙。"

等他看到老友之后,大吃一惊,因为他的老友正在庙前打太极拳,一点儿也不像一个星期没喝水的样子。他好奇地问:"你已经一个星期没下山挑水了,难道你可以不用喝水吗?"朋友带他走到庙的后院,指着一口井说:"这五年来,我每天做完功课都会抽空挖这口井,即使有时很忙,但能挖多少算多少。如今,终于让我挖出了水,我就不必再下山挑水了,可以有更多的时间练我喜欢的太极拳了。"

第二节　职业生涯管理理论

一、职业选择理论

(一) 帕森斯的人职匹配理论

人职匹配理论是指通过了解个人自身的性格特质以及不同职业的需求和类型特征,依据自己的职业期望和兴趣选择个人的职业。

1909年,美国波士顿大学教授帕森斯在其所著的《选择一个职业》一书中提出了一个观点:人与职业的匹配是职业选择的焦点。他认为,每个人都有自己独特的人格模式,每种人格模式都有与其相适应的职业类型,所以人们在选择职业时,应寻求与个人特性相一致的职业。他认为:第一,要了解个人的能力倾向、兴趣爱好、气质、性格特点、价值观、身体状况、资源、限制条件等个人特征;第二,分析不同行业工作性质、要求、工作条件、薪酬水平、发展前景和机会,以获得有关的职业信息;第三,上述两项内容的协调和匹配,即在了解个人特征和职业要求的基础上,选择一种适合个人特点并可获得的职业。

实现人职匹配是人职匹配理论的核心,该理论在职业指导和选择实践中有着深刻的指导意义。

(二) 霍兰德的职业性向理论

约翰·霍兰德是美国约翰·霍普金斯大学心理学教授、美国著名的职业指导专家。他于1959年提出了具有广泛社会影响的职业兴趣理论,认为人的人格类型、兴趣与职业密切相关，兴趣是人们活动的巨大动力，凡是具有职业兴趣的职业，都可以提高人们的积极性，促使人们积极、愉快地从事该职业，且职业兴趣与人格之间存在很高的相关性。霍兰德认为人格可分为实际型、研究型、艺术型、社会型、企业型和常规型六种类型。由于不同类型的人具有不同的人格特点与职业兴趣，从而其选择和匹配的职业类型也不相同，如表5-1所示。

表5-1 人格性向与职业类型对应表

人格性向	人格特点	职业兴趣	职业类型
实际型 (R)	真诚坦率、持久、稳定、讲究实际，愿意使用工具从事操作性工作，动手能力强	各类工程技术工作、农业工作，通常需要一定的体力，需要运用工具、操作机器并采用一定的技巧来完成	机械师、钻井操作工、装配线工人、园艺工人、工程技术人员等
研究型 (I)	良好的分析、创造、推理能力，具有好奇心	愿意选择以认知活动为主要内容的职业	生物学家、人类学家、经济学家、数学家、各类研究人员等
艺术型 (A)	富有想象力、无序、杂乱、理想化、情绪化、不实际、易冲动，直觉性强	各种类型的艺术创作工作	雕刻、音乐、舞蹈、文学家、演员、绘画、编辑等
社会型 (S)	喜欢交际、友善、合群、善解人意	各种直接为他人服务的工作，喜欢参与解决人们共同关心的社会问题	社会工作者、教师、咨询人员、临床心理学家等
企业型 (E)	喜欢冒险、精力充沛、乐观、自信、善于交往，喜欢权力、地位和物质财富	说服别人、影响别人的工作	企业家、房地产经纪人、法官、律师、政治家、各级政府官员等
常规型 (C)	谨慎、顺从、高效、实际、遵守秩序、缺乏想象力、缺乏灵活性，习惯接受他人领导	按部就班、规范、有序、清楚、明确的工作	会计、出纳、银行职员、档案管理员、文秘等

大多数人都并非只有一种性向，比如一个人的性向中很可能同时包含社会性向、实际性向和研究性向三种。霍兰德认为，这些性向越相似，相容性越强，则一个人在选择职业时所面临的内在冲突和犹豫就会越少。为了帮助描述这种情况，霍兰德建议将这六种人格性向分别放在一个正六边形的每一角上，如图5-1所示。

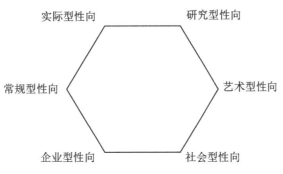

图 5-1 职业性向选择图

员工的工作满意度与流动率取决于个体的人格特点与职业环境的匹配程度。当人格和职业相匹配时，会产生最高的满意度和最低的流动率。例如，社会型的个体应该从事社会型的工作，社会型的工作对实际型的人则可能不合适。这一模型的关键在于：

(1) 个体之间在人格方面存在着本质差异；

(2) 个体具有不同的类型；

(3) 当工作环境与人格类型协调一致时，会产生更高的工作满意度和更低的离职可能性。

(三) 施恩的职业锚理论

美国著名职业指导专家埃德加·施恩首先提出了"职业锚"的概念。他认为，职业生涯发展实际上是一个持续不断的探索过程。在这一过程中，每个人在根据自己的天资、能力、动机、需要、态度和价值观等逐渐地形成较为明晰的、与职业有关的自我概念。随着一个人对自己越来越了解，这个人就会越来越明显地形成一个占主要地位的职业锚。

所谓职业锚，是指当一个人不得不做出选择的时候，他(或她)无论如何都不会放弃的职业中的至关重要的东西或价值观。职业锚实际上就是人们选择和发展自己的职业时所围绕的中心。一个人对自己的天资、能力、动机、需要、态度和价值观有清楚的了解之后，就会意识到自己的职业锚到底是什么。施恩根据自己在麻省理工学院的研究指出，要想对职业锚提前进行预测是很困难的，这是因为一个人的职业锚是不断发生变化的，它实际上是在探索过程中所产生的动态结果。有些人也许一直都不知道自己的职业锚是什么，直到他们不得不做出某种重大选择的时候，比如到底是接受公司将自己晋升到总部的决定，还是辞去现职转而开办和经营自己的公司。正是在这一时刻，一个人过去的所有工作经历、兴趣、资质、性向等才综合成一个有意义的模式(或职业锚)，这个模式或职业锚会告诉此人，对他或她个人来说，到底什么东西是最重要的。施恩根据自己对麻省理工学院毕业生的研究，提出了五种职业锚：技术或功能型职业锚、管理型职业锚、创造型职业锚、自主与独立型职业锚、安全型职业锚，如表5-2所示。

表5-2 施恩的五种职业锚

职业锚	具体表现
技术或功能型	不喜欢一般管理性质的职业，倾向于选择那些能够保证自己在既定的技术或功能领域中不断发展的职业
管理型	表现出成为管理人员的强烈动机，具有较强的分析能力、人际沟通能力和心理承受能力，其职业目标是追求更高的管理工作职位
创造型	有强烈的创造需求和欲望，意志坚定、敢于冒险，喜欢建立或创造属于自己的东西
自主与独立型	讨厌限制，渴望能够按照自己的方式来学习、工作和生活
安全型	追求职业的安全性和稳定性，对组织具有依赖性

二、职业生涯阶段理论

(一) 萨柏的职业生涯阶段理论

萨柏是美国一位有代表性的职业管理学家，他以部分美国人作为研究对象，把人的职业生涯分为五个阶段：成长阶段、探索阶段、确立阶段、维持阶段和衰退阶段。

1. 成长阶段(0～14 岁)

成长阶段属于认知阶段，个人通过与家庭成员、朋友、老师的交流和认同，经历了对职业从好奇、幻想、产生兴趣到有意识培养职业能力的逐步成长过程，最终建立起自我的价值观并逐步成长。

2. 探索阶段(15～24 岁)

探索阶段主要通过学校学习进行自我考察、角色鉴定和职业探索，完成择业及初步就业。

3. 确立阶段(25～44 岁)

确立阶段属于选择、安置阶段，劳动者在确立阶段主要是获取一个合适的工作领域，并谋求发展。

4. 维持阶段(45～64 岁)

劳动者在维持阶段已不再考虑变换职业工作，只力求维持已取得的成就和社会地位，维持家庭和工作两者间的和谐关系，寻找接替人选。

5. 衰退阶段(65 岁以上)

劳动者在衰退阶段逐步退出职业并结束职业，逐渐减少权力和责任，适应退休后的生活。

(二) 格林豪斯的职业生涯五阶段理论

萨柏的研究侧重于不同年龄对职业的需求与态度，美国心理学博士格林豪斯的研究则侧重于不同年龄职业生涯所面临的主要任务，并以此为据将职业生涯分为五个阶段。

1. 职业准备阶段(18 岁以前)

职业准备阶段的主要任务：发展职业想象力，培养职业兴趣和能力，对职业进行评估和选择，接受必需的职业教育和培训。

2. 进入组织阶段(18～25 岁)

进入组织阶段的主要任务：进入职业生涯，选择一种合适的、较为满意的职业，并在一个理想的组织中获得一个职位。

3. 职业生涯初期(25～40 岁)

职业生涯初期的主要任务：逐步适应职业工作，融入组织，不断学习职业技能，为未来职业生涯的成功做好准备。

4. 职业生涯中期(40～55 岁)

职业生涯中期的主要任务：努力工作，并力争有所成就。不断地进行职业生涯评价，并在此过程中强化或转换职业道路。

5. 职业生涯后期(55 岁直至退休)

职业生涯后期的主要任务：继续保持已有的职业成就，成为一名工作指导者，维护自尊，准备退休。

三、国内职业生涯发展理论

(一) 国内职业生涯发展四阶段理论

1. 职业准备期

职业准备期大体上指人在20岁以前的时期。在这一时期，人们一般还没有正式参加工作，而是通过各种方式接受学校教育，确定职业取向和为实际工作做准备。这一阶段的职业取向可能很笼统，接受学校教育则显得十分实际。在就业竞争日益激烈的现在，良好的教育几乎成为未来职业发展的必要条件。

2. 职业生涯初期

职业生涯初期是指人在20～30岁。这一阶段个人职业发展的基本任务是进入组织，学会工作，寻找职业锚，在组织和职业中塑造自我，力求在选定的职业领域中获得成功。个人一旦进入组织，便进入了社会化阶段。所谓社会化，即组织创造条件使新成员学会如何工作，如何与他人共事，扮演好个人在组织中的角色，逐渐融入组织。

3. 职业生涯中期

职业生涯中期是指人在30～50岁。这是一个时间长、富于变化，既可能有事业成功，又可能有职业危机的时期，是一个人人生中最重要的时期。相对于职业生涯初期，个人的地位和作用发生了变化，职业发展也呈现复杂化。对于有信息暗示可以晋升的中年雇员来讲，他们自我发展的劲头很足，组织只要创造适宜的环境，他们就会积极、主动地进行自我开发，在职业生涯阶梯上达到新的高度。但是有相当数量的中年雇员，尤其是即将迈入职业生涯后期的员工，减弱以至泯灭了原来的工作热情，只求平平稳稳，少数人甚至在职业生涯中期就有在职业发展上走下坡路的倾向。

4. 职业生涯后期

当一个人进入50岁以后，就到了职业生涯后期。这时员工开始考虑退休问题，也开始有意识地进行角色转换，从职业生涯中期的中心、主导角色向后期的辅导、指导、咨询角色转变。由于体力、精力等开始衰退，职业生涯后期的员工对工作的参与感确实已经降低，而参与家庭、社团和个人爱好等活动的需求与日俱增。

(二) 国内职业生涯发展五阶段理论

国内的有关职业生涯发展阶段理论中，对于人的职业生涯发展五阶段理论也有两种主流观点：第一种从接受教育开始，第二种则是从形成职业意向开始。

1. 职业生涯发展五阶段理论之一

1) 准备期

准备期是指接受了九年义务教育，开始接受中等职业教育或大学教育，即将走出校门踏上工作岗位和寻找工作岗位的阶段。该时期的群体特征：第一，大多数人接受了良好的教育或培训；第二，开始从学生到职业人、社会人角色的转换；第三，就业竞争压力大，往往需要从职场最基层的岗位做起。

2) 初期

初期是指在中等职业学校毕业后从事职业工作的7~17年，或在高等职业学校、大学毕业后从事职业工作的4~14年的阶段。该时期的群体特征：第一，适应了社会发展和职业岗位工作，懂得了职业工作的游戏规则和社会生存之道，有一定的社会经验和职业经验，事业开始走向成功；第二，在职场上不断调整自己，使自我与社会发展、职业岗位的需要相匹配，慎重考虑职业生涯发展；第三，在职场上调整职业或调整职业发展方向，有的人不得不"跳槽"；第四，要求自己的职业稳定、事业发展，同时恋爱、婚姻、家庭生活等诸多方面的矛盾交织在一起，需要妥善处理。

3) 中期

中期是指从事职业工作10~20年的阶段。该时期的群体特征：第一，职业工作压力大，担子重，事业发展与个人职业岗位关系日益密切；第二，职业向高层次发展，追求实现自我职业理想和发展目标，追求人生成功；第三，社会经验和职业经验丰富，职业生涯发展取得一定成果。

4) 后期

从事职业工作已有几十年，职业生涯进入后期。该时期的群体特征：第一，已经取得一定的职业成绩，具有成就感，更加关注自我价值体现；第二，心态趋于保守、稳定，但求维持和巩固已经取得的职业成就；第三，放慢职业发展速度，开始考虑退休问题；第四，不论是否做好退休准备，组织不再提供重要职业岗位，逐渐退出职业角色。

5) 延续期

按照国家规定，退休后，根据个人的身体和客观可能，继续从事职业工作。该时期的群体特征：第一，身心健康成为首要追求并且成为从事职业活动的前提；第二，经济收入降低，家庭负担也在减轻；第三，如果个人职业生涯可能延续，则继续奉献自己的职业经验，在身体健康和职业追求之间寻求新的平衡点。

2. 职业生涯发展五阶段理论之二

1) 职业准备期

职业准备期是形成了较为明确的职业意向后，从事职业的心理、知识和体能准备好以后等待就业的时期。每一个择业者都有选择一份理想职业的愿望和要求，准备充分的人就能够很快地找到自己理想的职业，顺利地进入职业角色。

2) 职业选择期

职业选择期是在职业准备的基础上实际选择职业的时期，也是由潜在的劳动者变为现实的劳动者的关键时期。职业的选择不仅仅是择业者个人挑选职业的过程，同时也是社会挑选劳动者的过程，只有个人与社会成功结合、相互认可，职业选择才算结束。择业者的职业选择非常重要，尤其是第一次选择。

3）职业适应期

择业者刚刚踏上职业岗位，必然要有一个适应的过程。要完成从择业者到职业工作者的角色转变，就要尽快适应新的角色，适应新的工作环境、工作方式，树立良好的第一印象，建立和谐的人际关系。这一过程一般需要半年左右的时间。

4）职业稳定期

职业稳定期是职业适应期结束后相对稳定地从事职业工作的时期。这一时期，个人的职业生活能力处于最旺盛的时期，是创造业绩、成就事业的黄金时期。当然，职业的稳定不是绝对的，特别是在技术发展日新月异、人才流动加快的今天，就业单位和职业岗位发生变化是非常正常的。

5）职业结束期

由于年龄或身体状况的原因，逐渐丧失职业能力和职业兴趣，从而结束职业过程的时期是职业结束期。

第三节　影响职业生涯的因素

一般来说，影响职业生涯的因素包括内在因素和外在因素。

一、内在因素

(一) 职业性向

按照霍兰德的划分，一共有六种基本的职业性向，不同的人可能有着不同的职业性向，吸引他们从事不同的工作。实际上，大多数人拥有多种职业性向，有些性向较相似或相容，那么个人在选择职业时所面临的内在冲突和犹豫就会越少；反之，其在选择职业时将会面临较多犹豫不决的情况。

(二) 个性特征

不同气质、性格、能力的人适合不同类型的工作。人的个性特征最好能与工作的性质和要求相匹配，比如外向的人可以做营销方面的工作，内向的人适合做文秘等方面的工作。

(三) 职业锚

职业锚与职业性向有相似之处，但又不等同于职业性向，它是人们选择和发展自己的职业时所围绕的中心。要想对职业锚提前进行预测是很困难的，因为一个人的职业锚是不断变化的，它实际上是在探索过程中所产生的动态结果。有些人也许一直都不知道自己的职业锚是什么，直到他(她)不得不做出某种重大决定的时候才知道。

(四) 能力

对企业的员工而言，其能力指劳动的能力，也就是运用各种资源从事生产、研究、经营活动的能力，包括体能、心理素质、智能三个方面。这三个方面构成了一个人的全面综合能力，它是员工职业发展的基础，与员工个体发展水平成正比。能力越强的人对自我价值实现、声望和尊重的要求越高，发展的欲望越强烈，对个体发展的促进也越大，同时，其接受新事物、新知识的速度越快，以及自我完善的决心超强。所以，能力既对员工个体发展提出了强烈需求，又为个体发展的实现提供了可能条件，它是员工职业发展的重要基础和影响因素。

(五) 人生阶段

在不同的人生阶段，人们的年龄、生理特征、心理素质、智能水平、社会负担、责任、主要任务等都不同，这就决定了在不同阶段，其职业发展的重点和内容也是不同的。

二、外在因素

(一) 社会环境因素

1. 经济发展水平

在经济发展水平高的地区，企业相对集中，优秀企业比较多，个人职业选择的机会就比较多，因而有利于个人职业发展；反之，在经济落后地区，个人职业发展会受到限制。

2. 社会文化环境

社会文化环境包括教育条件和水平、社会文化设施等。在良好的社会文化环境中，个人能受到良好的教育和熏陶，从而为职业发展打下更好的基础。

3. 政治制度和氛围

政治和经济是相互影响的，政治制度和氛围不仅影响一国的经济体制，而且影响企业的组织体制，从而间接影响个人的职业发展。政治制度和氛围还会潜移默化地影响个人的追求，从而对职业生涯产生影响。

4. 价值观念

一个人生活在社会环境中，必然会受到社会价值观念的影响。大多数人的价值取向都会在一定程度上受社会主体价值取向的影响。一个人的思想发展、成熟的过程其实就是认可、接受社会主体价值观念的过程。社会价值观念正是通过影响个人价值观从而影响个人的职业选择。

(二) 生活圈因素

1. 家庭的影响

家庭对人的职业选择和职业发展都有较大的影响。首先，家庭的教育方式影响个人认识世界的方法；其次，家人是孩子最早观察、模仿的对象，孩子会受到家人职业技能的熏陶；最后，家人的价值观、态度、行为、人际关系等对个人的职业选择有着较大的直接影响和间接影响。

2. 朋友、同龄群体的影响

朋友、同龄群体的工作价值观、工作态度、行为特点等会不可避免地影响个人对职业的偏好和选择，以及职业选择和职业变换的机会。

(三) 企业环境因素

1. 企业文化

企业文化决定了一个企业如何看待自己的员工，所以，员工的职业生涯会受到企业文化的影响。例如，一个主张员工参与的企业显然比一个独裁的企业能为员工提供更多的发展机会，渴望发展、追求挑战的员工很难在论资排辈的企业中受到重用。

2. 管理制度

员工的职业发展归根结底要靠管理制度来保障，包括合理的培训制度、晋升制度、考核制度、奖惩制度等。企业价值观、企业经营哲学也只有渗透到制度中，才能得到切实的贯彻执行。没有制度或者制度不合理、不到位，员工的职业发展就难以实现，甚至可能流于空谈。

3. 领导者素质和价值观

一个企业的文化和管理风格与其领导者的素质和价值观有直接的关系，企业经营哲学往往就是企业家的经营哲学。如果企业领导不重视员工的职业发展，这个企业的员工就很难有较大的职业发展空间。

第四节 员工职业生涯规划

一、员工职业生涯规划的含义

员工职业生涯规划是指员工根据个人情况及所处的环境确立职业目标，选择职业通道，并采取行动和措施，实现职业生涯目标的过程。正确理解职业生涯规划的含义，要从以下三个方面入手。

首先，职业生涯规划具有明显的个人特征。职业生涯规划一般是针对个人而言的，其主体是员工而非组织，但是组织可能对员工个人的职业生涯规划产生重要影响。

其次，职业生涯规划是一个包含了目标确定、措施实施及目标实现的长期过程。个体的职业生涯规划就是其在职业生涯中有意识地确立职业生涯目标并追求目标实现的过程。

最后，职业生涯规划中的职业目标与日常工作目标有很大差异。工作目标是个人在当前的工作岗位上想要完成的任务目标，可以是自设的，也可以是组织给定的。工作目标一般是较为具体的短期目标，与本职工作紧密相关，并随时间而变化。相对来说，职业目标是较为抽象的长期目标，而且不一定与当前工作直接相关。实践证明，选择适当的工作目标并很好地去实现这些目标，是实现职业目标的最佳途径。

二、员工职业生涯规划的内容与步骤

员工职业生涯规划通常包括自我认知、环境认知、职业生涯目标设定与路线的选择、制订实现职业生涯目标的行动计划、职业生涯策略的实施，以及对职业生涯规划的评估、反馈与调整等六个步骤。

(一) 自我认知

职业生涯规划的第一步就是要进行充分、客观的自我认知。个体的自我认知是对自己的各方面进行分析和评价。个体只有充分认识自己之后，才能建立可实现的目标。自我评价是指对人生观、价值观、受教育水平、职业锚、兴趣、特长、性格、技能、智商、情商、思维方式和方法等进行分析和评价，以达到全面认识自己的目的。这样，才能选定适合自己的职业发展路线，增加事业成功的机会。自我认知的方法有很多，常用的有以下三种。

1. SWOT 分析法

职业生涯规划中的SWOT分析法是对自我所处的现实状况进行分析的一种常用方法。SWOT分析法就是详尽地列出自己的优势、劣势以及就业环境中存在的机会、威胁，做到知己知彼，对自身情况和宏观环境有整体把握，从而有效地利用和发挥自己的优势，抓住机会，躲避风险，以免做出徒劳无益的决策。

2. 橱窗分析法

橱窗分析法是自我评价的重要方法之一。心理学家把对个人的了解比作一个橱窗，为了加深理解，可以把橱窗放在一个直角坐标系中分析，如图5-2所示。图5-2中，明显地把自我分成了4部分，即4个橱窗：橱窗1为"公开我"，这是自己知道、别人也知道的部分，属于个人展现在外、无所隐藏的部分；橱窗2为"隐私我"，这是自己知道、别人不知道的部分，属于个人内在的隐私和秘密的部分；橱窗3为"潜在我"，这是自己不知道、别人也不知道的部分，是有待进一步开发的部分；橱窗4为"脊背我"，这是自己不知道、别人知道的部分，就像自己的背部一样，自己看不到，别人却看得清楚。

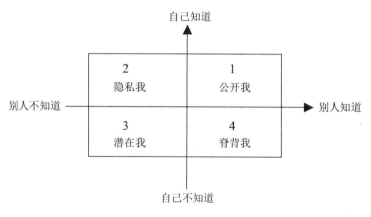

图 5-2　橱窗分析法

在进行自己剖析和评价时，重点是了解橱窗3 "潜在我" 和橱窗4 "脊背我"。"潜在我" 是影响一个人未来发展的重要因素，了解和认识 "潜在我" 有助于发掘个人的潜能。"脊背我" 是准确对自己进行评价的重要方面，如果能够诚恳地对待他人的意见和看法，就不难了解 "脊背我"，当然，这需要博大的胸怀和正确的态度，否则就很难听到别人的真实评价。

3. 测评工具法

测评工具法是一种了解个人与职业相关的各种心理特质的方法，就是通过回答有关问题来认识自我、了解自己。准确地说，这些测评工具都是一些心理测验，通过一系列的心理测验对人的一些基本心理特质进行测量与评估。这是一种比较简便、经济的自我认知方法，包括智力测试、性格测试、气质测试、情绪测试、能力测试、职业倾向测试等。

(二) 环境认知

环境认知主要是评估各种环境因素对自己职业发展的影响。环境因素包括经济发展、社会文化、政治制度等社会环境因素和企业环境因素。在设计个人职业计划时，应分析环境条件的特点、环境发展的变化情况、个人与环境的关系等。只有充分了解环境，才能做到在复杂多变的环境中趋利避害、扬长避短，设计出切实可行的、有实际意义的职业计划。

(三) 职业生涯目标设定与路线的选择

1. 职业生涯目标的设定

设定职业生涯目标是指在自我认知和环境认知的基础上，根据自己的优势与劣势，以及环境提供的机会与威胁来预先设定自己未来的职业发展目标，这是职业生涯规划的核心步骤。职业生涯目标是依据个人的最佳才能、最优性格、最大兴趣和最有利环境等信息设定的。职业生涯目标通常分为短期目标、中期目标、长期目标和人生目标。在确定目标的过程中要注意如下问题：第一，目标要符合社会与组织的需要；第二，目标要适合自身特点，并使其建立在自身的优势之上，与自身特点不符的目标是不切实际的，不切实际的计划等同于空谈；第三，长期目标要有挑战性；第四，目标幅度不宜过宽，最好选择窄一点的领域深入进去，这样容易取得成功；第五，要注意长期目标与短期目标的结合；第六，目标要明确、具体，同一时期的目标不要太多；第七，要注意职业目标与家庭目标的协调与结合。

2. 职业生涯路线的选择

在确定职业生涯目标后，就面临着职业生涯路线的选择，走行政管理路线、专业技术路线，还是先走技术路线再转向行政路线？由于发展路线不同，对职业发展的要求也不一样。因此，在设计职业生涯目标时，必须做出抉择，以便为自己的学习、工作以及各种行动措施指明方向，使职业沿着预定的路径发展。在进行职业生涯路线选择时可以从三个方面考虑：一是自己希望沿着哪一条路线发展，即根据自己的价值观、兴趣、理想来确定自己的目标取向；二是自己适合沿着哪一条路线发展，即根据自己的性格、特长、教育程度等主观条件来确定自己的能力取向；三是自己能够沿着哪一条路线发展，即根据自身所处的社会环境、政治与经济环境、组织环境等来确定自己的机会取向。职业生涯路线选择的重点是对职业生涯选择要素进行系统分析，在对上述三方面的要素综合分析的基础上确定自己的职业生涯路线。

(四) 制订实现职业生涯目标的行动计划

无论有多么美好的理想与想法，最终都必须落实到行动上才有意义，否则只能是空谈。确定了职业生涯目标与职业生涯路线后，行动便成为关键的环节。行动之前应制订实现职业生涯目标的行动计划，即实现职业生涯目标的具体措施，包括工作、训练、教育、轮岗方面。

(五) 职业生涯策略的实施

制定了职业生涯目标以后，还要有相应的策略作为保证。职业生涯策略是指为实现职业生涯目标所采取的各种行动和措施，还包括为平衡职业目标与其他目标(如家庭目标)而做出的各种努力，通过这些努力来实现个人在工作中的良好表现与业绩。职业生涯策略要具体、明确，以便定期检查落实的情况。

(六) 对职业生涯规划的评估、反馈与调整

影响职业生涯规划的因素很多，其中环境是最为重要的因素。在现实社会生活中，要使职业生涯规划行之有效，就必须不断地对职业生涯规划进行评估与调整。职业的重新选择、职业生涯路线的选择、人生目标的修正，以及实施措施与规划的变更等都是调整的主要内容。

三、个人职业生涯开发

个人职业生涯开发是指为了获得或改进个人与工作有关的知识、技能、动机、态度、行为等，所做出的有利于提高其工作绩效、实现其职业生涯目标的各种有计划、有系统的努力。个人职业生涯开发的内容和形式多种多样，下面主要从自我要素开发和社会资本开发两个方面加以介绍。

(一) 自我要素开发

1. 能力的开发

能力是一个人可否进入职业的先决条件，是能否胜任工作的主观条件。无论从事什么职业都要有一定能力作为保证。职业工作能力包括两大方面：体能和智能，可以具体化为五大能力要素：体力、智力、知识、技能和人际交往。

个人能力的开发策略如下。

(1) 增强实力。学习当然是根本措施。首先，尽可能提高自己的学历。进入组织之后，不要停止对学历的追求，尤其是较低文化水平者更是如此。其次，采取多种形式，不断自觉地加强专业知识和职业技能的学习。在信息技术时代，停止学习意味着原有专业知识和职业技能的丧失，必须积极、主动、自觉地参加各种形式的职业教育、职业技能培训。最后，主动丰富工作经验。要积极抓住一切可以提高自己能力、发展自己实力的机会，尤其要把握好组织所分配的复杂的工作任务或委以的重任。

(2) 获取新能力。第一，在关键性的事业变动时，新能力获得特别重要。人的职业生涯中主要有以下转折点：中学至大学(教育程度)、大学至工作(投入的领域)、工作至精通专业(专门化过程)、精通专业至权力、权力至最高限度、最高限度至退休(生活形态的选择及衰退)。每个转折点都代表个人发展的一次挑战，不可忽视或回避。主动抓住机遇，扩展新能力，迎接挑战，才有前途。第二，变更职业工作，获得新能力。长期或较长期处于一个职业岗位往往限定从业者的能力，要在目前的职务以外获得新能力并非易事，变换工作岗位会因获取新能力而令人惊喜。

(3) 应职业需要发展个人能力，做表现杰出的突出人物。个人能力的开发不能是盲目的，必须适应职业需要，有意识、有目的地进行开发。首先，必须清楚和找准当前职业的必要能力。没有一种能力可以适用于各种职业，也并非所有的能力都同样有助于优异表现。其次，根据变更的职业所需要的能力，有针对性、有选择性地学习和发展自己的能力。在现实中，不同职业有不同的职业能力需要，即便同一领域或系统的工作，由于职位不同，所需能力也有差别。

特别是在关键性的事业变动时，新能力的获得特别重要。人们有时候会发现，当前的职位和向往的职位之间有着明显不能跨越的鸿沟，而能力就是桥梁，能使人跨越至他们想去的地方。

2. 态度的开发

良好的思维方式可以让人拥有正确的处事态度，而这种态度是个人职业生涯成功的关键。良好的态度是一种责任的体现。下面介绍两种培养正确态度的方法。

(1) 选择自己的态度。首先应该确定什么态度是自己所希望拥有的。比如，你也许原本想给下属更多的爱护，但表现出来的却是挑剔，这就违背了你的初衷。尽管态度决定一个人发挥其潜力的程度，但只有将态度付诸行动以后才会实现。选择一种特定的态度，也就确定了自己未来的位置。因此，你必须知道自己现在的位置，明确自己有哪些思想及情感上的问题。然后，选定合适的目标来改变自己的态度。确定目标是态度变化的必要因素，我们要首先确定目标，分析自己目前的状况以及未来的发展方向，这样才能更好地促进态度的转变。

(2) 做记录。可以每天将如何表现新态度的具体例子记录下来，如果在转变过程中犯了一些错误，也同样记录下来，然后把注意力集中在如何成功转变态度上。

3. 职业资本的开发

职业资本是一个人选择职业、发展自我、运作金钱和创造财富等能力的总和，它是在与生俱来的先天基础上，通过后天的社会生活和教育改造而逐步形成的。因此，一个人只有自身拥有雄厚的职业资本，才能获得更大的择业自由、更多的就业机会，才能获得更多的职业生涯发展机会。能力的开发、职业资本的保值和增值是没有终结的人生课题。提高能力和职业资本的附加值，可以从以下几个方面做起。

(1) 努力汲取知识营养。这不仅指接受系统的学校教育，而且指离开学校后的自我修炼。

(2) 树立效率观念，强调功效。提高效率、合理规划与利用时间是实现职业生涯目标的重要措施。

(3) 高瞻远瞩，树立国际化观念。职业生涯的开发，必须按照国际人才标准要求自己，并从全球的角度进行职业定位。

(4) 脚踏实地，积极参与。职业能力的培养需要从小事着手，从大处着眼，现代社会不欢迎那些"一屋不扫"而想"扫天下"的空想家。在职业生涯发展过程中，要积极地参与各项开发活动，这不仅可以锻炼能力，还可以扩大视野、更新观念，从而更好地促进个人的发展。

(二) 社会资本的开发

社会资本是指处于一个共同体之内的个人或组织，通过与内部、外部对象的长期交往、合作、互利形成的一系列认同关系，以及由此而积淀下来的历史传统、价值理念、信仰和行为范式。随着社会的进步与发展，影响人类发展的因素将逐渐由物质资本向人力资本转化，资本的智能化是知识经济发展的必然结果。人力资本的无限性、稳定性与普惠性使其成为现代社会经济发展中的真正资本与首要财富。社会资本作为影响个人行动能力和生活质量的重要资源，在任何经济体制下都发挥着重要的作用。特别是在我国社会经济转型期，社会资本作为沟通个人和制度的中间物，会影响制度的开放性，造成不平等竞争。职业知名度和职业信用度等都是非常重要的社会资本。一个人尽管满腹经纶，但是无人知晓，就像一块埋在沙里的金子，无人发现其闪光之处，他也没办法为个人和社会创造财富。同样，职业信用度也是一笔宝贵的个人无形资产和社会资本，在同样遭受一种毁灭性打击的情况下，信用度良好的人可以很快获得别人的帮助而东山再起；相反，那些信用较差，甚至以骗为生的人则会遭到灭顶之灾。因此，在个人的职业生涯发展中，积极开发与利用社会资本，注重个人形象传播和个人公关等社会资本，对促进个人职业生涯发展具有重要意义。

社会资本的开发可以从多方面进行，主要可以从以下几个方面入手。

1. 服饰与仪表

服饰与仪表虽然是外在的东西，却会起到非常重要的作用。职业形象好、注重服饰与外表的员工往往会赢得更多的社会资本。

2. 对权力关系的把握

一般情况下，领导都喜欢通过一定的方式展示自己的权威和权力，聪明的员工和管理人员总是善于把握这点，并依此规范自身的行为，显示出对领导权威的尊重，从而达到升迁的目的。例如，领导的座位总要高于来访者或下属；领导总是背光而坐，来访者或下属则必须面向领导，向光而坐。领导常常用这种细微的方式表达自己的权力，如果明白了这一点，并据此行动，对员工的职业生涯发展也会有很大的帮助。

3. 争取领导的注意

要想升迁，一个很重要的因素是取得上司和领导的重视。管理人员必须主动地争取任务，这样才能获得与上司、领导接触的机会。晋升迅速的员工总是争取那些相对短期而且能够很快显示绩效的工作任务，这样，他们就能够得到更多的赏识和重视。

4. 人际关系的处理

要获得职业生涯的成功，就要注意利用负责任、勤于做事、注意仪表来为成功铺路，并时刻以成功为念，避免遭到失败。同时，还要注意经营人际关系，因为良好的人际关系是达到晋升目的的重要手段和途径。

5. 构建职业人际关系网的技巧

职业生涯的成功在很大程度上取决于你拥有多大的权力和影响力，而与恰当的人建立稳固的人际关系对此至关重要。构建职业人际关系网应注意以下几个方面的技巧。

(1) 构建稳固的影响力内圈。良好、稳固、有力的人际关系的核心必须由10个左右能靠得住的人组成。这首选的10人可以包括朋友、家庭成员和那些在你职业生涯中彼此联系紧密的人，他们构成你的影响力内圈。你还应该与至少15个可以作为影响力内圈后备力量的人保持联系。

(2) 为人要慷慨大方。

(3) 掌握人际关系的维护技巧。为你的关系网和组织提供信息，时刻关注对关系网成员有用的信息，应定期将你收到的信息与大家分享。

第五节　组织职业生涯管理

组织职业生涯管理不仅要帮助员工制定并实施职业生涯规划，同时还包括以下管理内容。

一、职业生涯发展阶段管理

组织进行职业生涯管理时，应该找出员工职业生涯不同阶段的管理重点，帮助员工获得职业的成功，同时培养员工的忠诚和奉献精神。

员工在组织中的职业生涯大致可分为进入组织阶段、职业生涯初期、职业生涯中期和职业生涯后期。在各个阶段，员工的职业工作任务、任职状态、职业行为等都有所不同，呈现出不同的特征。组织要根据不同职业生涯时期的个人职业行为与特征，确定每个阶段的具体管理任务。

(一) 进入组织阶段

员工的职业生涯管理是一个长期的动态过程，所以从招聘新员工时就应该开始进行。招聘过程实际上是应聘者与组织相互了解的过程，组织应向应聘者提供较为现实的企业与未来工作的展望，向其传达组织的基本理念和文化观念，让应聘者尽可能多地了解企业，以便应聘者能通过其所了解的信息来决定是否进入组织。同时，组织也要尽可能全面地了解应聘者的能力倾向、个性特征、身体素质、受教育程度和工作经历等，以便为空缺职位配备合格的人选，并为新员工未来的职业发展奠定良好的基础。

(二) 职业生涯初期

个体进入组织后成为新员工，便开始了职业生涯。他们通过尝试和磨合实现自我认知和环境认知，通过经验、他人的反馈意见、自我需求和环境的要求来确定职业生涯目标。因此，组织应该通过试用发现员工的才能，帮助员工明确职业定位。该时期的具体管理任务如下。

(1) 了解员工的职业兴趣、技能，然后把他们放到最适合的职业轨道上去。

(2) 进行岗前培训，引导新员工，帮助他们熟悉环境、减少焦虑感、增加归属感和认同感。

(3) 培训新员工的主管，使主管成为新员工的良师益友，激励新员工干好工作并平稳渡过试用期。

(4) 应对新员工的工作表现和潜能进行考察与测试，并及时进行初期绩效反馈，使新员工了解自己做得如何，学会如何工作。

(5) 协助员工做好职业规划，比如举行职业咨询会议等帮助他们了解应在哪些方面开展职业开发活动。

(三) 职业生涯中期

在职业生涯中期，员工事业发展趋向定型与达到顶峰，自我发展的需要仍很强烈，但又意识到职业机会随着年龄增长越来越受限制，会产生职业危机感。组织一方面要通过各种方法帮助员工解决诸多实际问题，激励他们继续奋斗，以获得更大的成就；另一方面要采用各种方式，针对不同人的不同情况，为其指明和开辟事业发展的新通道。

(四) 职业生涯后期

到职业生涯后期，员工的退休问题被提上议事日程。事实表明，退休会对员工产生很大的冲击，对组织的工作也会产生影响。组织有责任帮助员工认识、接受这一客观事实，并帮助每一个即将退休的员工制订具体的退休计划，使员工的退休生活丰富多彩。同时，组织可采取兼职、顾问或其他方式聘用他们，让他们把知识和经验传授给年轻人，延长他们的职业生涯，使他们有机会继续为组织发挥余热。

二、职业生涯发展通道设计与管理

职业生涯发展通道设计，即根据组织业务、人员的实际情况，设置若干员工职业发展通道，使具有不同能力、素质、职业兴趣的员工都可以找到适合自己的发展路径。根据不同的目的及标准，职业生涯发展通道有不同的设计模式。

(一) 根据不同职系的晋升阶梯来设计职业生涯发展通道

根据不同职系的晋升阶梯，可设置管理通道、专业技术通道、技能通道。管理通道是为管理人员设置的上升阶梯，在此通道上升意味着拥有更多的决策权，同时需要承担更多的责任。专业技术通道是为专业技术人员设置的、与行政职务同等重要的能力阶梯，在此通道上升意味着具有更强的独立性，同时拥有更多从事专业活动的资源。技能通道是为技术工人设置的上升阶梯，在此通道上升意味着资深的经历与较高的地位。

(二) 根据员工流动的方向来设计职业生涯发展通道

根据员工流动的方向，可设置横向通道与纵向通道。横向通道是指员工在同一管理层次或技术、技能等级上不同职位或不同工种之间的变动通道，在横向通道上的发展要解决在哪些职位或工种之间转换，多长时间或什么时候转换，在转换前组织和个人应做好哪些知识、技能与能力准备等问题。横向通道的发展有助于员工找准职业生涯定位，拓展职业生涯发展通道，满足人们不同的职业需要，扩大视野，培养全面能力，缓解晋升压力。纵向通道是对员工在管理、技术、技能和薪酬等级上下变动次序的设计，包括上升通道和下降通道两种情况，但一般情况下是指上升通道，解决员工的晋升问题。

(三) 根据晋升的机会来设计职业生涯发展通道

根据晋升的机会，可设置单一职业通道、双重职业通道和多重职业通道。单一职业通道只提供一条晋升阶梯，只适合在一些性质比较单一的组织中实行。双重职业通道提供两条平等或平行的晋升阶梯，比如一条是管理通道，另外一条是技术通道。在两条职业生涯路径中，员工薪酬水平相近，发展机会也较为相似，因此，员工可以选择一种符合自己职业兴趣和能力的发展通道，进而保证组织既能招聘到具有技术技能的管理者，又能招聘到具有管理技能的专业技术人员。它适合在拥有较多的专业技术人才和管理人才的组织中采用。多重职业通道提供三条或三条以上平等或平行的晋升阶梯，为员工提供了更多的职业发展机会，便于员工找到与自己兴趣相符，真正适合自己的工作，从而实现自己的职业目标，也增加了组织的应变性。这样，当组织战略发生转移或环境发生变化时，能够顺利实现人员转岗安排，保持组织的稳定性。它适用于较大规模的组织和集团公司，尤其是高新科技企业。

案例分析

优秀技术人员到了管理岗位不胜任，怎么办？

小刘是公司的技术总监、核心技术骨干、公司主打产品的主要负责人，他的技术能力得到公司的一致认可。总经理陈先生于2013年2月任命小刘为技术副总。小刘升任技术副总后，他的主要工作是对公司技术部门的管理。上任3个月来，小刘要进行人事调整、组织架构调整、团队建设等工作，他明显感觉很吃力，并为此感到苦恼。现在的工作经常要沟通、应酬，经常要给同事做思想工作，这都不是他爱干的。如果继续这样，他只有考虑离职。总经理陈先生看在眼里，急在心里，到底应该怎么办呢？

三、加强职业指导与素质测评

职业生涯管理是一项非常专业的工作，组织应该加强职业指导与素质测评。事实上，许多大中型组织都在组织内设立了职业生涯评估指导中心，对员工进行评估和指导。

职业生涯评估指导中心的主要任务在于：

(1) 发布组织职位需求信息，增进员工对组织发展的了解；

(2) 了解员工的愿望、要求和想法；

(3) 帮助员工认识、评估个人特质、能力、兴趣爱好，帮助员工分析和选择自己的职业及职位；

(4) 职业匹配定位。

素质测评是进行职业指导的基础。员工素质测评主要是对员工的个性、智力水平、职业倾向、气质、管理能力等进行测评，全面了解员工的基本情况，以便将其安排到合适的职位，并针对其不足提供相应的指导和培训。

四、实施职业培训

组织应结合员工职业发展目标，建立与职业生涯管理相匹配的培训与开发体系，帮助员工不断提高业务素质和专业技能。

首先，通过向员工介绍本组织职业生涯管理政策等信息，使员工个人目标与组织目标达成一致；其次，根据员工现有技能水平与任职要求存在的差距，有针对性地提供业务学习机会，特别是对于那些在职业生涯诊断中出现问题的员工，更应对其进行新技术、新观念等方面的支持性培训，缩小他们与职业目标之间的距离；最后，开展职业资格培训，不断完善从初级职位到高级职位的职业资格培训体系和职业技能鉴定体系。

五、建立职业生涯管理评价系统

组织应建立职业生涯管理评价系统，用来衡量职业生涯管理与员工职业生涯目标之间的差距，评价组织职业生涯管理的合理性和优劣性，并在此基础上协调职业生涯管理的相关活动。

六、完善人力资源管理体系

实施职业生涯管理，必须完善人力资源管理体系。组织应特别重视研究人与工作的关系，做好职位分析、职位编制计划等人力资源管理的基础性工作，为职业生涯管理方案的运行提供管理基础与平台。组织应将职业生涯管理融入人力资源管理活动，这样才能切实做好职业生涯管理工作，实现组织与员工的共同成长。

本 章 小 结

职业生涯管理是对职业生涯进行设计与开发的过程。职业生涯管理对员工个人及组织均具有重要的意义。

职业生涯管理是一种动态的管理，是组织与员工双方的责任，职业生涯信息在职业生涯管理中具有重要的意义。

职业生涯管理的相关理论包括职业选择理论和职业生涯阶段理论。职业选择理论包括帕森斯的人职匹配理论、霍兰德的职业性向理论、施恩的职业锚理论；国外的职业生涯阶段理论有萨柏的职业生涯阶段理论、格林豪斯的职业生涯五阶段理论；国内的职业生涯阶段理论包括四阶段理论和五阶段理论。

影响职业生涯的因素包括内部因素与外部因素。

职业生涯规划的内容与步骤包括自我认知、环境认知、职业生涯目标设定与路线的选择、制订行动计划、职业生涯策略的实施，以及对职业生涯规划的评估、反馈与调整。

个人职业生涯开发应从两方面入手，即自我要素开发和社会资本开发。

组织职业生涯管理包括职业生涯发展阶段管理、职业生涯发展通道设计与管理、加强职业指导与素质测评、实施职业培训、建立职业生涯管理评价系统和完善人力资源管理体系。

习　　题

一、单选题

1. (　　)是指一个人一生在职业岗位上所度过的与工作活动相关的连续经历。
   A. 工作经历　　　　　　　　　　B. 职业生涯
   C. 职业管理　　　　　　　　　　D. 职业规划
2. (　　)是使个人职业目标、兴趣爱好与企业需求、战略发展方向相融合的系统化过程。
   A. 职业文化　　　　　　　　　　B. 职业培训
   C. 职业规划　　　　　　　　　　D. 职业发展
3. 了解员工的职业兴趣、技能，然后把他们放到最适合的职业轨道上去。这是组织职业生涯规划(　　)的管理任务。

A. 进入组织阶段　　　　　　　　　B. 职业生涯初期

C. 职业生涯中期　　　　　　　　　D. 职业生涯后期

4. (　　)是指当一个人不得不做出选择的时候，他或她无论如何都不会放弃的至关重要的东西或价值观。

A. 职业文化　　　　　　　　　　　B. 职业道德

C. 职业价值　　　　　　　　　　　D. 职业锚

5. (　　)是组织为内部员工设计的自我认知、成长和晋升的管理方案。

A. 职业策划　　　　　　　　　　　B. 职业路径

C. 职业锚　　　　　　　　　　　　D. 职业梯

6. 人们从自己的职业期望、职业理想出发，依据自己的兴趣、能力、特点等自身素质，从社会现有的职业中选择一种适合自己的职业的过程，这被称为(　　)。

A. 职业选择　　　　　　　　　　　B. 职业期望

C. 职业分析　　　　　　　　　　　D. 职业分层

7. 下列各项中，不属于影响职业选择的主体因素的是(　　)。

A. 个性　　　　　　　　　　　　　B. 能力

C. 价值取向　　　　　　　　　　　D. 家庭

8. 美国心理学教授约翰·霍兰德于1959年提出的具有广泛社会影响的理论是(　　)。

A. 人职匹配理论　　　　　　　　　B. 职业性向理论

C. 择业动机理论　　　　　　　　　D. 职业锚理论

9. 认同并建立起自我概念，对职业的好奇心占主导地位，并逐步有意识地培养职业能力，这是描述的萨柏的职业生涯阶段理论的(　　)阶段。

A. 成长　　　　　　　　　　　　　B. 探索

C. 确立　　　　　　　　　　　　　D. 维持

10. 萨柏认为，通过学习进行自我考察、角色鉴定和职业探索，完成择业和初步就业，是职业生涯发展的(　　)阶段。

A. 成长　　　　　　　　　　　　　B. 探索

C. 确立　　　　　　　　　　　　　D. 维持

二、多选题

1. 下列各项中，具有代表性的职业选择理论有(　　)。

A. 人职匹配理论　　　　　　　　　B. 职业性向理论

C. 格林豪斯的职业生涯五阶段理论　D. 萨柏的职业生涯阶段理论

E. 职业锚理论

2. 职业生涯管理对员工个人的作用包括(　　)。

A. 能使员工坚定职业信念

B. 能协调员工职业与家庭的关系

C. 能使员工实现自我价值的提升和超越

D．能合理、有效地利用人力资源

E．能形成良好的企业文化

3．企业环境中，(   )属于影响职业生涯的因素。

A．企业规模   B．企业文化

C．企业管理制度   D．企业领导者的素质和价值观

E．企业组织结构

4．影响员工职业发展的个人因素包括(   )。

A．价值观念   B．职业性向

C．职业锚   D．经济发展水平

E．国家就业政策

5．根据员工的流动方向设计的职业通道为(   )。

A．单一职业通道   B．双重职业通道

C．多重职业通道   D．横向通道

E．纵向通道

三、判断题

1．职业生涯规划是指人们对职业生涯的规划和安排，包括个人职业生涯规划与组织职业生涯规划。(   )

2．职业生涯规划是组织开发人才的有效手段。(   )

3．职业晚期的特征是对其早期的生活方式进行重新确认，提炼出新的生活结构。(   )

4．职业管理是从企业的角度，对员工所从事的职业进行的一系列计划、组织、领导和控制等管理活动，以实现企业目标和个人发展的有机结合。(   )

5．在进行自己剖析和评价时，重点是了解橱窗3"潜在我"和橱窗2"隐私我"。(   )

四、名词解释

1．职业期望   2．职业生涯管理

五、简答题

1．什么是职业生涯？其特性是什么？

2．什么是职业期望？什么是职业选择？

3．职业生涯管理的意义是什么？

4．职业生涯管理包括哪些理论？

5．什么是职业锚？施恩提出的五种职业锚分别是什么？

6．影响职业生涯的内部因素和外部因素有哪些？

7．员工职业生涯规划的内容和步骤是什么？

8．组织职业生涯管理的内容是什么？

六、实操题

请同学们自我进行霍兰德职业兴趣测试、MBTI职业性格测试，增加对自我的认知，同时结合所处环境，用SWOT分析法找出自己的优势、劣势以及面临的机会与威胁，为自己进行5年的职业生涯规划。

📖 案例分析

A公司和惠普公司的员工职业规划

A公司的员工职业规划

A公司是墨西哥的一家天然气公司。A公司的决策者为了打造一流的、全球化的天然气企业，十分重视员工的职业生涯发展规划，并为员工设计了可行的职业生涯通道。决策者们十分清楚地认识到保持职业通道完全畅通的重要性，并提出"保证员工职业通道的畅通就如同保证天然气管道畅通一样重要"。当公司在战略、结构和技术上发生变化时，A公司的员工可以迅速地调整以适应新技能的需要。

A公司对于员工的职业规划的基本做法是：将一个工作小组集中在一起共同设计企业的职业生涯管理系统，这个工作小组的成员包括有关的职业咨询专家、高层经理人员、人力资源部的成员。他们的主要任务是对企业内部员工的职业发展进行评估与咨询，协助员工解决职业生涯发展中存在的问题。工作方式是小组的每一个成员为企业员工提供与职业发展相关的咨询，帮助员工进行自我评估，开展与自我成长有关的课程培训，增强对自我的认识。通过一系列的咨询及培训制订每位员工的职业生涯计划，并将计划输入公司的职业生涯管理系统中。

A公司职业生涯管理系统由教育、评估、发展、结果4个核心部分组成。

(1) 教育是指组织每一位员工参加以职业发展为内容的培训活动，很多课程都由企业高层管理者亲自组织和授课，要求所有进行职业生涯规划的员工都要参加各类培训。

(2) 评估是指职业管理的工作小组通过召开专门的评估会议来分析、评价员工实施职业生涯发展计划的过程中存在的一些问题，如员工是否缺少与公司目标实现有关的技能等。

(3) 发展是指企业向员工提供一个表述清晰的团队发展计划，让员工了解企业的发展，同时明确自己在企业中的发展方向。将个人与企业的发展联系在一起，明确为企业做出贡献就能获得个人职业的发展。

(4) 结果是指将员工和企业的发展结合在一起所产生的效益，通过相关的测量来获得有关数据。

从A公司的做法中可以清楚地了解到：只有企业参与或者为员工制定发展通道，才能实现企业与员工的共同发展。

惠普公司的员工职业规划

美国惠普公司采用员工自我评价方法，帮助员工在认识自我的基础之上制定职业生涯目标，也有一定的参考价值。

(1) 让员工撰写自传并思考兴趣所在，进而进行自我价值观的判断；

(2) 对现有工作进行分析，并与家人、亲友或同事进行职业交流，以确认自我职业发展的方向；

(3) 对自己的生活方式进行客观评价，在自我了解的基础上确定自己的职业生涯目标；

(4) 根据企业为员工设计的职业通道和人才发展战略，制定个人的职业规划。

其实，在企业里，制定职业规划的主要目的是帮助员工真正地了解自我、了解企业的内外部环境及未来发展方向。只有员工本人对这些问题有了清楚的认识，他(她)才能够对自我的职业发展进行合理的定位，并促使他(她)为了职业的发展去学习新知识、掌握新技能，培养正确的工作态度和行为方式。此外，企业也应该对员工的职业生涯管理采取一定的措施，让员工个人发展的需要与企业战略发展的需要紧密结合起来，使员工从参加工作的那天起，就开始制定职业生涯的发展规划、帮助他(她)们树立人生的追求目标，这无论是对企业还是对个人的发展都具有战略性的意义。

(资料来源：中国人力资源开发网)

问题：

1. 你对A公司的职业规划有什么看法？

2. 惠普公司的职业规划有什么值得借鉴之处？

📖 案例思考

帮员工谋划职业生涯

1998年毕业后到内蒙古草原兴发集团(以下简称兴发集团)工作的小夏赶上了好时候。这一年，兴发集团在创业十周年之际推出一项全新的系统工程——面向每位员工的职业生涯规划。之后短短两年时间，小夏已愉快地在集团内部"跳槽"三次。学财会专业的他先是被分到集团驻大连分公司做财务工作。半年后，小夏提出去家乡的武汉分公司，一边做财务，一边兼做武汉市场营销调查，这个想法很快被批准。半年后进行年终总结，大家公认小夏整体素质比较好，业绩优良，但欠缺沟通技巧。为了弥补缺憾，小夏提出下车间学管理，结果又被批准了。在兴发集团，人们对职业生涯发展的四个阶段达成共识——起步期、成长期、成熟期和衰老期。在承认自然规律的前提下，职业生涯规划的最高目标是：缩短起步期、使人才快速成长；延长成熟期，防止过早衰老。集团将起步期的规划视为核心，处于起步期的年轻人最大的困惑是不容易找准自己的位置，在彷徨和徘徊中耗费时间，对个人、企业都是极大的浪费。打破企业内部人才流动壁垒的"内部跳槽"制度为职业生涯规划破了题。集团规定：起步期的年轻员工，在某职位工作一段时间后，对现有工作环境不满意或觉得现有岗位不能充分发挥其个人才能，可以不经过主管领导直接向集团分管人事工作的最高权力机构——人事部提出相关要求，人事部负责在一个月内给予满意的答复。为了引导年轻员工用好这一全新的政策，在为期三个月的入厂教育中，集团首先安排5~7天的职业生涯规划培训，使员工一进企业就产生强烈的意识：把准方向、找准位置，尽快知道"我该在哪里""我该怎样往前走"。下基层锻炼、自我认识、他人评价、考核……集团安排的一系列活动为"内部跳槽"孕育前提：迅速完成从学生到员工的过渡，结合自身特长和公司需求，有一个较明确的自我评价和别人评价。像小夏一样，许多年轻人在目的明确的"跳槽"中尝试和寻找自己的位置。

问题：在进行职业生涯规划的过程中，员工与企业分别需要做哪些工作？

第六章

员工培训与开发

【导读】

培训与开发是人力资源管理中的一项重要职能活动，其目的是让员工掌握培训项目中所强调的知识、技能和行为，并让他们可以将其应用于日常工作中。培训与开发对人力资源管理的意义重大，其具有自己的特点，同时应遵循相应的原则。培训工作的流程包括四个阶段：培训需求分析、制订培训计划、培训的实施控制、培训效果评价。培训的类型可以按岗位关系分类和按培训对象分类。培训的方法包括直接传授型培训法、实践型培训法、参与型培训法、态度型培训法和科技时代的培训方法。培训效果是指在培训过程中，受训者所获得的知识与技能状况、态度改变程度、工作效率与绩效的提高程度，以及组织绩效的改进程度。培训效果评估可采用柯氏四层次评估法。

【学习目标】

了解员工培训与开发的含义、目的和意义，以及员工培训的特点；了解员工培训与开发的新趋势；掌握培训的原则、培训的操作流程；掌握培训的类别及方法；掌握培训效果的评价标准及方法。

【学习难点】

培训的操作流程；培训的方法；柯氏四层次评估法。

【教学建议】

第一节以课堂讲授为主，引导学生讨论学习；第二节、第三节以教师讲授为主；第四节以教师讲授为主，对学生进行启发教学；第五节以教师讲授为主。

第一节　员工培训与开发概述

一、员工培训与开发的含义

培训是指公司有计划地实施有助于提高员工学习与工作相关能力的行为。这些能力包括知识、技能或对工作绩效起关键作用的行为。开发则是指为员工今后发展而开展的正规教育、在职体验、人际互动，以及个性和能力测评等活动。

培训与开发本质上都是有计划、有组织的学习过程，但是两者也有不同之处：一是从侧重点来看，培训重当前，使员工在短期能够得到绩效改进；开发重将来，使员工在未来承担更多的责任。二是从工作经验的运用来看，培训对工作经验的要求低，而开发则对工作经验的要求比较高。三是从参与意愿来看，培训一般要求员工必须参加，而开发则是员工自愿参与。

员工培训与开发是企业人力资源管理与开发的重要组成部分和关键职能，是指通过教学或实验等方法促使员工在知识、技能、品德、动机、态度和行为等方面有所改进和提高，保证员工能够按照预期的标准或水平完成所承担或将要承担的工作与任务。从某种意义上说，员工培训与开发是企业人力资本增值的重要途径。研究表明，员工的培训、开发与生产率密切相关。

二、员工培训与开发的目的

员工培训与开发的目的是让员工掌握培训项目中所强调的知识、技能和行为，并且让他们可以将其应用于日常工作中。概括而言，员工培训与开发的目的主要有以下几个方面。

(一) 培训有利于提高员工职业能力

随着科学技术的发展和社会的进步，工作对人的要求越来越新、越来越高，总的趋势是各种职位对员工的智力素质和非智力素质的要求在迅速提高。今年还很称职的员工，如不坚持学习，明年就有可能落伍。通过培训，能够使员工在职业道路上的职业态度、专业知识和技能得到巩固和提高，实现人岗匹配。通过培训，使员工更新观念、增长知识和能力，重新适应职位要求，增强员工当前与未来的职业能力。

(二) 培训有利于企业获得竞争优势

随着经营环境的国际化以及产品需求的个性化，企业在经营中需要各种类型的人才来增强其自身的竞争能力。当今企业自然资源的边际产出逐步降低，企业间的竞争更多地依赖知识密集型的人力资本，员工培训是创造智力资本的途径。科学技术的迅猛发展使知识更新、技术更新的周期越来越短，技术在竞争中的地位日益重要，科学技术成为企业发展、社会发展的主要推动力。技术创新成为企业赢得竞争的关键一环，技术创新的关键在于一流技术人才的培养。通过技术培训，使企业的技术人才不断更新知识、更新技术、更新观念，企业才能走在新技术革命的前列。培训着眼于提高人的素质，而人正是企业最根本、最主要的竞争优势。所以，企业想要在激烈的竞争中立于不败之地，就必须重视培训。

【问题思考】

你搞的这些培训究竟有没有用？

作为培训经理，你有没有经历过这种情形——你拿着培训课程预算找老板审批，冷不丁老板问了一句："你搞的这些培训究竟有没有用？"

这个问题看似简单，其实暗藏玄机。

如果你回答"有用"，那么紧接着老板就会抛出第二个问题："有什么用？"

这时候你就得好好思量："是啊，培训到底有什么用呢？"你的迟疑和支支吾吾的态度可能会引起老板的不爽，没准儿他将据此认为你根本没有把培训课程想清楚而只想着乱花钱。

但是反过来，如果你不假思索地贸然拍着胸脯说："这些培训肯定有用，我保证。"这也会暴露你的不稳重，说明你对这个问题没有做过深入的思考，这种缺乏思路却急于打包票的做法也很难让老板放心和满意。

如果你回答"无用"，这就等于从根本上否定了培训工作：既然没有用，还做它干什么？所以对这个问题的回答很容易让人陷入两难境地。针对"培训究竟有没有用"的质疑，应该如何回答呢？

(三) 培训有利于调动员工的积极性

企业员工虽然因学历、背景、个性的不同而有不同的主导需求，但对大多数员工而言，都存在发展自我、完善自我和实现自我的需求。马斯洛的需求层次理论认为，越是高层次人才，这种需求就越迫切。在企业中得到锻炼和成长，已成为人们重要的择业标准。企业如果能满足员工的自尊、自我实现需要，将激发出员工深刻而又持久的工作动力。国内外大量事实证明，安排员工参加培训、去国外子公司任职、去先进公司跟班学习、脱产去高等学校深造、去先进国家进修等都是满足这种需求的途径。员工经过培训不仅提高了素质和能力，也改善了他们的工作动机和工作态度。应该说，培训是调动员工积极性的有效方法。

(四) 培训有利于建立优秀的组织文化

21世纪以来，管理科学正经历从科学管理到文化管理的飞跃。在激烈的市场竞争中，越来越多的企业家发现文化因素的重要作用。员工培训可以促使具有不同价值观、信念以及不同工作作风与习惯的人们，按照社会、时代及企业经营要求，进行精神上的养成培训，以便形成统一、团结、和谐的工作集体，形成有利于企业发展的文化氛围，使培训促进优秀组织文化的建设。

三、员工培训与开发的意义

员工培训与开发的意义重大，主要表现在以下几个方面。

(一) 员工培训与开发是人力资源开发的重要途径

人力资源开发的主要途径有员工培训、员工激励、职业发展、员工使用与保护等，其中培训是重要途径之一。

(二) 员工培训与开发能满足企业发展对高素质人才的需要

现代企业之间的竞争归根到底是人才的竞争，企业的发展需要大量高素质的人才，包括高素质的研究开发人员、管理人员、专业技术人员、生产骨干员工等。松下幸之助认为，人才不是"捡"来的，而是企业自己培养的。因此，企业可以通过培训提高员工的素质，满足企业发展的需要。

(三) 员工培训与开发能满足员工自身发展的需要

根据马斯洛的需求层次理论，人的需求由低到高可分为生理、安全、社交、尊重和自我实现的需要。尊重和自我实现需要属于高层次的精神需要，是员工自身发展的自然要求，它们对人行为的激励作用最大，而这些需要的满足是以自身素质的提高、提升到一定的管理岗位、工作中发挥个人潜能、工作干出一番成就为前提的，这就需要通过培训来实现。

(四) 员工培训与开发是提高企业效益的重要手段

通过培训提高了员工的工作技能、端正了工作态度、增强了工作责任心、发展了个人工作能力、满足了员工的发展需要，从而提高员工的满意感、激发其工作热情，最终则有利于提高工作效率，节约劳动消耗，从长远来看可以提高企业效益。因此，企业领导者应用长远发展的眼光来看待员工培训与开发，不能仅考虑眼前利益。

(五) 员工培训与开发是最合算、最经济的投资之一

培训需要大量的投入，这种投入是人力资本投资的一种形式，其投资回报率要远远高于其他物质资源投资。

(六) 员工培训与开发是企业持续发展的保证

企业持续成长是指在一个较长的时间内，通过持续学习和持续创新活动，形成良好的成长机制，使企业在经济效益方面稳步增长、运行效率不断提高、规模不断扩大、在同行业中的地位保持不变或有所提高。因此，必须通过培训及其他途径提高全体人员的素质，为高素质员工队伍的建立提供保证。

四、员工培训的特点

企业的员工培训在性质上属于成人教育、继续教育或终身教育范畴，在用途上有直接应

用的要求。具体而言，员工培训具有以下特点。

(一) 培训对象的复杂性

企业员工培训的对象是成人，在此之前他们所接受的基础教育不同，因而在学历、知识、技能方面差异较大；由于个人背景与经历不同，他们在年龄、专长、社会经验、信念、价值观、兴趣等方面存在着差异；此外，每个人的个性、态度、习惯、精力等也不同。这些差异决定了学习动机的复杂性、兴趣指向的多样性，决定了他们有着不同的知识和技术学习要求。同时，培训对象的数量大、范围广，对象的复杂性决定了成人教育的多层次、多学科、多形式。

(二) 培训内容的针对性、实用性和应用性

成人一般身兼多重社会角色，他们对家庭、企业和社会都负有相应的责任，履行这些责任要求他们必须花费大量的时间与精力，这就决定了成人学习的从属性和实用性特点。因此，培训内容一般要根据干什么学什么、缺什么补什么的原则来确定，即培训内容必须有针对性、实用性和应用性，以便既节省时间和精力，又对工作有所帮助。

(三) 培训形式的灵活性和多样性

成人学习的从属性与实用性特点、企业员工的差异性，决定了员工学习能力的参差不齐，所以员工培训形式应具有灵活性与多样性。即应根据企业的实际状况和员工自身的特点，灵活地选择培训对象和培训形式、制订培训计划、调整培训内容。

(四) 培训时间上的长期性和速成性

现代社会经济和科学技术日新月异，新情况、新问题层出不穷，要求人们接受继续教育和终身教育以适应时代的发展，这就决定了培训应具有长期性，但成人学习的从属性特点又决定了培训周期要短，应具有速成性，以便解决工学矛盾。因此，员工培训可采取针对某一时期的中心任务或围绕某一专题、某一紧急任务而进行短期培训、专题培训或应急培训。当然，还应将培训的长期性与速成性有机结合起来，使培训的短期目标与长期目标相一致。

五、员工培训的原则

(一) 战略原则

员工培训的重要性说明企业必须将其放在战略的高度来认识，不仅要舍得投资，而且还要抽调生产、技术、经营管理骨干参加。但是员工培训有的能立竿见影，很快反映到员工工作绩效上；有的则可能在若干年以后才能收到明显的效果，尤其是管理人员的培训。因此，抓好员工培训，企业及其各级管理人员必须树立战略观念，根据企业发展目标及战略制订培训计划，使培训工作与企业的长远发展紧密结合。

(二) 理论联系实际、学用一致原则

企业是以营利为目的的，这就要求员工培训必须讲求实效与收益或潜在的收益，应坚持企业发展需要什么，员工缺少什么理论与技术，员工发展需要什么，培训就要及时、准确地予以体现和实施。

(三) 因人施教原则

企业岗位多且差异大，员工水平也参差不齐，因而不能采用普通教育"齐步走"的模式，只能遵循因人施教的原则，即针对每个员工的实际水平与所在岗位的要求开展培训工作，或者将培训对象分类，根据每一类的不同特点与要求有区别地组织培训。

(四) 全员培训和重点提高相结合原则

兼顾企业发展与员工个人发展的需要，应对所有人员进行培训，但同时还要有所侧重，根据不同时期的工作需要确定培训重点，例如开展新员工适应性培训、转岗培训、退休培训等，做到点与面的有机结合。

(五) 主动参与原则

培训工作应做好动员，让参训者理解培训的必要性与重要性，从而提高学习的积极性，这是保证培训效果的前提条件。

六、员工培训与开发的新趋势

为了满足现代企业发展的需要，员工培训已出现了新的发展趋势，主要表现在以下几个方面。

(一) 培训目的的转变

培训目的已从主要使员工适应当前工作需要逐渐演变为对"企业人""现代人"的塑造。为了激励员工、稳定队伍，培训既要考虑企业发展的需要，又要考虑员工个人发展的需要，与员工的个人职业生涯规划结合起来，满足企业经营发展与员工个人成长两个需要。

(二) 培训对象的转变

企业员工培训的对象已从以生产工人为主发展为全员培训，由企业员工培训发展到相关人员培训。20世纪70年代及以前，我国企业员工培训主要针对生产工人，培训形式有学徒制度、企业技术训练班、员工夜校等；20世纪70年代末，我国吸收和引进了国外全员培训和终身教育、继续教育的观念，逐步形成了包括工人岗位培训、班组长培训、专业技术人员继续教育、管理人员培训在内的比较完善的培训体系。

(三) 培训方式的多样化、现代化

传统的培训方式主要是课堂教学及车间实习、师傅带徒弟，现代企业采用了更加灵活多

样的方式，并引入了许多现代化的方法与手段，如视听教学、模拟演习、研修讨论、职务轮换、自我测评、基层锻炼、挂职锻炼等，使培训更加吸引人，效果也更好。

(四) 培训形式发生转变

企业员工培训从以职(岗)前培训为主发展为继续教育、终身教育和在职(岗)培训多种形式结合。为了适应科学技术及经营管理的发展，也为了满足员工个人成长的需求，许多企业都开展了深入、广泛的继续教育、终身教育、在职(岗)教育，并且鼓励业余学习。有的企业为了保证培训的实施，还制订轮训计划和轮岗措施。

(五) 企业员工培训逐步发展为资格证书培训

无论是企业的管理人员、专业技术人员还是操作人员，都存在上岗资格问题。通过适当的培训项目或课程使他们获得相应的任职资格或技术等级，这已经成为一种发展趋势。

第二节　培训的操作流程

培训工作的流程主要包括四个阶段：培训需求分析、制订培训计划、培训的实施控制、培训效果评价，如图6-1所示。

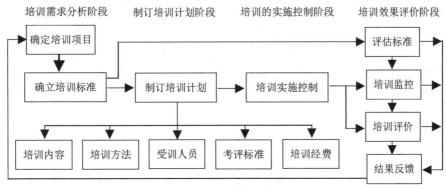

图6-1　培训工作的流程

一、培训需求分析

培训需求分析是培训活动过程中的首要环节，它回答了为什么要培训以及培训要达到什么效果的问题。因此，培训需求分析是确立培训目标、设计培训方案、实施培训计划和评估培训效果的基础。只有通过培训需求分析，才能确定期望达到的效果，也才能依此判断是否达到了培训目标、培训是否有效以及培训投资是否有价值。因此，在计划培训活动时，正确进行培训需求分析是十分重要的。

(一) 培训需求分析方法模型

麦吉(McGehee)和塞耶(Thayer)于1961年提出了培训需求分析方法模型，该模型主要涉及组织分析、任务分析和人员分析三大层面。表6-1较充分地描述了培训需求分析的分析层面、目的和方法。

表6-1　麦吉和塞耶的培训需求分析方法

分析层面	目的	方法
组织分析	确定组织中哪里需要培训	将组织长期目标、经营战略、短期目标及技术需求与组织现有效率、工作质量、期望水平相结合，制订人事接续计划，对员工知识、技能进行分析，评价培训的组织环境
任务分析	决定培训内容应该是什么	对于个人工作，分析其业绩评价标准、要求完成的任务和完成任务所必需的知识、态度、技能
人员分析	决定谁应该接受培训和接受何种培训	通过业绩报告分析绩效差距的原因，收集和分析关键事件，对员工及其上司进行培训需求调查

(1) 组织分析是依据组织目标、结构、内部文化、政策、绩效及未来发展等因素，分析并找出组织中存在的问题与问题产生的根源，以确定培训是否是解决这类问题的有效方法，确定在整个组织中哪个部门、哪些业务需要实施培训，哪些人需要加强培训。因此，组织分析涉及影响培训计划的有关组织的各个方面，包括对组织目标的检验、组织资源的评估、组织特征的分析以及环境影响的分析等方面。

(2) 任务分析是通过查阅工作说明书或具体分析完成某一工作需要哪些技能，了解员工有效完成该项任务必须具备的条件，找出差距，确定培训需求，弥补不足。任务分析的目的在于了解与绩效问题有关的工作的详细内容、标准，以及完成任务所应具备的知识和技能。

(3) 人员分析是从培训对象的角度分析培训的需求，通过人员分析确定哪些人需要培训及需要何种培训。人员分析一般是对照工作绩效标准，分析员工目前的绩效水平，找出员工现状与标准的差距，以确定培训对象及其培训内容和培训后应达到的效果。

(二) 培训需求的对象分析

1. 新员工培训需求分析

新员工由于对企业文化、企业制度不了解而不能融入企业，或是由于对企业工作岗位的不熟悉而不能很好地胜任新工作，此时就需要对新员工进行培训。对新员工进行培训需求分析时，特别是对从事低层次工作的新员工进行培训需求分析时，通常使用任务分析法来确定其在工作中需要的各种技能。

2. 在职员工培训需求分析

在职员工培训需求是指由于新技术在生产过程中的应用，在职员工的技能不能满足工作需要等方面的原因而产生的培训需求，通常采用绩效分析法评估在职员工的培训需求。

(三) 培训需求的阶段分析

1. 目前培训需求分析

目前培训需求是指针对企业目前存在的问题和不足而提出的培训要求，主要分析企业现阶段的生产经营目标、生产经营目标的实现状况、未能实现的生产任务、企业运行中存在的问题等。找出上述问题产生的原因，并确认培训是解决问题的有效途径。

2. 未来培训需求分析

未来培训需求是为满足企业未来发展的需要而提出来的培训要求，主要采用前瞻性培训需求分析方法，预测企业未来工作变化、员工调动情况、新工作岗位对员工的要求，以及员工已具备的知识水平和尚欠缺的部分。

(四) 培训需求信息的收集方法

培训需求信息的收集方法有很多种，在实际工作中培训管理人员通常使用一种以上的方法，因为采用不同的方法，研究目标员工及其工作时，分析的准确程度会显著提高。常用的收集培训需求信息的方法如下。

1. 面谈法

面谈法是指培训组织者为了了解培训对象在哪些方面需要培训，就培训对象对于工作或对于自己的未来抱有什么样的态度，或者是否有具体的计划，并且由此而产生相关的工作技能、知识、态度或观念等方面的需求而进行面谈的方法。

面谈法是一种非常有效的需求分析方法。培训者和培训对象面对面进行交流，可以充分了解相关方面的信息。通过面谈，培训者可以推心置腹地和培训对象交谈其工作情况以及个人发展计划，对工作中存在的问题进行双向交流，这样有利于培训双方相互了解、建立信任关系，从而使培训工作得到员工的支持。而且，会谈中通过培训者的引导提问，能使培训对象更深刻地认识到工作中存在的问题和自己的不足，激发其学习的动力和参加培训的热情。

面谈法也有其自身的缺点。培训方和受训方对各问题的探讨需要较长的时间，这在一定程度上可能会影响员工的工作，会占用培训者大量的时间。而且面谈对培训者的面谈技巧要求高，一般员工不会轻易吐露自己在工作中遇到的问题和自己的不足，员工在没有了解面谈者真实意图的时候，不会将其个人发展计划告知培训者。

2. 重点团队分析法

重点团队分析法是指培训者在培训对象中选出一批熟悉问题的员工作为代表参加讨论，以调查培训需求信息。通常由8～12人组成一个小组，其中有1～2名协调员，一人组织讨论，另一人负责记录。这些人员的选取要符合两个条件：一是他们的意见能代表所培训对象的培训需求，一般是从每个部门、每个层次中选取数个代表参加；二是选取的成员要熟悉需求调查中讨论的问题，他们一般在其岗位中有比较丰富的工作经历，对岗位各方面的要求、其他员工的工作情况都比较了解。

重点团队分析法是面谈法的改进，优点在于不必和每个员工逐个面谈，花费的时间和费用比面谈法要少得多。代表们各抒己见，发挥出头脑风暴法的作用，得到的培训需求信息比面谈法更有价值。这种方法的局限性在于对组织者要求高，由于一些主、客观方面的原因，可能会导致小组讨论时大家不会说出自己的真实想法，不敢反映本部门的真实情况，某些问题的讨论可能会流于形式。

3. 工作任务分析法

工作任务分析法是以工作说明书、工作规范或工作任务分析记录表作为确定员工达到要求掌握的知识、技能和态度的依据，将其和员工平时工作中的表现进行对比，以判定员工距离完成工作任务的差距。工作任务分析法是一种非常正规的培训需求调查方法，它通过岗位资料分析和员工现状对比得出员工的素质差距，结论可信度高。但这种培训需求调查方法需要花费的时间和费用较多，一般只是在非常重要的培训项目中才会运用。

4. 观察法

观察法是指培训者亲自到员工身边了解员工的具体情况，通过与员工在一起工作，观察员工的工作技能、工作态度，了解其在工作中遇到的困难，收集培训需求信息的方法。观察法是一种最原始、最基本的需求调查工具之一，它比较适合生产作业和服务性工作人员，而对于技术人员和销售人员则不太适用。这种方法的优点在于培训者与培训对象亲自接触，对他们的工作有直接的了解。但观察员工需要很长的时间，观察的效果也受培训者对工作熟悉程度的影响。另外，观察者的主观偏见也会对调查结论有影响。

5. 调查问卷

利用问卷调查员工的培训需求也是培训组织者较常采用的一种方法。培训部门首先要将一系列的问题编制成问卷，发放给培训对象填写之后再收回分析。调查问卷发放简单，可节省培训组织者和培训对象双方的时间，同时其成本较低，又可针对许多人实施，所得资料来源广泛。其缺点在于调查结果是间接取得的，无法断定其真实性，而且问卷设计、分析工作难度较大。

二、制订培训计划

培训计划是根据企业的近、中、远期的发展目标，对企业员工培训需求进行预测，然后制定培训活动方案的过程。它是一个系统工程，包括确定组织目标、分析现阶段差距、确定培训范围、确定培训内容、选择培训方式、确定培训时间和组织管理方式。培训计划的内容不是一成不变的，可以制订详细的培训计划，也可只确定一个原则和大概的培训方向，在每个培训前再制订详细的实施计划。

1. 培训目的

培训目的是指培训计划要解决的问题或要达到的目标是什么。只有明确了培训的目的，才能确定员工培训的目标、对象和内容，从根本上决定培训计划所涉及的各种资源投入的规模和程度。

2. 培训原则

培训原则是指制订和实施培训计划时应遵循的规则。

3. 培训目标

培训目标是指培训计划中的培训项目需要达到什么样的目标或结果。在设定培训目标时，要确定经过培训的员工预期应达到的显著的和可度量的工作绩效。培训目标不应定得太高，应切合企业实际。培训目标是考核培训效果的标准。

4. 培训对象

培训对象是指培训计划中的培训项目是对什么人或者什么岗位的任职人员进行的。确定了培训对象之后，还要确定主要培训对象和次要培训对象。准确地选择培训对象，有助于控制培训成本、强化培训目的、提高培训效率。

5. 培训内容

培训内容与培训对象是相辅相成的，有什么样的培训对象就有什么样的培训内容，有什么样的培训内容就要选择什么样的培训对象。培训内容一般在培训需求分析阶段对工作任务进行系列调查和综合分析后加以确定。

6. 培训时间

培训时间的安排要受培训的范围、对象、内容、方式、费用，以及其他与培训有关的因素的影响。员工培训计划必须明确何时进行何种培训。

7. 培训地点

培训地点一般是指学员接受培训的地区和场所。例如，针对个人的岗位技能培训，一般都安排在工作现场或车间；其他类型的培训可以安排在工作现场，也可以安排在特定的地点。

8. 培训形式和方式

培训形式和方式主要包括：外部培训还是内部培训；外聘培训讲师还是由内部人员担任培训讲师；脱产培训还是利用业余时间培训。培训形式和方式直接影响受训员工对培训内容的接受程度，同时培训形式和方式的确定也便于受训人员做好受训准备。

9. 培训组织人

培训组织人，一是指培训计划的执行人或实施人，二是指培训计划中每一个培训项目的执行人或责任人。明确培训的组织人有利于培训工作的顺利开展，使培训讲师和受训员工知道有问题找谁，使问题能够得到及时解决，保证培训工作的高质、高效。

10. 考评方式

为了验证培训效果、督促受训人员学习，每个培训项目实施后，必须对受训人员进行考评。考评可以采用笔试、面试或实际操作等方式进行，从时间上来说，可以采用即时考评或综合考评。总之，要选择一个能较好地测试培训结果的方法进行考评，切不可走形式，失去考评的意义。

11. 培训费用预算

培训费用一般是指实施培训计划的直接费用，包括两个部分：一部分是整体计划的执行费用；另一部分是每一个培训项目的执行或实施费用。例如，培训讲师的费用，学员的往来交通、食宿费用，教室及设备的租借费用，教材印发、购置的费用，以及培训实施过程中的其他各项花费等，均属于培训费用。

12. 签发人

签发人是指本培训计划的审批人。

三、培训的实施控制

培训的实施控制是使培训顺利进行、实现培训目的、提高培训效率的保证。在培训实施过程中，应采用以阶段性控制和主动控制为主的控制方法。阶段性控制有利于及时发现问题；主动控制有利于责任划分和及时解决问题。在培训的每个阶段均引进控制功能非常有必要。

(一) 培训需求确定的控制

确定培训需求是培训的前提，应采用主动控制方法进行培训需求确定的控制，即对培训需求的准确性应在培训确定之前进行控制，而不是在执行过程中发生问题后进行纠正。有效培训需求确定的控制要求岗位任职人员、直接主管上级、各级领导、培训主管共同协商、协调、制约来完成。

(二) 培训目标确定的控制

培训目标确定的控制与培训需求确定的控制相同，由岗位任职人员、直接主管上级、各级领导、培训主管共同协商、探讨完成。它们均属于决策控制，以保证决策的正确性、实用性、可操作性，避免做出偏离目标的、空洞的、不可执行的决策。

(三) 培训组织的过程性控制

培训组织的过程性控制是对培训流程中每一个阶段性工作的控制，包括培训的阶段性工作内容和各培训阶段之间工作的连接方式两个方面，主要表现在完成质量的控制、完成时间的控制、问题及反馈控制等方面。

(四) 培训的考核和评估控制

任何一种培训要想了解培训效果，就必须进行培训考核或培训评估。培训的考核和评估控制是培训结束后为了解培训效果所实施的反馈控制，对本次培训已不存在实用价值，但对下次培训内容和程序的改善或纠正本次培训的不足具有极其重要的意义。

四、培训效果评价

内容详见本章第五节。

第三节 培训的类别

一、按岗位关系分类

(一) 入职培训

入职培训是指企业对新员工在正式任职前所进行的提高其价值的人力资源管理活动。入职培训的主要目的是让员工尽快熟悉企业、适应环境和形势。

(二) 在职在岗培训

在职在岗培训是指在工作中直接对员工进行培训，是聘请有经验的工人、管理人员或专职教师指导员工边学习边工作的培训方式。在职在岗培训是一种历史悠久、应用最普遍的培训方式，也是一种比较经济的方式。在职在岗培训不仅使员工获得完成工作所需要的技能，还可以传授给员工其他的技能，如与其他员工沟通的能力、倾听的技巧、处理人际关系的能力等。

在职在岗培训是企业员工培训的一种基本培训形式和工作重点，强调紧密结合职业，遵循按需施教、急用先学的原则，按职务岗位需要进行培训，以确保劳动者获得上岗任职的资格和能力为出发点，使其达到本岗位要求，其实质是提高从业人员总体素质。

(三) 在职脱产培训

在职脱产培训是指有选择地让部分员工在一段时间内离开原工作岗位，进行专门的业务学习的培训方式。在职脱产培训的形式有举办技术训练班、开办员工业余学校、选送员工到正规院校或国外进修等。脱产培训花费较高，一般被实力雄厚的大型企业和组织严密的机关事业单位所普遍采用。

(四) 职业资格培训

职业资格培训是提高企业员工职业适用性和开放性的重要措施。许多职业或岗位需要通过考试取得相应资格证才能上岗，而且资格证一般几年内有效。资格证到期时，员工需接受培训并再次参加资格考试。要求上岗者须具备资格证的岗位分为两类：第一类是国家有关部门规定的岗位；第二类是企业规定的岗位。针对第一类岗位的资格培训一般由有关部门授权的机构组织实施，针对第二类岗位的资格培训由企业自己组织实施。

二、按培训对象分类

(一) 管理开发培训

管理开发培训是指组织为了提高其生产力和盈利能力，确定和持续追踪高潜能员工，帮助组织内管理人员成长和提高的项目。管理开发培训不仅是正式的培训项目和教育，还包括与组织内部管理人员有关的许多政策和惯例，如在职培训、绩效评估、工作轮换、职业轨迹、管理继任和高潜能人员确认系统，以及职业发展咨询活动。管理开发是一个持续不断的过程，对组织发展来讲，这是一项战略性的任务。一个有效的管理开发项目可以不断地培养出称职和经过良好训练的各级管理人才，并促使新任管理人员接受组织的价值观和准则，对于加速他们的成长有突出的作用。

(二) 专业技能培训

专业技能培训是指围绕财务人员、采购人员等技术人员的业务范围，进行专业知识技能的培训。在现代组织中，团队工作方式日益普遍，如果各类专业人员局限于自己的专业领域，彼此之间缺乏沟通与协调，必将影响团队的工作。专业技能培训的目的首先是让员工了解其他人的工作，使每个人能从组织整体出发开展工作；其次是让员工及时了解各自领域内的最新动态和最新知识，不断更新专业知识。

(三) 新员工导向培训

新员工导向培训是指为刚被招聘进企业、对企业内外情况生疏的新员工指引方向，使其对新的工作环境、条件、人际关系、应尽职责、规章制度、组织期望有所了解，尽快融入组织之中的一系列培训活动。新员工导向培训的基本内容包括规章制度、企业概况、产品知识、行为规范和共同价值观；专业内容主要包括业务知识、技能和管理实务。

新员工导向培训的意义：首先，让新员工感受到组织重视他们的到来；然后，让新员工对组织和其即将从事的工作有较为详细的了解；最后，让新员工对组织的发展前途与自己的成功机会产生深刻的认识。新员工导向培训的深层意义在于培养员工对组织的归属感，包括对组织从思想上、感情上及心理上产生认同感、依附感并投入其中，这些是培训员工责任感的基础。

(四) 骨干员工技能培训

骨干员工技能培训主要针对骨干员工，依据工作说明书和任职资格的要求，明确职业分工、操作规程、权责范围，掌握必要的工作技能，培养与组织相适应的工作态度与行为习惯，使员工有效地完成本职工作。骨干员工技能培训有三个要求：①强调培训的专业性；②强调专业知识和技能的层次；③强调培训的适应性和前瞻性。

第四节　培训的方法

一、直接传授型培训法

直接传授型培训法适用于知识类培训，主要包括讲授法、专题讲座法和研讨法。

(一) 讲授法

讲授法是指培训讲师按照准备好的讲稿系统地向受训者传授知识的方法，是最基本的培训方法，适用于各类学员对学科知识、前沿理论进行系统了解。培训讲师是讲授法成败的关键因素。

讲授法的优点：传授内容多，知识比较系统、全面，有利于大范围培养人才；对培训环境要求不高；有利于讲师水平的发挥；员工平均培训费用较低。

讲授法的局限性：传授内容多，学员难以完全消化、吸收；单向传授不利于教学双方互动；不能满足学员的个性化需求；讲师水平直接影响培训效果，容易导致理论与实践相脱节；传授方式较为枯燥、单一。

(二) 专题讲座法

专题讲座法是指针对某一个专题知识进行讲解的方法，这种培训方法适用于管理人员或技术人员了解专业技术发展方向或当前热点问题等。

专题讲座法的优点：培训不占用大量的时间，形式比较灵活；可随时满足员工某一方面的培训需求；讲授内容集中于某一专题，可以使培训对象加深理解。

专题讲座法的局限性：讲座中传授的知识相对集中，内容可能不具备较好的系统性。

(三) 研讨法

研讨法是指在教师引导下，学员围绕某一个或几个主题进行交流、相互启发的培训方法。研讨法有以下几种类型。

1. 以讲师或受训者为中心的研讨

以讲师为中心的研讨从头至尾由讲师组织并提出问题，引导受训者做出回答。研讨结束后，由讲师进行总结。

以受训者为中心的研讨常常采用分组讨论的形式就某一主题进行自由讨论，相互启发。

2. 以任务或过程为取向的研讨

任务导向的研讨着眼于达到某种目标，这个目标是事先确定的，即通过讨论了解某一个或几个问题，或者得出某个结论，组织这样的研讨需要设计能够引起讨论者兴趣、具有探索价值的题目。

过程导向的研讨着眼于讨论过程中成员之间的相互影响，重点是相互启发，进行信息交换，并增进了解，加深感情。

任务—过程导向的研讨既能得出某个结论，又能达到相互影响的目的，这需要对讨论进行精心的组织。例如，先分成小组讨论，小组内进行充分的交流，意见达成一致后推举一人在全体学员的讨论会上发言。

研讨法的优点：①多向式信息交流，有利于学员取长补短，开阔思路，促进能力的提高；②要求学员积极参与，有利于培养学员的综合能力；③加深学员对知识的理解；④形式多样，适应性强，可针对不同的培训目标选择适当的方法。

研讨法的局限性：①对研讨题目、内容的准备要求较高；②对指导教师的要求较高。

二、实践型培训法

实践型培训法简称实践法，主要适用于以掌握技能为目的的培训。实践法的常用方式如下。

(一) 工作指导法

工作指导法又称教练法、实习法，是指由一位有经验的工人或直接主管人员在工作岗位上对受训者进行培训的方法。指导教练的任务是教受训者如何做，提出如何做好的建议，并对受训者进行激励。

工作指导法的优点是应用广泛，可用于基层生产工人培训，如让受训者通过观察教练工作和实际操作，掌握机械操作的技能。工作指导法也可用于各级管理人员培训，让受训者与现任管理人员一起工作，后者负责对受训者进行指导，一旦现任管理人员因退休、提升、调动等原因离开岗位时，训练有素的受训者便可立即顶替，如设立助理职务培养和开发企业未来的高层管理人员。

(二) 工作轮换法

工作轮换法是指让受训者在预定时期内变换工作岗位，使其获得不同岗位的工作经验的培训方法。以管理岗位的工作轮换培训为例：让受训者有计划地到各个部门学习，如生产、销售、财务等部门，在每个部门工作几个月。实际参与所在部门的工作，或仅仅作为观察者，以便了解所在部门的业务，扩大受训者对整个企业各环节工作的了解。

工作轮换法的优点：①能丰富受训者的工作经验，增加对企业工作的了解；②使受训者明确自己的长处和弱点，找到适合自己的位置；③改善部门间的合作，使管理者能更好地理解相互间的问题。

工作轮换法的局限性：工作轮换法鼓励"通才化"，适用于一般直线管理人员的培训，不适用于职能管理人员。

(三) 特别任务法

特别任务法是指企业通过为某些员工分派特别任务对其进行培训的方法，此法常用于管理培训。特别任务法的具体形式如下。

1. 委员会或初级董事会

委员会或初级董事会是为有发展前途的中层管理人员提供的，培养分析全公司范围问题的能力，提高决策能力的培训方法。一般初级董事会由10～12名受训者组成，受训者来自各个部门，他们针对高层次的管理问题，如组织结构、经营管理人员的报酬、部门间的冲突等提出建议，并将这些建议提交给正式的董事会，通过这种方法为这些管理人员提供分析公司高层次问题的机会。

2. 行动学习

行动学习是让受训者将全部时间用于分析、解决其他部门而非本部门问题的一种课题研究法。4～5名受训者组成一个小组，定期开会，就研究进展和结果进行讨论。这种方法为受训者提供了解决实际问题的真实经验，可提高他们分析、解决问题，以及制订计划的能力。

(四) 个别指导法

个别指导法和我国以前的"师傅带徒弟"或"学徒工制度"相类似。目前，我国仍有很多企业在实行这种"传帮带"式培训方式，主要是通过资历较深的员工的指导，使新员工能够迅速掌握岗位技能。

三、参与型培训法

参与型培训法是调动培训对象的积极性，让其在培训者与培训对象双方的互动中学习的一种培训方法。这类方法的主要特征是每个培训对象积极参与培训活动，从亲身参与的过程中获得知识、技能，掌握正确的行为方式，开拓思维，转变观念。参与型培训法的主要形式有案例研究法、头脑风暴法、敏感性训练法和管理者训练法。

(一) 案例研究法

案例研究法是一种信息双向性交流的培训方式，它将知识传授和能力提高两者融合到一起，是一种非常有特色的培训方法。可分为案例分析法和事件处理法两种。

1. 案例分析法

案例分析法又称个案分析法，是指围绕一定的培训目的，把实际中真实的场景加以典型化处理，形成供学员思考、分析和决断的案例，通过独立研究和相互讨论的方式，来提高学员问题分析及解决能力的一种培训方法。

2. 事件处理法

事件处理法是指让学员自行收集亲身经历的案例，将这些案例作为个案，利用案例研究法进行分析讨论，并用讨论结果来警戒日常工作中可能出现的问题。学员间通过相互交流和讨论彼此亲历的事件，可使企业内部信息得到充分利用和共享，同时有利于形成一个和谐、合作的工作环境。

(二) 头脑风暴法

头脑风暴法又称研讨会法、讨论培训法。头脑风暴法的特点是培训对象在培训活动中相互启迪思想、激发创造性思维，能最大限度地发挥每个参加者的创造能力，提供更多、更好的问题解决方案。

头脑风暴法的优点：培训过程中为企业解决了实际问题，大大提高了培训的收益；可以帮助学员解决工作中遇到的实际困难；学员的参与性强；小组讨论有利于加深学员对问题理解的程度；集中了集体的智慧，达到了相互启发的目的。

头脑风暴法的缺点：对培训顾问要求高，如果不善于引导讨论，可能会使讨论漫无边际；培训顾问主要扮演引导的角色，讲授的机会较少；研究的主题能否得到解决也受培训对象水平的限制；主题的挑选难度较大，不是所有的主题都适合用来讨论。

(三) 模拟训练法

模拟训练法以工作中的实际情况为基础，将实际工作中可利用的资源、约束条件和工作过程模型化，学员在假定的工作情境中参与活动，学习从事特定工作的行为和技能，提高其处理问题的能力。模拟训练法的基本形式是由人和机器、计算机共同参与模拟活动。

模拟训练法的优点：学员在培训中工作技能将会获得提高；通过培训有利于加强员工的竞争意识，可以带动培训中的学习气氛。

模拟训练法的缺点：模拟情景准备时间长，而且质量要求高；对组织者要求高，要求其熟悉培训中的各项技能。

这种方法适用于对操作技能要求较高的员工培训。

(四) 敏感性训练法

敏感性训练法又称T小组法。敏感性训练要求学员在小组中就参加者的个人情感、态度及行为进行坦率、公正的讨论，相互交流对各自行为的看法，并说明由对方行为引起的情绪反应。其目的是要提高学员对自己行为和他人行为的洞察力，了解自己在他人心目中的形象，感受与周围人群的相互关系和相互作用，学习与他人沟通的方式，发展在各种情况下的应变能力，在群体活动中采取建设性行为。敏感性训练法适用于组织发展训练、晋升前的人际关系训练、中青年管理人员的人格塑造训练、新进人员的集体组织训练、外派工作人员的异国文化训练等。

(五) 管理者训练法

管理者训练法又称MTP法，是产业界最为普及的管理人员培训方法之一。这种方法旨在使学员系统地学习、深刻地理解管理的基本原理和知识，从而提高他们的管理能力。管理者训练适用于培训中低层管理人员掌握管理的基本原理、知识，提高管理能力。一般采用专家授课、学员间研讨的培训方式。企业可进行大型的集中训练，以脱产方式进行。

四、态度型培训法

态度型培训法主要针对行为调整和心理训练，具体包括角色扮演法和拓展训练等。

(一) 角色扮演法

角色扮演法是模拟一个真实的工作情境，让参加者身处模拟的日常工作环境，并按照他在实际工作中应有的权责来扮演与实际工作类似的角色，模拟性地处理工作事务，从而提高处理各种问题的能力。这种方法的精髓在于以动作和行为作为练习的内容来开发设想，也就是说，学员们不是针对某个问题相互对话，而是针对某个问题采取实际行动，以提高个人及集体解决问题的能力。

(二) 拓展训练

拓展训练是指通过模拟探险活动而进行的情景式心理训练、人格训练、管理训练，通常以外化型体能训练为主，学员被置于各种艰难的情境中，在面对挑战、克服困难和解决问题的过程中，使人的心理素质得到改善。拓展训练包括场地拓展训练和野外拓展训练两种形式。

【虚拟培训】

肯德基用VR密室逃脱游戏教员工炸鸡，学不会甭想逃出来

据报道，肯德基在培训员工时引入了十分惊悚的"生化奇兵VR密室逃脱"游戏。在培训时不是将员工带到无菌的厨房，用真鸡肉试验怎么炸出香喷喷的上校鸡块，而是利用VR头盔显示器将受训员工带入一个虚拟幽闭的房间，里面有鸡肉、炸鸡设备和"邪恶"的桑德斯上校。在桑德斯上校的不断催促下，参与游戏的员工要学习炸鸡的五个步骤：检查、清洗、裹面、推压、油炸，只有制作出招牌炸鸡，才能"逃出生天"，不然就会被永远困在房间里。肯德基称，利用VR游戏的方式教员工炸鸡，整个过程只需10分钟，要低于过去实际培训操作的25分钟。经过这么一场刺激的"密室逃脱"，员工很难忘记怎么炸鸡。而且以VR的方式进行培训更加环保，避免潜在的浪费，也大大省去了前期的准备工作。对于新员工来说，VR培训显然更安全，不会被烫到，可以减少意外事故的发生。

五、科技时代的培训方法

(一) 网上培训

网上培训是指通过企业的内部网或互联网对学员进行培训的方式。

(二) 虚拟培训

虚拟培训是指利用虚拟现实技术生成实时的、具有三维信息的人工虚拟环境，学员通过某些设备接受相应环境的各种感官刺激而进入其中，并可根据需要通过多种交互设备来驾驭

环境、操作工具和操作对象，从而达到提高培训对象各种技能或学习知识的目的。

第五节　培训效果评价概述

一、培训效果的概念

培训效果是指在培训过程中受训者所获得的知识与技能状况、态度改变程度、工作效率与绩效的提高程度，以及组织绩效的改进程度。培训效果有三种情况：一是积极的，即工作绩效得到提高；二是消极的，即工作绩效恶化；三是中性的，即培训对工作绩效没有产生明显的影响，这种情况下的损失是培训经费和时间。

二、评价培训效果的目的

评价培训效果的目的主要在于考察上一阶段所进行培训的效果状况，通过培训效果评价，了解培训项目是否达到预定的培训目标和要求，并总结经验与教训，使以后的培训工作能够做到更加完善和更有针对性，改进培训工作，提高培训实效。

一般来说，评价培训效果重点要研究和解决四个问题：一是员工的态度和行为是否发生了变化；二是这些变化是否是由培训导致的；三是这些变化是否有助于组织目标的实现；四是下一批受训者在完成相同的培训后是否会发生相同或相似的变化。

三、培训效果评价的标准

美国著名学者D. L. 柯克帕特里克教授提出了评价培训效果的四层次框架体系，又称柯氏四层次评估法。他认为，培训效果测定可分为以下四个层次。

(一) 反应评估

反应评估是对培训效果的最基本评价，主要是评估受训者对培训的感受和看法，包括对培训的内容、方法、形式、培训师、设备的满意程度等。

反应评估通常采用访谈、问卷调查等方法，其中问卷调查法的应用最为普遍。

(二) 学习评估

学习评估是评估受训人员学到了什么。受训人参加培训后，在知识、技能或态度方面是否有了提高或改变，这是学习评估的主要内容。

由于学习内容包括知识、技能、态度三个方面，因此，需要采用不同的评估方法。知识方面通常采用笔试，技能方面通常采用实际操作，态度方面通常采用自我评价的态度量表。

(三) 工作行为评估

工作行为评估的重点是评价培训是否带来了受训人员行为上的改变，以及受训人员把所学运用到工作上的程度。由于受训人员相关工作行为的改变才是培训的最直接目的，因此，工作行为评估是效果评估中一项重要的内容，可以直接反映培训的效果，也是组织高管和直接主管特别关心的。

工作行为评估的方法包括面谈、直接观察、绩效监测、行为评价量表等。其中，行为评价量表是行为评估中最常用的方法。行为评价量表法是根据具体的培训内容，由受训人本人、直接主管、同事、下属或客户对受训人员行为变化进行评估的过程。

(四) 结果评估

结果评估的目标是评估受训人员工作行为的改变对其所服务的组织或部门绩效的影响作用。结果评估应该以组织工作绩效为标准，如增加产量、提高生产率和产品质量、降低投诉率等。结果反映了培训活动对组织的影响效果，体现了组织进行培训的最终目的，结果是最具有说服力的评价指标，也是组织高管层最关心的评估内容。

结果评估指标包括硬指标和软指标。硬指标包括产出、质量、成本和时间四大类，易被衡量和量化，容易被转化为货币价值，而且评价也更为客观。软指标包括工作习惯、工作满意度、主动性、顾客服务等方面，难以衡量和量化，也难以被转化为货币价值，而且评价具有主观性。

柯氏四层次评估法的评价标准如表6-2所示。

表6-2　柯氏四层次评估法的评价标准

层次	标准	评价重点
1	反应	受训者的满意程度
2	学习	知识、技能、态度、行为方式方面的改变
3	工作行为	工作行为的改进
4	结果	受训者的经营业绩

四、评价培训效果的方法

评价培训效果的方法主要有以下几种。

(一) 测试比较评价法

测试比较评价法就是分别在培训开始和结束时用卷面测试题或实际操作对受训者进行测试，然后将前后两次测试成绩进行比较。如果受训者在培训之后的测试成绩明显比之前高许多或熟练许多，则表明通过培训确实增加了受训者的知识、技能，从而说明培训确实是有效的。

(二) 工作态度调查评价法

工作态度调查评价法就是用调查表的形式调查受训者在培训前后工作态度的变化情况。如果培训后，发现员工的工作责任心、敬业精神、对组织的忠诚度、遵守工作纪律和规章制度的情况明显好转，则说明培训效果较好；反之，则说明培训效果不佳。

(三) 工作绩效对照评价法

工作绩效对照评价法就是把员工参加培训前后的工作绩效情况进行对比，了解受训者在工作数量和工作质量上的变化情况。如果培训后，员工的工作数量明显增加，工作质量有明显改进，则说明培训效果较好；反之，则说明培训效果一般或不佳。

(四) 成本收益评价法

成本收益评价法就是通过比较培训的成本和收益来评价培训效果。培训的成本就是企业开展培训活动所需支付的直接成本和机会成本，而收益可分为直接收益和间接收益。直接收益就是培训后的产量、产值或利润额与培训前的产量、产值或利润额相减的结果；间接收益是通过培训获得的员工及组织整体素质的提高、整体竞争能力的增强、组织形象的改善等。用成本收益评价培训效果应注意以下几个方面：培训目标要明确，且便于衡量；真实反映培训工作的质量；要考虑培训项目的机会成本；只有具有可比性的培训项目才能相互比较，且比较的口径和单位应一致；评价的依据只能是培训对企业生产经营实际起作用的费用和收益。

本 章 小 结

培训与开发是人力资源管理中的一项重要职能活动，其目的是让员工掌握培训项目中所强调的知识、技能和行为，并让他们可以将其应用于日常工作中。

培训与开发的意义：培训与开发是人力资源开发的重要途径，能满足企业发展对高素质人才的需要，能满足员工自身发展的需要，它是提高企业效益的重要手段，是最合算、最经济的投资之一。

员工培训的特点：培训对象的复杂性，培训内容的针对性、实用性和应用性，培训形式的灵活性和多样性，培训时间上的长期性和速成性。

培训应遵循的原则有战略原则，理论联系实际、学用一致原则，因人施教原则，全员培训和重点提高相结合原则，主动参与原则。

培训工作的流程包括四个阶段：培训需求分析、制订培训计划、培训的实施控制、培训效果评价。

培训可以按岗位关系分类和按培训对象分类。

培训的方法分为：直接传授型培训法、实践型培训法、参与型培训法、态度型培训法和科技时代的培训方法。

培训效果评估的柯氏四层次评估法。

习　题

一、单选题

1. (　　)是指公司有计划地实施有助于员工学习与工作相关能力的行为。

    A．员工培训　　　　　　　　　B．员工开发

    C．员工管理　　　　　　　　　D．职业管理

2. 根据组织长期目标、经营战略、短期目标及技术需求将组织现有效率和工作质量与期望水平相比较，对员工知识、技能进行分析，从而确定企业员工哪里需要培训，这是培训需求分析的(　　)分析。

    A．工作　　　　　　　　　　　B．管理

    C．组织　　　　　　　　　　　D．人员

3. 培训者在培训对象中选出一批熟悉问题的员工作为代表参加讨论，以调查培训需求信息。这指的是培训需求信息收集方法中的(　　)。

    A．面谈法　　　　　　　　　　B．重点团队分析法

    C．工作任务分析法　　　　　　D．问卷调查法

4. (　　)是一种非常正规的培训需求调查方法，它通过岗位资料分析和员工现状对比得出员工的素质差距，结论可信度高。

    A．面谈法　　　　　　　　　　B．重点团队分析法

    C．工作任务分析法　　　　　　D．问卷调查法

5. (　　)是对培训流程的每一个培训阶段性工作的控制，包括培训阶段性工作内容和各培训阶段之间工作的连接方式两个方面，主要表现在完成质量的控制、完成时间的控制、问题及反馈控制等。

    A．培训需求确定的控制　　　　B．培训目标控制

    C．培训的考核和评估控制　　　D．培训的过程控制

6. (　　)是一种计划和管理过程的总称，是组织为了提高其生产力和盈利能力，确定和持续追踪高潜能员工，帮助组织内经理成长和提高的项目。

    A．专业技能培训　　　　　　　B．骨干员工技能培训

    C．管理开发培训　　　　　　　D．员工导向培训

7. (　　)是指在教师引导下，学员围绕某一个或几个主题进行交流、相互启发的培训方法。

    A．案例分析法　　　　　　　　B．研讨法

    C．头脑风暴法　　　　　　　　D．管理者训练法

8. 可以提高学员对自己行为和他人行为的洞察力，了解自己在他人心目中的形象，感受与周围人群的相互关系和相互作用，学习与他人沟通的方式，发展在各种情况下的应变能

力。这种员工培训方法是(   )。

    A．敏感性训练   B．拓展训练

    C．管理者训练   D．模拟训练

9. (   )是指在培训过程中受训者所获得的知识与技能状况、态度改变程度、工作效率与绩效的提高程度，以及组织绩效的改进程度。

    A．培训分析   B．绩效反馈

    C．培训效率   D．培训效果

10. 评估受训人员工作行为改变对其所服务的组织或部门绩效的影响作用，这是(   )。

    A．反应评估   B．结果评估

    C．学习评估   D．行为评估

二、多选题

1. 培训需求分析模型涉及的层面包括(   )。

    A．组织分析   B．任务分析

    C．部门分析   D．人员分析

    E．职业锚理论

2. 收集培训需求信息的方法包括(   )。

    A．面谈法   B．重点团队分析法

    C．观察法   D．工作任务分析法

    E．调查问卷法

3. 下列培训方法中，属于参与型培训法的是(   )。

    A．特别任务法   B．案例研究法

    C．头脑风暴法   D．模拟训练法

    E．工作轮换法

4. 下列培训方法中，属于态度型培训法的是(   )。

    A．角色扮演法   B．拓展训练

    C．虚拟培训   D．工作轮换法

    E．系统脱敏法

5. 柯氏四层次培训效果评估包括(   )。

    A．反应评估   B．态度评估

    C．学习评估   D．结果评估

    E．行为评估

三、判断题

1. 企业中进行员工培训必须遵循公平的原则，即所有员工都必须接受同样的培训。(   )

2. 企业的培训内容一般要根据干什么学什么、缺什么补什么的原则来确定。(   )

3. 员工培训的第一步是制订员工培训计划。(   )

4. 许多职业或岗位需要通过考试取得相应资格证才能上岗，而且资格证一般几年内有效。资格证到期时，员工需接受培训并再次参加资格考试。（　　）

5. 讲授法适用于各种类型的员工培训。（　　）

四、名词解释

1. 员工培训与开发　　2. 培训需求分析　　3. 敏感性训练法　　4. 培训效果

五、简答题

1. 员工培训与开发的目的和意义是什么？

2. 员工培训的原则是什么？

3. 员工培训与开发有什么新趋势？

4. 员工培训的具体操作流程是什么？

5. 培训的方法有哪些？

6. 为什么要对培训效果进行评估？其目的是什么？

7. 培训效果评价的标准是什么？采用什么方法进行评价？

六、实操题

A公司为快速消费品生产经营公司，公司近期招聘了销售员20人，财务工作人员4人，库管人员2人，请结合行业特点，为新员工设计一份《新员工培训计划》。建议每2个同学为一组完成该任务。

案例分析

美胜集团的大学生培训

美胜集团是一家中外合资企业，主要经营服装百货等，其经营理念是"青春、时尚、活力、前卫"。为贯彻企业经营思想，集团今年决定大规模招聘大学应届毕业生，为集团注入新鲜的血液。

在一般人眼里，大学生通常是"眼高手低"的代名词，但在美胜集团的眼里，这个词并非完全是贬义的。"眼高"可以解释为有思想、有创新意识；"手低"也可以表示踏实地完成任务，有更实际的操作执行能力。

经过筛选，有20名大学毕业生脱颖而出。如何对这些"眼高手低"者进行前期培训，一直是美胜关注的重点。

A是20名幸运儿中的一员，大学所学专业是房地产，结果现在却在人力资源部工作。说起来，A最难忘的是美胜集团的面试。A学的不是商业而是房地产，所以在应聘之前略显紧张，没想到他的试题居然都是与房地产有关的问题，他轻车熟路地通过了面试。A毕业后没几天，就到公司报到了。到公司的第一件事就是在炎炎烈日下进行为期半个月的军训。美胜集团的本意是想磨炼他们的意志，培养他们的团队精神。

之后是为期10天的课程培训，主要包括企业背景、企业文化、公司管理制度，以及销售技巧、物价合同管理、礼仪等商务知识的培训，还要按时上交培训总结。美胜集团还鼓励新人在培训和实习中主动地去发现商场和个人存在的问题，要求新人对发现的问题提出自己的处理办法，并在培训总结中加以体现。这种快节奏的培训让这些刚刚走出校门的毕业生逐渐习惯工作的压力，很快实现自身角色的转变。

接下来的是为期一个月的现场实习，整个实习过程分为三个阶段：首先是熟悉商场各个部门的运作，让新人们进入角色；然后分散到商场的各个营业部门，熟悉商场的日常管理工作；最后再分散到集团的职能综合部门，熟悉更高一层的管理流程。美胜集团的用意很明显，让员工体验每一个职位，熟悉商场的整个流程，以便为今后更好地工作奠定基础。

目前，这些大学毕业生进入了美胜集团的各个部门，各个部门都有中层的老员工指点他们工作，现在大都成了公司的骨干。

问题：

1．请说明新入职大学毕业生的培训与其他员工的培训有什么不同？
2．你如何看待美胜集团的三阶段培训？
3．通过本案例，你认为针对大学毕业生的培训应坚持什么原则？

案例思考

医疗器械公司培训

李娜是一家医疗器械公司的人力资源部经理，公司最近招聘了一名销售员李勇，在经过面谈后，李娜认为李勇在销售方面具有很大的潜力，具备公司要找的销售人员的条件。可是，两星期后销售部经理却告诉她，李勇提出离开公司。李娜把李勇叫到办公室，就他提出辞职一事进行面谈。

李娜：我想和你谈谈，希望你能改变你的主意。

李勇：我不这样认为。

李娜：你为什么想走，是别的企业给你的薪水更高吗？

李勇：不是，实际上我还没有其他工作。

李娜：你没有新工作就提出辞职？

李勇：是的，我不想在这里待了，我觉得这里不适合我。

李娜：能够告诉我为什么吗？

李勇：我上班的第一天，别人告诉我，正式的产品培训要一个月后才进行，他们给我一本销售手册，让我在这段时间里阅读、学习。第二天，有人告诉我徐汇区有一个展览，要我去公关部帮忙一周。第三周，又让我整理公司的图书。在产品培训课程开课的前一天，有人通知我说，由于某些原因课程推迟半个月，安慰我不要着急，说先安排公司的销售骨干胡斌给我做一些在职培训，并让我陪胡斌一起访问客户。所以我觉得这里不适合我。

李娜：李勇，在我们这个行业，每个新员工前几个月都是这样的，其他地方也一样。

问题：

1．你认为这家公司的新员工培训存在哪些问题？
2．针对此案例，请就如何避免上述问题提出你的建议。

第七章

绩 效 管 理

【导读】

绩效管理是人力资源管理的职能之一，同时绩效管理又是企业的一种经营管理方式。绩效管理系统包括四个阶段，即绩效计划的制订、绩效监督与辅导、绩效考评与绩效反馈。绩效考评是绩效管理中的重要环节，考评的内容包括工作业绩考评、工作态度考评、能力考评、工作潜力考评和适应性考评等。绩效考评对企业及员工均有非常重要的作用。绩效考评的方法分为非系统性绩效考评方法与系统性绩效考评方法，其中非系统性绩效考评方法包括比较法、描述法、量表法和360度绩效考核法，系统性绩效考评方法包括目标管理法、关键绩效指标法和平衡计分卡法。绩效反馈作为绩效管理的最后一个环节，其目的不仅是向员工反馈绩效考评结果，同时也向员工传递组织远景目标，帮助员工弄清绩效不合格的原因，为下一个绩效周期工作的展开做好准备。

【学习目标】

了解绩效管理、绩效考评的概念，以及两者之间的关系；了解绩效管理的系统流程；掌握绩效考评的内容、原则、作用和过程。掌握非系统性绩效考评方法及系统性绩效考评方法；了解绩效考评常见的误区及应对方法；了解绩效反馈面谈的目的、作用、原则与技巧；掌握绩效反馈面谈的内容及注意事项等。

【学习难点】

绩效管理的系统流程；非系统性绩效考评方法及系统性绩效考评方法。

【教学建议】

第一节、第二节以教师讲授为主；第三节以案例分析的方式为主；第四节以教师讲授为主，对学生进行启发教学。

第一节 绩效管理概述

一、绩效管理的相关概念

(一) 绩效的含义及性质

1. 绩效的含义

我们可以从经济学、管理学、社会学三个不同的角度对绩效进行阐释。从经济学角度来看，绩效与薪酬是员工和组织之间的对等交换，员工用自己的绩效来交换相应的薪酬，组织则用相应的薪酬来交换员工的绩效。从管理学的角度来看，绩效是一种有效产出，是组织目标完成的结果。从社会学的角度来看，绩效是作为一名社会成员所承担的社会职责。

总之，员工的工作绩效是指经过考评的工作行为、表现及结果。对组织而言，绩效就是任务在数量、质量及效率等方面完成的情况；对员工个人来说，绩效则是上级和同事对自己工作状况的评价。企业通过对员工进行工作绩效考评获得反馈信息，便可据此制定相应的人事决策与措施，调整和改进其效能。所以，绩效考评具有监控功能。

2. 绩效的性质

绩效的性质中，值得强调的是它的多因性、多维性与动态性。

1) 绩效的多因性

绩效的多因性是指员工绩效的优劣并不取决于单一的因素，而是受主、客观的多种因素影响。图7-1所示的工作绩效模型列出了影响工作绩效的四种主要因素，即员工的激励、技能、环境与机会，其中前两者属于员工自身的主观性影响因素，后两者则是客观性影响因素。

工作绩效模型也可用如下公式表示：

$$P=F(S, O, M, E)$$

式中，P为绩效，S为技能，O为机会，M为激励，E为环境。该公式说明，绩效是激励、技能、环境与机会四个变量的函数。

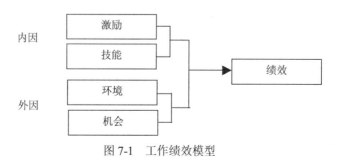

图 7-1 工作绩效模型

2) 绩效的多维性

绩效的多维性是指绩效考评需要从多种维度或方面去分析与考评。例如，考察一个部门经理的绩效时，不仅要看他的经营指标完成情况，还要综合考虑他的管理指标，比如对部下的监控和指导、整个团队是否有创造性等，通过综合评价各种硬、软指标得出最终的评价结论。通常综合考虑员工的工作能力、工作态度和工作业绩三个方面的情况。

3) 绩效的动态性

绩效的动态性是指员工的绩效是变化的，随着时间的推移，绩效差的可能改进、转好，绩效好的也可能退步、变差。因此，管理者切不可凭一时印象，以僵化的观点看待下级的绩效。

(二) 绩效管理的概念

绩效管理是指管理者和员工通过持续、开放的沟通，就组织目标和目标实现方式达成共识的过程，也是促进员工做出有利于组织的行为、达成组织目标、取得卓越绩效的管理实践。

(三) 绩效考评的概念

绩效考评是指根据人力资源管理的需要，对员工的工作结果、履行现任职务的能力，以及担任更高一级职务的潜力进行有组织的、尽可能客观的考核和评价的过程。

(四) 绩效管理与绩效考评的关系

绩效管理与绩效考评既有联系又有区别。绩效考评是绩效管理的重要组成部分，绩效考评的顺利实施不仅取决于评价过程本身，更取决于与评价相关的整个绩效管理过程。有效的绩效考评是对绩效管理的有力支撑，成功的绩效管理也会推动绩效考评的顺利开展。

绩效管理与绩效考评的区别如表7-1所示。

表7-1 绩效管理与绩效考评的区别

绩效管理	绩效考评
一个系统完整的管理过程	绩效管理中的一个环节
侧重于信息的沟通和绩效的提高	侧重于绩效的识别、判断和评估
伴随管理活动的全过程	只出现在特定的时间
事先的沟通与承诺	事后的评价

二、绩效管理的系统流程

绩效管理是一个完整的系统，图7-2清晰地显示了这个系统中不同环节之间的关联。绩效管理的过程通常被看作一个循环，分为四个阶段，即绩效计划、绩效辅导、绩效考评、绩效反馈。

（一）绩效计划

制订绩效计划的主要依据是工作目标和工作职责。绩效计划的制订是一个双向沟通的过程。在绩效计划阶段，管理者和员工需要对员工绩效的期望问题达成共识，在达成共识的基础上，员工对自己的工作目标做出承诺。管理者和员工共同的投入和参与是进行绩效管理的基础。员工的绩效计划至少包括以下内容。

（1）员工在本次绩效期间所要达到的工作目标是什么？

（2）制订绩效计划的主要依据是工作目标和工作职责，达到目标的结果是怎样的？这些结果可以从哪些方面去衡量？评判标准是什么？

（3）从何处获得关于员工工作结果的信息？员工的各项工作目标的权重如何？

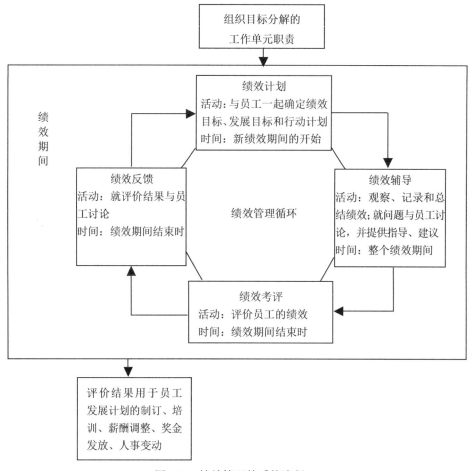

图 7-2　绩效管理的系统流程

（二）绩效辅导

员工在按照绩效计划展开工作的过程中，管理者要对员工的工作进行指导和监督，对发现的问题及时予以解决，并对绩效计划进行调整。在整个绩效期间内，管理者需要不断地对员工进行指导与反馈。

(三) 绩效考评

绩效期间结束的时候，依据预先制订好的计划，主管人员对员工的绩效目标完成情况进行评价。绩效考评的依据就是绩效期间开始时双方达成一致意见的关键绩效指标。同时，在绩效辅导过程中，所收集到的能够说明被评价者绩效表现的数据和事实，可以作为判断员工是否达到关键绩效指标要求的事实依据。

(四) 绩效反馈

完成绩效评价后，主管人员还需要与员工进行面对面的交谈，即绩效反馈面谈。通过绩效反馈面谈，使员工了解主管对自己的期望，了解自己的绩效，认识自己有待改进的方面。并且，下属也可以提出自己在完成绩效目标的过程中遇到的困难，请求主管的指导或帮助。在员工与主管双方对绩效评价结果和改进点达成共识后，主管和员工就需要确定下一个绩效管理周期的绩效目标和改进点，从而开始新一轮的绩效评价周期。

经过上面的四个环节，就完成了一个绩效管理的循环，在这个循环中所得到的绩效评价结果具有多种用途。首先，绩效评价的结果可用于员工工作绩效和工作技能的提高，通过发现员工在完成工作的过程中遇到的困难和工作技能上的差距，制订有针对性的员工发展计划和培训计划。其次，绩效评价的结果可以比较公平地反映员工对公司贡献的大小，据此可以决定对员工的奖励和薪酬的调整。此外，通过员工的绩效状况，也可以发现员工对现有的职位是否适应，根据员工绩效高于或低于绩效标准的程度进行相应的人事变动，使员工能够在更适合自己的岗位上工作。

🎓 案例思考

绩效考核的导向作用

历史上有一个关于制度建设的著名例证。18世纪末期，英国政府决定把犯了罪的英国人统统发配到澳洲去，一些私人船主承包了运送工作。英国政府采取的办法是按已上船的犯人数支付给船主费用，船主为了牟取暴利，尽可能多地装人。当时承运的船只大多是由一些破旧的货船改装的，船上没有医生和医疗药品，条件十分恶劣。一旦船离开了岸，船主按上船人数拿到了钱，这些人能否到达澳洲就难以预料了，有些船主为了降低费用，甚至故意断水断食。英国政府发现，运往澳洲的犯人在船上的死亡率达12%，其中最严重的一艘船上424个犯人，死了158个，死亡率高达37%。英国政府花费了大笔资金，却没能达到大批移民的目的。

英国政府想了很多办法，为每艘船上派一名监督官员和一名医生，对犯人在船上的生活标准做了硬性的规定。但是，死亡率不仅没有降下来，派去的官员和医生有的还不明不白地死了，原来有些船主为了获取暴利，贿赂官员不成，将他们害死。英国政府支出了监督费用，却照常死人。

英国政府又采用新办法，对船主进行教育，让船主理解去澳洲开发是为了英国的长远大计，不要把金钱看得比生命还重要，但是这一情况仍未好转。

一位英国议员认为那些私人船主钻了制度的空子，而制度的缺陷是按上船人数支付报酬，于是改变制度，不论在英国装多少人，到了澳洲上岸的时候再清点人数支付报酬。

问题迎刃而解，船主主动请医生跟船、配备药品、改善生活，尽可能地让每一个上船的人健康地到达澳洲，因为一个人就意味着一份收入。之后，犯人在船上的死亡率降到了1%，甚至有些运载几百人的船只，经过几个月的航行，竟然没有一个人死亡。

点评：这个故事告诉我们，绩效考核的导向作用很重要，企业的绩效导向决定了员工的行为方式。如果企业认为绩效考核是惩罚员工的工具，那么员工的行为就是避免犯错而忽视创造性，就不能给企业带来战略增长，造成企业目标无法达成；如果企业的绩效导向是组织目标的达成，那么员工的行为就趋于与组织目标保持一致。

第二节　绩效考评概述

一、绩效考评的内容

在具体的绩效考评过程中，绩效考评的内容及侧重点随着考评目的的不同而有所区别。工作业绩、工作态度、能力、工作潜力、适应性等方面是绩效考评的基本内容，它们之间不是孤立存在的，而是相互关联的，如图7-3所示。

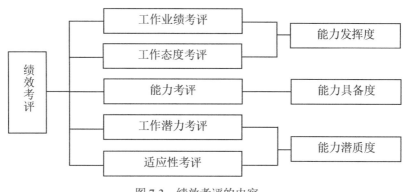

图 7-3　绩效考评的内容

(一) 工作业绩考评

对工作业绩的考评，实质上是对员工行为的结果进行评价和认定，也就是考核员工在一定期间内对企业的贡献和价值。对员工工作业绩的考评通常从以下四个方面入手。

(1) 量的方面，即员工完成工作量的大小。

(2) 质的方面，即员工完成工作的质量。

(3) 员工对下属的指导和教育作用(若该员工处于领导岗位)。

(4) 员工在本职工作中的自我改进和提高等。

在对员工工作业绩进行考评时，有一个问题需要注意，即业绩考评是针对员工所从事的工作而言的，但员工对企业贡献的大小不仅取决于其所从事的工作完成得如何，有可能其所从事的工作本身就"无足轻重"，即使业绩很出色，对企业的贡献也未必会很大。因此，对员工的工作业绩考评还要考虑到对工作业绩以外的、更为深刻的内容。

(二) 工作态度考评

从理论上来讲，员工的工作能力越强，其工作业绩就越好，对企业的贡献就越大。但在实际工作中，常常存在这样的情况：个人能力很强但工作不认真的员工，其对企业的贡献远远不如那些能力一般但工作兢兢业业的人。所以，员工的绩效考评还要包括对工作态度的考评。

工作态度包括工作积极性、工作热情、责任感、自我开发等。由于这些因素较为抽象，因此通常只能通过主观性评价来考评，也就是说员工的工作态度通常只能由直接上级或同事或其所服务的对象根据平时的观察予以评价。

(三) 能力考评

能力考评是对员工从事工作的能力进行的考评。通常，员工的能力包括三个方面：基础能力、业务能力和素质能力。基础能力包括掌握的知识(基础知识、专业知识、实务知识)和技能技巧；业务能力包括理解力、判断力、决断力、表达力、交涉力、协调力等；素质能力包括智力素质、体力素质和性格特性。其中，前两种能力属于能力考评的范围，第三种能力即素质能力则主要通过适应性考察来评价。

在对员工的能力进行考评时需要注意，由于员工的能力是"内在的"，很难加以量化，因此，通常要通过对员工的业绩这一外显的标准来间接地考察员工的能力。在工作分配合理、员工本人的职务与其能力相适应的情况下，工作业绩大体能够反映员工的实际业务能力，但是在实际工作中，员工能力的发挥常常会受到外在因素的影响。因此，在通过工作业绩来考察员工能力水平时，要考虑以下几方面的因素，以客观地做出评价。

(1) 是否存在员工本人之外的客观原因影响了员工的工作业绩。

(2) 是否因工作岗位的变动使员工对新岗位的任务不熟悉，从而影响其工作能力的发挥。

(3) 除了员工的业绩以外，员工在自我开发、自我提高方面的表现如何。

(四) 工作潜力考评

相对于在工作中发挥出来的能力而言，潜力是没有在工作中发挥出来的能力。在企业中，人力资源部门除了要了解员工在现任职务上具有何种能力以外，还要关注员工未来的发展空间，也就是说，员工是否具有担任高一级职务或其他类型职务的潜质。对员工潜力的开发是企业人力资源开发的重要内容，有助于实现"人事相符"，使企业的人力资源配置达到最优化。因此，员工绩效考评也包括对员工潜力的考评。

对员工潜力的考评可以求助于专业咨询机构对企业的人员进行测评，也可以从下述四个方面进行综合评价。

(1) 参照能力考核的结果进行推断。

(2) 根据员工工作年限及担任各职务工作的业绩等表现来推断，这是一个综合反映员工经验多寡的指标。

(3) 通过考试、测验和面谈等方式进行员工潜力查证和判断。

(4) 通过员工的受教育证明、培训研修的结业证明和官方的资格认定证明等判断其应具有的潜力，不过这种手段往往只能作为参考。

(五) 适应性评价

从员工个人的发展来看，每个人都有自己的成就感和价值倾向，希望随着年龄增长，在自己的职业生涯中富有成就，减少职务工种选择与安排上的机会损失。所以，当员工所从事的工作与其禀赋、能力、兴趣、志向等方面不相符时，员工工作能力的发挥就会受到影响。这就需要对员工的适应性进行评价。

对员工适应性的评价通常涉及两方面内容：一是人与工作之间，即员工的能力与其工作要求是否相称；二是人与人之间，即员工与合作共事者之间在个性特征方面的差异是否会影响其工作能力的发挥。把这种"适应"或"不适应"的问题反映出来，在若干个评价过程结束之后，从整体上把握所有员工的适应性状态，一旦企业内部有调整机会，就可不失时机地做出合理的调整。

二、绩效考评的原则

企业在建立绩效考评制度和具体实施考评时，需要遵循一定的原则，以保证考评工作的顺利进行。

(一) 建立绩效考评制度的基本原则

1. 公开与开放的原则

公开与开放是建立绩效考评制度的基本原则。公开与开放的考评系统包括两个方面的含义：一是指评价上的公开性和绝对性，即所建立的考评制度要取得企业员工的一致认同，从而推行绩效考评；二是指考评标准必须十分明确，上下级之间可以通过直接对话、面对面沟通来进行考核工作。

2. 定期化与制度化的原则

企业的绩效考评是一项连续性的人力资源管理工作，因而必须定期化、制度化。绩效考评既是对员工过去和现在的工作表现、能力等方面的考核与评价，也是对其未来发展潜力、工作表现的预测。因此，只有使绩效考评工作定期化和制度化，才能较为全面地掌握员工的工作情况，发现组织中存在的问题，从而进一步改善组织管理。

3. 反馈与完善的原则

绩效考评的主要目的就是通过考核肯定员工的优点，发现员工的不足，促使员工不断地进行自我完善和提高，更好地满足组织的期望，同时也能发现企业管理中存在的问题并加以解决。因此，如果考评结果没有及时反馈给相关人员，考评工作就失去了意义。由此可见，在绩效考评体系中，应该建立完善的反馈制度。

4. 可行性与实用性的原则

可行性是指任何一次考评都要考虑到企业的实际情况，即量力而行，所需要的时间、人力、物力、财力要为企业的客观环境和条件所允许。因此，在制定考评方案时，应根据具体考评目标合理地加以设计，并在充分考虑各种限制性因素的前提下，对考评方案进行可行性分析。

绩效考评制度的实用性包括两层含义：一是考评工具和方法应适合不同考评目的的要求，要根据考评目的来选择考评方式；二是所设计的考评方案应适应不同行业、不同部门、不同岗位人员的素质特点和要求。

(二) 实施绩效考评的基本原则

在绩效考评的具体实施过程中，应遵循以下原则。

1. 客观考评与主观考评相结合

客观考评与主观考评相结合是指在考评过程中要尽可能采用客观的考评手段与方法，但又不能完全忽视主观性综合评定的作用。同样，也不能仅仅依靠主观性的评定就下结论。要做到既强调客观性又不能完全追求客观性，最大限度地发挥考评方法的客观性与考评主体的主观能动性的作用，使其相互融合、彼此互补。

2. 定性考评与定量考评相结合

定性考评是指采用经验判断和观察的方法进行考评，侧重于从行为的性质方面对员工进行考评；而定量考评则是指采用量化的方法进行考评，侧重于从行为的数量等方面对员工进行考评。

在企业的考评活动中，如果仅仅是定性考评，则只能从质的方面反映企业员工的特点，且对人员的考评难以深入，得到的往往是一种模糊的印象；如果仅仅强调定量考评，则又有可能忽视员工行为的质的特征，容易使考评流于形式。因此，在实施考评时，要将定性与定量的考评方法相结合，才能全面考评员工的绩效。

3. 动态考评与静态考评相结合

静态考评是对被考评者已形成的能力、行为的分析和评判，是以相对统一的考评方式在特定时空下进行考评，而不考虑被考评者前后的变化；动态考评则是根据能力和行为形成与发展的过程，从前后变化的情况而不是当前所达到的标准来进行人员考评。

静态考评便于进行横向比较，可以较为清晰地了解企业员工之间的差异或评定员工是否达到某一标准，但却忽略了被考评者原有的基础与今后的发展趋势。动态考评则有利于人力资源管理部门激发被考评者的进取心，但不同的被考评者之间的考评结果不便于比较。因此，将动态考评与静态考评相结合，可以使两者相互补充，全面地考评员工绩效。

三、绩效考评的作用

(一) 对于企业来说

对于企业来说，绩效考评可以促进以下方面的工作。

1. 改进绩效

根据绩效考评的结果，制订绩效改进计划，对员工进行有针对性的指导，改善和提高员工的工作绩效。

2. 进行个性化培训

有效的员工培训必须针对员工目前的行为、绩效及素质与其职务规范、组织发展要求方面的差距，以确定培训目标、内容及方式。通过绩效考评，可以发现员工的长处与不足、优势与劣势，从而根据员工培训的需要，制订具体的培训措施与计划。

3. 奖惩员工

奖为主，惩为辅，奖惩结合历来是企业管理中的激励原则。只有对那些忠于职守、踏实工作、成绩优异者给予物质或精神的奖励，对那些不负责任、偷工减料、绩效低劣者给予惩戒，才能真正鼓励员工向优秀者学习，防止不负责任的现象蔓延。对员工的考评结果是管理者执行奖惩的重要依据。

4. 调配人力资源

调配人力资源必须严格与绩效考评的结果结合起来，各类企业应根据自身情况制定相应的升迁基准和等级，依据绩效考评结果择优晋升。同样，在做出员工工作调动(同级调动或降级调动)或辞退的决策时，也必须以绩效考评结果为依据。

5. 调整薪酬

企业组织内物质利益的分配必须遵循按劳分配的原则，报酬与贡献相匹配才能使员工感到公平、合理，从而激励员工多做贡献。这就需要对员工的绩效进行定期测量和评价，以获得必要的薪酬调整的客观依据。

6. 改进管理者与员工之间的工作关系

在考评活动中，主管通过面谈和其他途径向员工反馈考核与评价的情况，并听取员工的反应和看法，了解彼此对对方的工作期望，从而促进管理者和员工之间的沟通，进一步融洽双方的工作关系。

(二) 对于员工来说

对于员工来说，考评可以使员工获得以下方面的信息和认知。

(1) 加深对自我工作职责和工作目标的了解。

(2) 提供自我能力或成就获得上司赏识的机会。

(3) 提供说明困难和解释误会的机会。

(4) 有利于了解企业中与自己有关的各项政策的推行情况。

(5) 有利于了解自己在企业中的发展前程。

(6) 在对自己有影响的工作评估过程中获得参与感。

四、绩效考评的过程

进行绩效考评时，首先应设定考评标准；然后以考评标准为依据对员工进行考评；最后将考评结果反馈给员工，促使员工进行自我改进与提高。绩效考评的具体过程如下。

(一) 制订绩效考评计划

绩效考评计划是实施绩效考评的指导性文件。绩效考评计划的内容通常包括考评的目的、对象、内容、时间和方法。考评目的不同，则考评对象也不同。例如，晋升职务时需考察和评价具有晋升资格的员工；加薪或评选先进时则应对全员进行考评。评价目的和评价对象不同，则重点考评的内容也不一样。例如，发放奖金时应以工作业绩为主要考评内容；评定专业技术职称时应重点考评其专业技术水平；职务晋升时，既要考评其工作业绩，又要考评其工作态度和工作能力。

考评目的、考评对象和考评内容不同，考评周期也应不同。例如，一个人的思想觉悟及工作能力在短时期内不会改变，考评周期应长一些，一般是一年一次；对于工作业绩变化较快的生产、销售等岗位，考评周期应短一些，一般是每月一次；而专业技术人员、管理人员的工作短期内不会见效，考评周期应长一些，以一年一次为好。

另外，考核的方法与考核的内容是紧密相关的。例如，职务晋升时需要对候选人进行比较，择优选择。

(二) 确定绩效考评标准

绩效考评标准的合理性直接决定考评工作的有效性。作为评价员工的尺度，考评标准可以分为绝对标准和相对标准两类。

1. 绝对标准

绩效考评时，大多采用绝对标准。例如，废品率不要超过2%，出勤率要达到90%，文化程度至少为大学本科等都是绝对标准。绝对标准是以现实为依据的，不随被考评员工的不同而改变，因而有较强的客观性。绝对标准又分为业绩标准、行为标准和任职资格标准。业绩标准包括对生产工人的定额要求、独立核算单位的利税指标等；行为标准包括上班时间不许看报纸、工作场所不准抽烟等；任职资格标准包括企业财务主管必须有大学本科以上学历，具有高级会计师职称，有5年以上从事财会工作的经历等。

2. 相对标准

相对标准，如评定先进时，规定20%的指标。采用相对标准进行绩效考评时，每个员工既是被考评的对象，又是考评的尺度，因而往往针对不同的被考评群体采用不同的标准，而且无法对每一个被考评者单独做出"好"还是"不好"的评价。

(三) 选择绩效考评方法

确定了考评目的、考评对象、考评内容及考评标准以后，就要选择相应的考评方法。由于绩效考评的方法很多，每种方法都有其优缺点和适用范围，因此，在实际工作中，应根据具体的考评要求有针对性地加以选择。

(四) 实施绩效考评计划

绩效考评是一项长期、复杂的工作，对于数据收集工作要求很高。应注重经常性的长期跟踪，随时收集相关信息，使数据资料收集工作形成一种制度。将考评中收集的数据资料与平时收集的数据资料结合起来，从而更准确、客观地评价一个人。

(五) 分析数据资料并评定考核结果

这一阶段的任务是根据考评目的、标准和方法，对所收集到的数据资料进行分析、处理和综合，其具体过程如下。

1. 划分等级

把每一个考评项目，如出勤、责任心、工作业绩等，按一定的标准划分为不同等级。一般可分为3～5个等级，比如可按好、中、差划分为三个等级，也可按优、良、合格、稍差、不合格划分为五个等级。

2. 对每一个评价项目进行量化

为了能把不同性质的项目综合在一起，必须对每一个考评项目进行量化，即赋予不同的评价等级以不同数值，用于反映实际特征。以五等级为例，可以把优等定为9～10分，良好定为7～8分，合格定为5～6分，稍差定为4分，不合格定为3分。

3. 对同一个考评项目的不同评价结果进行综合

在有多人参与的情况下，同一个考评项目的考评结果会有不同，可采用算术平均法或加权平均法对这些考评结果进行综合。

4. 对不同项目的考评结果进行综合

有时为达到某一个考评目标需要考察多个考评项目，只有把这些不同的考评项目综合在一起，才能得到全面、客观的结论。例如，要从总体上考评一个人的能力时，就要将其知识、判断能力、社会交际能力等各方面因素综合起来。再如，在决定某个员工能否获得晋升时，就必须考察其工作业绩、工作态度、业务能力等各个方面。在综合不同考评项目的过程中，有时可采用算术平均法，但由于考评的目标、层次及具体职务不同，每个考评项目的重要性也不一样，因而在大多数情况下，对不同项目考评结果的综合应采用加权平均的方法。

(六) 绩效考评结果的反馈与运用

这一阶段是考评工作的最后阶段。在考评工作结束后，企业有关部门要将考评结果通过一定的方式反馈给被考核者。这种反馈一般有两种形式：一是绩效考评意见认可，即考评者以书面的形式将考评意见反馈给被考评者，若被考评者认可，则签名盖章；若被考评者有异议，可以提出，并要求上级主管或人力资源部门予以裁定。二是绩效考评面谈，即考评者通过与被考评者进行面对面的交流，将考评结果反馈给被考评者，了解其反应与看法，而绩效考评面谈记录和绩效考评意见也需要被考评者签字认可。绩效反馈面谈是一种较为有效的反馈方法，本章第四节内容将对其进行较为详细的介绍。

传统绩效考评的目的是通过对员工的工作业绩进行考评，将考评结果作为确定员工薪酬、奖金、晋升或降级的标准。而现代绩效管理的目的不仅仅如此，还在于发现问题，对员工的能力进行不断的提高以及绩效的持续改进。

第三节　非系统性绩效考评方法与系统性绩效考评方法

一、非系统性绩效考评方法

(一) 比较法

1. 排序法

排序法是绩效考评中比较简单易行的一种综合比较方法。它通常由上级主管根据员工工作的整体表现，按照优劣顺序依次进行排列。其优点是简单易行、花费时间少，能使考评者在预定的范围内组织考评并对下属进行排序，从而减少考评结果过宽或趋中的误差。在确定的范围内，可以将排序法的考评结果作为薪资奖金或一般性人事变动的依据。但是，该方法具有一定的局限性，不能用于不同部门员工的比较，个人取得的业绩相近时很难进行排序，同时也不能使员工得到关于自己优点或缺点的反馈。

2. 交替排列法

交替排列法是排序法的进一步推广。交替排列法利用的是人们容易发现极端、不容易发现中间的心理，在所有员工中，挑出最好和最差的员工，将他们作为第一名和最后一名，接着在剩下的员工中再挑出次好的和次差的，分别将其排列在第二名和倒数第二名，依此类推，最终将所有员工按照优劣的先后顺序全部排列完毕。交替排列法是较为有效的一种排列方法，采用本法时，不仅可以直接完成排序工作，还可将其扩展到自我考评、同级考评和下级考评等其他考评的方式之中。

3. 配对比较法

配对比较法的基本做法是将每一位员工按照所有的评价要素与部门内其他人进行若干次两两比较，然后根据比较结果排出绩效名次，如表7-2所示。

表7-2 配对比较法：某行为要素考评表

	A	B	C	D	E	F	排序
A	0	+	+	+	+	+	6
B	−	0	+	+	+	+	4
C	−	−	0	−	−	+	2
D	−	−	+	0	−	+	3
E	−	+	+	+	0	+	5
F	−	−	−	−	−	0	1
汇总	−5	−1	+3	+1	−3	+5	

注：将纵列的员工与横行的员工对比，如果纵列的员工比横行的员工优，则记正号"+"；如果纵列的员工比横行的员工差，则记负号"−"。本表是以横行的员工作为对比的基础，如果以纵列的员工作为对比的基础，所得出的结果正好相反。

应用配对比较法时，能够发现每位员工在哪些方面比较出色，在哪些方面存在明显的不足和差距。配对比较法适用于涉及的人员范围不大、数目不多的情况。如果员工的数目过多，不但费时费力，其考评质量也将受到制约和影响。

4. 强制分布法

强制分布法是指假设员工的工作行为和工作绩效整体呈正态分布，那么按照正态分布的规律，员工的工作行为和工作绩效好、中、差的分布存在一定的比例关系，在中间的员工应该最多，好的、差的是少数。强制分布法就是按照一定的百分比，将被考评的员工强制分配到各个类别中。一般分为五个类别，从最优到最差的具体百分比可根据需要确定，既可以是10%、20%、40%、20%、10%，也可以是5%、20%、50%、20%、5%。采用这种方法进行绩效考评可以避免考评者过分严厉或过分宽容的情况发生，以免造成平均主义。当然，如果员工的能力分布呈偏态，该方法就不适合了。强制分布法只能把员工分为有限的几种类别，难以具体比较员工差别，也不能为诊断工作问题提供准确、可靠的信息。

(二) 描述法

描述法是指考核主体用叙述性的文字来描述员工在工作业绩、工作能力、工作态度方面的优缺点，以及需要加以指导的事项和关键事件等，由此得到对员工的综合考核。

1. 关键事件法

关键事件法是指对那些能够对组织效益产生重大影响(包括积极影响和消极影响)的行为进行记载考核的方法。关键事件法对事不对人，以事实为依据，考评者不仅要注重对行为本身的评价，还要考虑行为的情境，可以用来向员工提供明确的信息，使他们知道自己在哪些方面做得比较好，在哪些方面做得不好。例如，一名保险公司的推销员，有利的重要事件的记录是"以最快的速度和热诚的方式反映客户的不满"，而不利的重要事件的记载是"当获得保险订单之后，对客户的反映置之不理，甚至有欺骗行为"。关键事件法考评的内容是下属特定的行为，而不是他的品质和个性特征。

关键事件法涉及的时间跨度较大，因此可与年度、季度计划的制订与贯彻实施密切地结合在一起。此方法可以有效弥补其他方法的不足，为其他考评方法提供依据和参考，其主要特点如下。

(1) 为考评者提供了客观的事实依据。

(2) 考评的内容不是员工的短期表现，而是一年内的整体表现，具有较大的时间跨度，可以贯穿考评期的始终。

(3) 以事实为根据，保存了动态的关键事件记录，可以全面了解下属是如何消除不良绩效、如何改进和提高绩效的。

关键事件法的缺点如下。

(1) 关键事件的记录和观察费时费力。

(2) 能做定性分析，不能做定量分析。

(3) 不能具体区分工作行为的重要程度，很难使用该方法在员工之间进行比较。

2. 不良事故评估法

不良事故评估法是通过预先设计不良事故清单对员工的绩效进行考核。

企业中往往有这样一种工作，这些工作的出色完成不会对企业目标的实现起决定性的作用，而一旦这些工作出现失误将会为企业带来巨大的甚至是难以弥补的损失。不良事故评估法可以对这种工作进行有效的绩效考评，使企业尽量避免巨大损失。

但是，不良事故评估法不能提供丰富的绩效反馈信息，也不能用来比较员工、部门、团队的绩效水平。

(三) 量表法

1. 评级量表法

评级量表法是得到普遍采用的一种考评方法，主要借助事先设计的等级量表来对员工进行考评。使用评级量表进行考评的具体做法是：根据考评的目的和需要设计等级量表，表中列出有关的绩效考评项目，说明每一个项目的具体含义，然后将每一个考评项目分成若干等级并给出每一等级相应的分数，由考评者对员工每一个考评项目的表现做出评价和记分，最后计算出总分，得出考评结果。评级量表法示例如表7-3所示。

表7-3 评级量表法示例

考核项目	考核要素	说明	评定标准
基本能力	知识	是否充分具备现任职务所要求的基础理论知识和实际业务知识	
业务能力	理解力	是否能充分理解上级指示，干净、利落地完成本职工作任务而不需要上级反复指示和指导	
	判断力	是否能充分理解上级指示，正确把握现状，随机应变，恰当处理	
	表达力	是否具有现任职务所要求的表达力(口头、文字水平)，能否进行一般的联络说明工作	
	交涉力	在与企业内外的对手交涉时，是否具有使双方诚服、接受、同意或达成协商的表达交涉力	

（续表）

考核项目	考核要素	说明	评定标准
工作态度	纪律性	是否严格遵守工作纪律和规定，有无早退、缺勤等。对待上下级、同级和企业外部人士是否有礼貌，是否严格遵守工作汇报制，是否按时提供工作报告	
	协调性	在工作中，是否充分考虑别人的处境，是否主动协助上级、同级和企业外人员	
	积极性、责任感	对分配的任务是否不讲条件、主动积极、尽量多做工作，是否主动进行改良、改进，或向困难挑战	

评定标准	最后评定分数换算		
A——非常优秀，理想状态	A——48分以上	合计分	
B——优秀，满足要求	B——24～47分	评语	
C——略有不足	C——23分以下		
D——不满足要求	D——12分以下	评定人签字	
E——非常差，完全不满足需求	E——0分		

2. 行为锚定法

行为锚定法的实质是关键事件的量化。具体来说，是指将某一工作可能发生的各种典型行为进行评分度量，建立一个行为锚定评分表，表中有一些典型的行为描述性说明词与量表上的一定刻度即评分标准相对应和联系(这就是"锚定"的含义)，以此为依据，对员工工作中的重要实际行为进行测评打分，如图7-4所示。

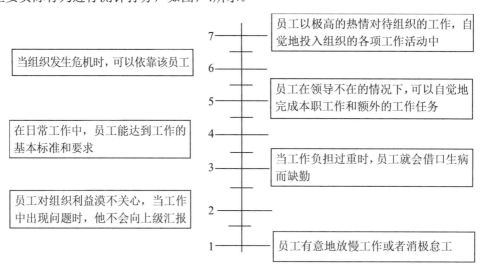

图 7-4 行为锚定评分表：员工在工作中的行为表现

在行为锚定评分表中，有代表着从最劣到最佳典型绩效的、有具体行为描述的说明词，不仅使被考评者能较深刻而信服地了解自身的现状，还可找到具体的改进目标。由于行为锚定评分表中典型行为的说明词数量有限(一般不多于10条)，不可能涵盖员工行为千变万化的实际情况，被考核者的实际表现很少恰好与给定的描述性说明词完全吻合，但有了典型行为锚定点，考核者在打分时便有了一定的标准，使打分的大致水平定位不会出错。

(四) 360度绩效考核法

360度绩效考核法也称全方位考核法，最早由被誉为"美国力量象征"的典范企业英特尔首先提出并加以实施。360度绩效考核法是指从员工自己、上司、部属、同事甚至顾客等各个角度来了解个人的绩效，包括沟通技巧、人际关系、领导能力、行政能力等。通过这种理想的绩效评估，被评估者不仅可以从自己、上司、部属、同事甚至顾客处获得多个角度的反馈，还可从这些不同的反馈中清楚地知道自己的不足、长处与发展需求，使以后的职业发展更为顺畅。360度绩效考核体系模式如图7-5所示。

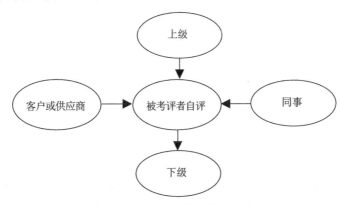

图 7-5　360度绩效考核体系模式

1. 360度绩效考核的主体和客体

1) 员工自评

员工自评是指员工在正式的上级评价之前对自己的工作进行回顾，对自己的业绩、能力等方面做出初步的评价。员工自评有诸多好处：员工直接参加考评，加深了员工对考评的投入程度；自评一般是鼓励员工回顾自己在考评周期所做的工作，而不是使其被动地接受上级的评价，所以可以降低员工对考评的抗拒心理；自评还可以鼓励员工考虑自己未来的发展计划。但是，员工自评也存在不足之处。大多数研究表明，员工对自己的工作绩效所做出的评价一般要比其主管人员或同事所做出的评价高，因此，对员工自评的结果应该妥善运用。通常要将自评结果与上级、下级及其他方面的考评结果相结合，才能得出更具科学性的结果。同时，将员工自评结果作为员工培训和发展的依据比单纯作为评价和比较的依据可能会更加有效。

2) 上级的评价

由员工的上级尤其是直接主管人员对员工的工作绩效进行评价是大多数绩效考评制度的核心所在。通常，员工的主管人员能够较好地观察员工的工作业绩，因而能够对员工的各方面情况有较为充分的了解，从而可以较好地掌握评价的事实依据。上级对员工的评价多数是由员工的直接主管做出，但有的企业也通过绩效评价委员会来做出。绩效评价委员会通常是由员工的直接主管和2～3位其他方面的主管人员共同组成。例如，如果财务部门的某位员工常常与营销部经理和公关部经理一起工作，那么这两位经理就有可能一起参与对该员工的评价。这种多个考评者同时对员工的绩效进行评价的方法有许多优点，它通过对多个考评者的考评结果进行综合来增加考评的客观性。

3) 同事的评价

上级只能观察到员工工作表现的一部分，在很多情况下，员工的同事能够更全面地了解员工的日常工作情况。尤其是在主要依靠团队的企业中，团队成员之间的合作程度是工作成功的关键所在。因此，在做出评价的同事与被评价的员工很相似而且很熟悉的情况下，同事的评价可能具有较高的参考价值。有研究表明，在预测员工是否会被提升时，同事的评价具有较高的准确性，并且对于员工晋升后的业绩，同事评价也具有较好的预测性。此外，如果同事参与评价工作，员工在工作中往往会注意与其他团队成员的合作，而不会仅仅只关心自己的业绩。

4) 下级的评价

在对管理人员的绩效考评过程中，下级的评价往往可以使企业的高层管理者对企业的管理风格进行诊断，认识企业中潜在的问题。如果这种由下级做出评价的目的是对管理人员进行技能开发而不仅仅是对其进行实际的工作绩效考评，这种做法将更为有效。

5) 客户或供应商的评价

客户的评价通常可以反映客户的抱怨和意见。尤其对于服务行业，如餐饮业、旅游业等，客户的意见对于员工绩效的改进和企业信誉的保持具有重要意义。供应商是企业的合作伙伴，对与供应商有直接接触的员工进行考评时，供应商的意见也具有一定的参考价值。很多企业通过雇用专门的调查公司或发放调查问卷等方式收集客户或供应商的意见，从而为员工工作态度、业务能力等方面的评价提供参考，据此制定相关的薪酬、奖惩决策。

2. 360度绩效考核法的优点与不足

1) 360度绩效考核法的优点

(1) 全方位、多角度的信息反馈。360度绩效考核的考评者来自不同层面的群体，他们从不同的角度对被考评者的工作绩效进行评价，因此，对被考评者的判断更为全面。这种多角度的反馈评价可以减少个人偏见及评分误差，评价的结果更为准确。同时，员工对管理者的直接评价也促进了员工参与管理。

(2) 增进沟通，促进发展。360度绩效考核的实施可以促进来自不同渠道的信息在企业内部的交流，增进上下级之间、平级之间的信息沟通，有利于建立员工间更为和谐的工作关系。同时，又能在增加员工参与度的基础上，帮助管理者发现并解决问题，提高企业的整体绩效。此外，在360度绩效考核的结果反馈中，通常都包含对员工个人发展计划的建议和指导，这些建议一旦被员工所接受，就能促进其职业生涯的发展。

2) 360度绩效考核法的不足

(1) 信息收集成本较高。360度绩效考核涉及的信息渠道比较多，因而在有关考评数据和信息的收集过程中需要耗费大量的时间、人力、财力和物力，并且，处理数据和信息的成本也比较高。同时，由于有大量信息需要汇总，这种方法可能会变成机械的文字印刷材料的沟通。

(2) 对人员素质有较高要求。由于该方法要参考与被考评者有工作关系的每一个方面的意见，因此，意见反馈者的评价公正与否将会直接影响所提供信息的公正性与准确性。例如，上级可能会担心员工利用360度绩效考核体系发泄对其的不满，而下属则担心如实反映情况可能会被上级报复，来自同事的信息也可能会由于彼此间利益关系的冲突而产生偏差。因此，360度绩效考核体系最关键的是要建立考评者和被考评者之间的信任。

此外，客户和供应商对员工各个方面的观察有限，而且不同评价者所依据的评价标准可能不同，所以，在综合各方面的评价意见时，要特别注重事实依据。

☙ 【问题思考】

A企业的绩效考评

A企业的绩效考评主要采用以下步骤和方法。

第一步，对于部门主管以上的领导人员，年终由部门领导召集其下属员工开会，共同听取领导的述职报告，再由员工及上级领导根据其一年来的表现填写"年度干部考核评议表"。该表汇总后将领导、部门内部同事、下属按2:3:5的权重加权平均得出总分。

第二步，全体员工共分四组排序：一般员工、主管、部门经理、高层领导。每组按考评结果分为五个等级，每一个等级所占比例如考评结果各等级比例表所示。

考评结果各等级比例表

等级	A	B	C	D	E
比例	10%	30%	54%	5%	1%

第三步，考评结果的运用：A等级的人有机会获得晋升，而E等级的人将被淘汰或降级。

思考：1. 请指出前两个步骤使用了哪些绩效考评方法？

2. 上述考评方法有哪些不足之处？请针对这些不足提出改进建议。

二、绩效考评常见误区及应对方法

(一) 晕轮效应

晕轮效应是指对一个人进行评价时，往往会因为对他的某一特质有强烈而清晰的感知，而掩盖了该人其他方面的品质。在这种效应下，主管通常会给自己信任和喜欢的下属较高的分数，对不喜欢的下属给予较低的评价，导致评价结果的失真。

克服晕轮效应的核心是消除主管偏见，从不同侧面评价员工的业绩。

(二) 趋中倾向

趋中倾向是指有些主管由于不愿意得罪人或所辖范围过大，很难全面了解所有员工工作表现时，将员工的考核分数集中在某一固定范围内，使评价的结果没有好坏的差异。

要克服趋中倾向需要注意两个方面：一方面，主管需要密切地与员工接触，彻底与评价标准做对比，全面了解被评价者的工作情况；另一方面，可以采取强制分配法、排序法等加以解决。

(三) 过宽或过严倾向

过宽或过严倾向是指主管人员在绩效评价的过程中有过分严厉或过分宽大评定员工的倾向，造成这种问题的主要原因是主管人员采取了主观评价标准，忽略了客观的评价标准。

为避免这一倾向，组织可以考虑选择适当的考评方法，例如强制分配法，来消除评价误差。

(四) 年资或职位倾向

年资或职位倾向是指有些主管倾向于给予那些服务年资较久、担任职位较高的被评价者较高的分数。

出现这类问题的主要原因是管理者主观意识太强。避免的方法是通过各种方式使评价者建立"对事不对人"的观念，引导评价者针对工作完成情况、工作职责进行评价。

(五) 盲点效应

盲点效应是指主管难以发现员工身上存在的与主管自身相似的缺点和不足。

避免盲点效应的办法是将更多类型的考核主体纳入考核，化解主管评价结果对员工绩效的完全决定作用。

(六) 刻板印象

刻板印象是指个人对他人的看法往往受到他人所属群体的影响。例如，有些主管可能错误地认为男性的工作能力比女性容易受到肯定。

为了避免刻板印象，考评者对员工进行评价时，应注意从员工的工作行为出发，而不能着眼于员工的个人特征。

(七) 首因效应

首因效应是指人们在相互交往的过程中，往往根据最初的印象去判断一个人。考评者要尽量避免仅凭第一印象或最初的对话就形成对对方性格类型和形象的认识，因为一旦形成这样的观察视角，就很容易将对方的一切言行举止归入该类型，从而影响对被评价者的判断。

为了避免首因效应对考评的影响，管理者应当采取多角度的考核方式。

(八) 近因效应

近因效应是指最近或者最终的印象往往是最强烈的，可以冲淡之前产生的各种印象。考评者在考评过程中，应尽量避免因为对近期的绩效和行为印象深刻，而以一种不够客观的眼光观察员工。

为了避免近因效应，可以考虑在进行绩效考核前，由员工进行自我总结，以便使评价者能够全面地回顾被考评人员在整个考评周期内的表现。

三、系统性绩效考评方法

(一) 目标管理法

目标管理(management by objectives，MBO)源于美国管理专家德鲁克，他在1954年出版的《管理的实践》一书中首先提出了目标管理和自我控制的主张，认为企业的目的和任务必须转化为目标。企业如果无总目标及与总目标相一致的分目标来指导职工的生产和管理活动，则企业规模越大，人员越多，发生内耗和浪费的可能性越大。概括来说，目标管理就是让企业的管理人员和员工亲自参与工作目标的制定，在工作中实行自我控制，并努力完成工作目标的一种管理制度。

目标管理是指由下级与上司共同决定具体的绩效目标，并且定期检查目标完成情况的一种管理方式，由此而产生的奖励或处罚则根据目标的完成情况来确定。

目标管理属于结果导向型的考评方法，以实际产出为基础，考评的重点是员工工作的成效和劳动的结果。目标管理体现了现代管理的哲学思想，是领导者与下属之间双向互动的过程。目标管理是由员工与主管通过共同协商，依据企业的战略目标及相应的部门目标来确定员工个人目标，并使它们尽可能一致。该方法用可观察、可测量的工作结果作为衡量员工工作绩效的标准，以制定的目标作为对员工进行考评的依据，从而使员工的个人目标与组织目标保持一致，减少管理者将精力放到与组织目标无关的工作上的可能性。

1. 目标管理的原则

(1) 企业的目的和任务必须转化为目标，并且要由单一目标评价转变为多目标评价。

(2) 必须为企业各级各类人员和部门规定目标。如果一项工作没有特定的目标，这项工作就做不好，部门及人员也会不可避免地出现"扯皮"问题。

(3) 目标管理的对象包括从领导者到员工的所有人员，大家都要被目标所约束。

(4) 实现目标与考核标准一体化，即按实现目标的程度实施考核，由此决定升降奖惩和工资的高低。

(5) 强调发挥各类人员的创造性和积极性。每个人都要积极参与目标的制定和实施。领导者应允许下级根据企业的总目标设立自己的目标，以满足"自我成就"的需求。

(6) 任何分目标都不能离开企业总目标各行其是。

2. 目标管理的实施

目标管理不是用目标来控制，而是用目标来激励下级。目标管理通常有4个共同的要素：明确目标、参与决策、规定期限和反馈绩效。

目标管理通过一种专门设计的过程使目标具有可操作性，这种过程一级接一级地将目标分解到组织的各个单位。组织的整体目标被分解为每一级组织的具体目标，即将组织整体目标分解为经营单位目标，再分解为部门目标，最后分解为个人目标。在目标管理过程中，某一层的目标与下一级的目标连接在一起，而且对每一位员工而言，目标管理都提供了具体的个人绩效目标。因此，每个人对所在单位的成果贡献都很关键。如果所有人都实现了各自的目标，则他们所在单位的目标会自然完成，组织整体目标也随之实现。

目标管理的实施一般经过以下四个步骤。

(1) 制定目标，包括确定制定目标的依据、对目标进行分类、使目标符合SMART原则、目标须沟通一致等。

(2) 实施目标管理。

(3) 信息反馈处理。

(4) 检查实施结果及奖惩。

(二) 关键绩效指标法

关键绩效指标法(key performance indicator，KPI)是对传统绩效考评理念的创新，是指将企业宏观战略目标经过层层分解产生可操作的战术目标，形成一套衡量、反应、评估企业业务状况的、可量化的关键性指标。通过关键绩效指标的牵引，使员工个人工作目标、职能工作目标与公司战略发展目标同步。它把对绩效的评价简化为对几个关键指标的考核，将关键指标当作评估标准，把员工的绩效与关键指标进行比较，在一定程度上可以说是目标管理与帕累托定律的有效结合。

1. 关键绩效指标的制定原则

关键绩效指标必须符合SMART原则。

(1) S代表具体(specific)，是指绩效考核要切中特定的工作指标，不能笼统。

(2) M代表可度量(measurable)，是指绩效指标是数量化或者行为化的，验证这些绩效指标的数据或者信息是可以获得的。

(3) A代表可实现(attainable)，是指绩效指标在付出努力的情况下可以实现，避免设立过高或过低的目标。

(4) R代表现实性(realistic)，是指绩效指标是实实在在的，是可以证明和观察的。

(5) T代表有时限(time bound)，是指注重完成绩效指标的特定期限。

这种方法的优点是标准比较鲜明，易于做出评估。它的缺点是对简单的工作制定标准难度较大；缺乏一定的定量性；绩效指标只是一些关键的指标，对其他内容缺少一定的评估，应当加以注意。

2. 关键绩效指标的类型

关键绩效指标主要有四种类型：数量、质量、成本和时限。在建立绩效指标时，可以试图回答以下问题，如果这些问题得到回答，即可得出关键绩效指标。

(1) 通常在评价工作产出时，我们关心什么？(如数量、质量、成本和时限)

(2) 我们怎么来衡量这些工作的数量、质量、成本和时限？

(3) 是否存在可以追踪的数量或百分比？如果存在这样的数量指标，就把它们列出来。

(4) 如果没有量化的指标来评估工作产出，那么谁可以评估工作结果完成得好不好呢？能否描述一下工作成果完成得好是什么样的状态？有哪些关键的衡量因素？

表7-4列出了常用关键绩效指标的类型、典型的例子，以及从哪里可以获得这些指标的证

据来源。

表7-4 关键绩效指标

指标类型	举例	证据来源
数量	产量	业绩记录
	销售额	财务数据
	利润	财务数据
质量	破损率	生产记录
	独特性	上级评估
	准确性	客户评估
成本	单位产品的成本 投资回报率	财务数据
时限	及时性、到市场时间、供货周期	上级评估、客户评估

3. 构建关键绩效指标体系的程序

构建关键绩效指标体系的程序如图7-6所示。

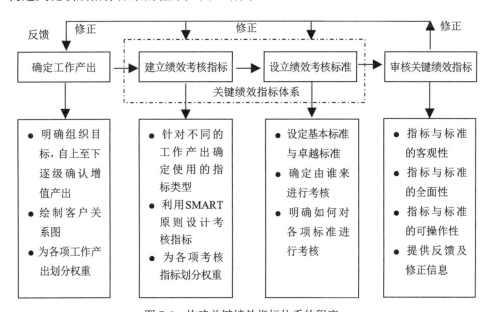

图 7-6 构建关键绩效指标体系的程序

1) 确定工作产出

所谓确定工作产出，主要是界定某个个体或团队的工作结果是什么。工作产出是设定关键绩效指标的基础，可以是一种有形的产品，也可以是某种结果的状态。例如，对于一名客户服务经理来说，工作产出可能是"获得了满意的客户""提高了下属的生产力和工作满意度"等。

2) 建立绩效考核指标

确定了工作产出之后，需要确定对各项工作产出分别从什么角度去衡量，从哪些方面评价各项工作产出。通常来说，关键绩效指标主要有表7-4所列的四种类型。

3) 设定绩效考核标准

一般来说，指标指的是从哪些方面来对工作产出进行衡量或评价，而标准指的是在各个指标上应该分别达到什么样的水平。指标解决的是我们需要评价"什么"的问题，标准解决的是要求被评价者做得"怎样"、完成"多少"的问题。一些具体指标和绩效标准的实例如表7-5所示。

表7-5　具体指标和绩效标准实例

工作产出	指标类型	具体指标	绩效标准
销售利润	数量	● 年销售额 ● 税前利润百分比	● 年销售额在20万～25万元 ● 税前利润百分比
销售费用	成本	● 实际费用与预算的变化	● 实际费用与预算相差5%以内
新产品设计	质量	上级评估： ● 创新性 ● 体现公司形象 客户的评估： ● 性价比 ● 对竞争对手产品的偏好程度 ● 独特性 ● 耐用性 ● 提出新观点的数量	上级评估： ● 至少有3种产品与竞争对手不同 ● 使用高质量的材料、恰当的颜色和样式代表公司的形象 客户的评估： ● 产品的价值超过了它的价格 ● 在不告知品牌的情况下对顾客进行测试，发现选择本公司产品比选择竞争对手产品的概率要高 ● 客户反映与他们见到过的同类产品不同 ● 产品使用的时间足够长 ● 提出30～40个新的观点

4) 审核关键绩效指标

审核关键绩效指标主要可以从七个方面入手。

(1) 工作产出是否为最终产品？因为通过关键绩效指标进行考核，主要是对工作结果的考核。

(2) 关键绩效指标是否是可以证明和观察的？

(3) 多个评价者对同一个绩效指标进行评价，结果是否能取得一致？

(4) 这些指标的总和是否可以解释被评价者80%以上的工作目标？

(5) 是否从客户的角度来界定关键绩效指标？

(6) 跟踪和监控这些关键绩效指标是否可以操作？

(7) 是否留下卓越标准的空间？

(三) 平衡计分卡

平衡计分卡(balanced score card，BSC)是通过财务、客户、内部运作流程、学习和成长四个方面的指标之间的相互驱动的因果关系，展现组织的战略轨迹，从而实现绩效考核(绩效改进)与战略实施的综合管理方法。平衡计分卡是1990年美国诺兰诺顿学院的项目研究开发的绩效测评模式，一些在中国有业务的跨国公司于1996年开始运用。2004年以后，平衡计分卡作为战略管理工具的理念和方法开始在中国受到重视和运用。

传统的绩效考评往往仅限于评测财务指标，然而，财务指标属于滞后的指标，只能说明过去的行动取得了哪些结果，至于驱动业务的一些关键因素，如有没有改善、朝着战略目标迈进了多少步等仍然无从知晓。平衡计分卡的出现完全改变了财务指标一统天下、绩效测评指标极端失衡的状况。平衡计分卡在传统财务指标的基础上又引入了客户、内部运作流程、学习和成长这三个方面的指标，这三个方面的指标衡量的正是企业良好业绩的驱动力。四个方面的指标合起来达到了内部与外部、结果与驱动因素、长期与短期、定性与定量等多种平衡，从而为企业的绩效评测管理提供了立体、前瞻的评测依据。

平衡计分卡从四个不同的角度提供了考察价值创造的战略方法。

1. 财务角度

平衡计分卡的财务指标主要解决"股东如何看待我们"这类问题。企业经营的直接目的和结果是为股东创造价值，因此从长远角度来看，利润始终是企业追求的最终目标，财务指标是其他三个方面指标的出发点和归宿。财务指标包括销售额、利润额、资产利用率等。

2. 客户角度

平衡计分卡的客户指标主要解决"顾客如何看待我们"这类问题。客户指标是从质量、性能、服务等方面考验企业的表现，主要包括两个层次的绩效考核指标：一是企业在客户服务方面期望达到绩效考核指标而必须完成的各项指标，包括市场份额、客户保有率、客户获得率、客户满意等；二是针对第一层次的各项目标进行细分，形成具体的绩效考核指标，如送货准时率、客户满意度、产品退货率、合同取消数等。

3. 内部运作流程角度

平衡计分卡的内部运作流程指标主要解决"我们擅长什么"这类问题，这是平衡计分卡与传统绩效考核方法最大的区别。企业是否建立了合适的组织、流程、管理机制，在这些方面存在哪些优势和不足？内部运作流程指标关注公司内部效率，如生产率、生产周期、成本、合格品率、新产品开发速度、出勤率等。优化内部运作流程是公司改善经营业绩的重点。

4. 学习和成长角度

平衡计分卡的学习和成长指标主要解决"我们是在进步吗"这类问题。企业的成长与员工能力素质的提高息息相关，企业唯有不断学习与创新，才能实现长远的发展。学习和成长指标包括员工士气、员工满意度、平均培训时间、再培训投资和关键员工流失率等。

第四节 绩效反馈面谈

绩效考评结果的反馈是绩效考评工作的重要环节，而面谈是信息反馈的有效手段之一。

一、绩效反馈面谈的目的

(一) 向员工反馈绩效考评结果

绩效考评结束后，员工有权利了解自己在本绩效周期内的业绩是否达到既定目标、行为态度是否符合预定的标准，这便于员工对自身的工作有正确、客观的认识。当然，对同样的行为和结果，不同的人可能有不同的看法。因此，在面谈中，主管人员的反馈活动应保持开放性、互动性，给员工陈述和申辩的机会，这样才能更好地使双方就员工的绩效现状达成一致。

(二) 向员工传递组织远景目标

在绩效反馈面谈中，可以将工作目标与组织的远景结合起来，让员工既能了解到企业发展的大方向，同时又能感受到具体的目标。

(三) 弄清员工绩效不合格的原因

绩效管理的目的是改进绩效，在改进绩效之前，管理者需要和员工共同分析造成绩效不合格的原因。只有找到病因，才能对症下药，找到改进绩效的方法。

(四) 为下一个绩效周期工作的展开做好准备

绩效管理是一个循环往复的过程。当一个绩效周期接近尾声时，管理者需要为下一个绩效周期工作的展开做好铺垫工作。在绩效反馈面谈中，管理者不仅要找到改进绩效的方法，还要将改进绩效的计划落实到新的绩效合约中，敦促员工提升绩效水平。

二、绩效反馈面谈的作用

(1) 绩效反馈面谈为评价者与被评价者提供了沟通的平台，使考核公开化。

(2) 绩效反馈面谈能够使员工客观地了解自己工作中的不足，有利于改进绩效。

(3) 绩效反馈面谈可以通过主管人员和员工的真诚沟通，消除组织目标与个人目标之间的冲突，增强组织的竞争力。

三、绩效反馈面谈的原则与技巧

(1) 建立彼此之间的信任：管理者要维护员工的自尊，避免挫伤员工的工作热情。

(2) 开诚布公、坦诚沟通：绩效反馈面谈切忌含糊、笼统，员工绩效现状的信息应该被具体、详细、客观地解释，仅仅表达管理者对员工工作业绩的不满是没有益处的。

(3) 避免对立与冲突：在绩效反馈面谈中，主管需要更高的涵养，给予员工足够的尊重。

(4) 关注未来而不是过去：过多地讨论过去是一种时间的浪费，因为它很难对将来的绩效改进带来实质性的帮助。

(5) 该结束时立即结束：出现紧急事务、严重分歧、严重超时等情况时，应当果断中止绩效反馈面谈。

四、绩效反馈面谈的内容

(一) 就绩效现状达成一致

员工与主管人员可能对绩效现状的认识不尽相同，这就要求主管人员在面谈过程中，首先与员工交流对绩效考评结果的看法，就绩效现状达成共识，为面谈的顺利进行奠定基础。

(二) 探讨绩效中可改进之处，并确定行动计划

在绩效反馈面谈中，主管人员应当毫不吝啬地表达对员工绩效亮点的赞扬，但是面谈的重点应当放在对不良业绩的诊断上。经过探讨，员工应明确绩效改进的方向和需要提升的知识、技能，并了解提升的办法。

(三) 商讨未来的工作目标

明确了绩效改进的方向和方法，管理者就可以和员工着手商讨未来的工作计划和工作目标。

五、绩效反馈面谈的注意事项

(1) 主管人员应当采取赞扬与建设性批评相结合的方式，在肯定员工表现的同时，指出其可改进之处，避免员工产生抵触情绪。

(2) 把重点放在解决问题上。绩效反馈面谈的最终目的是改进绩效，因此分析不良业绩产生的原因并探讨解决方案才是面谈的核心。

(3) 鼓励员工参与到反馈过程中。主管人员应当与员工在相互尊重的氛围中共同解决绩效中存在的问题。若主管人员单方面主导绩效反馈面谈，很可能会导致绩效反馈面谈的效率低下。

本 章 小 结

工作绩效是指员工那些经过考评的工作行为、表现及其结果。绩效的性质包括多因性、多维性与动态性。

绩效管理是指管理者和员工通过持续开放的沟通，就组织目标和目标实现方式达成共识的过程，也是促进员工做出有利于组织的行为、达成组织目标、取得卓越绩效的管理实践。

绩效考评是指根据人力资源管理的需要，对员工的工作结果、履行现任职务的能力以及担任更高一级职务的潜力进行有组织的、尽可能客观的考核和评价的过程。绩效管理、绩效考评二者之间既有联系又有区别。

绩效管理是一个完整的系统，分为四个阶段，即绩效计划、绩效辅导、绩效考评、绩效反馈。

绩效考评的内容及侧重点随着考评目的的不同而有区别。绩效考评的基本内容包括：工作业绩、工作态度、能力、工作潜力、适应性等方面。它们之间不是孤立存在，而是相互关联的。

绩效考评的过程具体分为制订绩效考评计划、确定绩效考评标准、选择考评方法、实施绩效考评计划、分析数据资料和评定考核结果、绩效考评结果的反馈与运用六个步骤。

常用的绩效考评方法，即非系统的绩效考评方法包括比较法、描述法、量表法、360度考核法。

绩效管理工具，即系统的绩效考评方法，包括目标管理法、关键绩效指标法、平衡记分卡法。

绩效反馈面谈是绩效考评尤为重要的一个环节，其目的是向员工反馈绩效考评结果、传递组织远景目标、弄清绩效不合格的原因，为下一个绩效周期工作的开展做好准备。

绩效反馈的原则与技巧为：建立彼此之间的信任、开诚布公的沟通、避免对立与冲突、关注未来而不是过去、掌握好面谈结束时间。

习　题

一、单选题

1. 员工绩效的优劣并不取决于单一的因素，而是受主、客观的多种因素影响。这体现了绩效的(　　)。

    A. 多因性　　　　　　　　　　　　B. 多维性

    C. 动态性　　　　　　　　　　　　D. 随机性

2. 绩效考评需要从多方面进行分析与考评，例如，考察一个部门经理的绩效时，不仅要看他的经营指标完成情况，还要综合考虑他的管理指标完成情况，这指的是绩效的(　　)。

    A. 多因性　　　　　　　　　　　　B. 多维性

    C. 动态性　　　　　　　　　　　　D. 随机性

3. (　　)是指管理者和员工通过持续开放的沟通，就组织目标和目标实现方式达成共识的过程，也是促进员工做出有利于组织的行为、达成组织目标、取得卓越绩效的管理实践。

    A. 绩效实践　　　　　　　　　　　B. 绩效考评

    C. 绩效管理　　　　　　　　　　　D. 绩效沟通

4. (　　)是指根据人力资源管理的需要，对员工的工作结果、履行现任职务的能力，以及担任更高一级职务的潜力进行有组织的、尽可能客观的考核和评价的过程。

A. 绩效实践　　　　　　　　　　B. 绩效考评

C. 绩效管理　　　　　　　　　　D. 绩效沟通

5. 绩效管理的核心是(　　)。

A. 提高工作绩效　　　　　　　　B. 提高管理质量

C. 绩效考核　　　　　　　　　　D. 绩效评估

6. (　　)是指在整个绩效考核期间,上级和员工之间进行持续沟通以预防和解决员工完成绩效的过程中可能发生的各种问题。

A. 绩效计划　　　　　　　　　　B. 绩效面谈

C. 绩效沟通　　　　　　　　　　D. 绩效反馈

7. 在绩效周期结束时,上级和员工之间进行绩效反馈面谈的过程称为(　　)。

A. 绩效计划　　　　　　　　　　B. 绩效确认

C. 绩效沟通　　　　　　　　　　D. 绩效谈判

8. 任何一次考评都要考虑到企业的实际情况,即要量力而行,指的是(　　)。

A. 绩效考评的制度化原则　　　　B. 绩效考评的可操作性原则

C. 绩效考评的公开原则　　　　　D. 绩效考评的可行性与实用性原则

9. 对管理人员进行考评时,(　　)的权重要相对较大。

A. 操作能力　　　　　　　　　　B. 领导能力

C. 组织协调能力　　　　　　　　D. 执行能力

10. 绩效考评的第一步是(　　)。

A. 确定绩效考评的指标　　　　　B. 制订绩效考评计划

C. 确定绩效考核人　　　　　　　D. 确定绩效考评方法

11. 企业中往往有这样一种工作,这些工作的出色完成不会对企业目标的实现起决定性的作用,而一旦这些工作出现失误将会为企业带来巨大的甚至是难以弥补的损失。针对这样的工作,我们采用的绩效考评方法是(　　)。

A. 关键事件法　　　　　　　　　B. 行为锚定法

C. 量表法　　　　　　　　　　　D. 不良事故评估法

12. 以记录直接影响工作绩效优劣的关键性行为为基础的考评方法称为(　　)。

A. 行为锚定法　　　　　　　　　B. 成绩记录法

C. 关键事件法　　　　　　　　　D. 综合评价法

13. 绩效考评中,考评者对一组考评对象的评价相差不多,致使被考评者的成绩难以拉开距离,这就造成了(　　)。

A. 晕轮效应　　　　　　　　　　B. 趋中趋势

C. 相似性错误　　　　　　　　　D. 感情效应

14. (　　)是指评价者通常会根据所获得的关于被考评者的最初信息来评价其工作绩效的好坏。

A. 晕轮效应　　　　　　　　　　B. 首因效应

C. 感情效应　　　　　　　　　　D. 暗示效应

15. 360度绩效反馈体系的优点是( )。

    A. 对人员素质有较高的要求　　　　B. 不同评价者的评判标准不同

    C. 信息收集成本较高　　　　　　　D. 增进沟通、促进发展

16. 考评者在绩效考评时，认为小王刚生产不久，是孩子妈妈，所以给她打的考评分数就较低。这位考评者所犯的错误属于( )。

    A. 晕轮效应　　　　　　　　　　　B. 首因效应

    C. 刻板印象　　　　　　　　　　　D. 暗示效应

17. 目标管理属于( )考评方法。

    A. 结果导向型　　　　　　　　　　B. 过程导向型

    C. 行为导向型　　　　　　　　　　D. 战略导向型

18. 关键绩效指标的类型不包括( )。

    A. 数量　　　　　　　　　　　　　B. 质量

    C. 行为　　　　　　　　　　　　　D. 成本

19. 关键绩效指标的制定必须符合SMART原则，SMART原则是指( )。

    A. 具体的、经济的、可行的、现实的、有时限的

    B. 具体的、可度量的、可实现的、现实的、有时限的

    C. 战略的、经济的、可实现的、现实的、有时限的

    D. 战略的、可度量的、可实现的、现实的、有时限的

二、多选题

1. 影响工作绩效的四种主要因素中，属于员工自身的主观性影响因素的是( )。

    A. 环境　　　　　　　　　　　　　B. 技能

    C. 激励　　　　　　　　　　　　　D. 机会

2. 下列说法中，正确的有( )。

    A. 绩效管理是绩效考评的重要组成部分

    B. 绩效管理侧重于信息的沟通和绩效的提高，而绩效考评侧重于绩效的识别、判断和评估

    C. 绩效管理注重沟通与承诺，绩效考评侧重于事后的评价

    D. 绩效考评与绩效管理是一回事儿，只是在不同场合下的不同说法

3. 绩效管理的过程通常被看作一个循环，包括( )。

    A. 绩效计划　　　　　　　　　　　B. 绩效辅导

    C. 绩效考评　　　　　　　　　　　D. 绩效反馈

4. 制订绩效计划的主要依据是( )。

    A. 工作目标　　　　　　　　　　　B. 企业战略

    C. 任务要求　　　　　　　　　　　D. 工作职责

5. 绩效考评的内容包括( )。

    A. 业绩考评　　　　　　　　　　　B. 能力考评

C. 态度考评　　　　　　　　　　D. 适应性考评

6. 绩效考评对企业的作用体现在(　　)。

   A. 改进绩效　　　　　　　　　　　　　　　　B. 调配人力资源

   C. 有利于了解与员工有关的各项政策在企业中的推行　　　D. 提高个性化培训

7. 下列关于目标管理的说法中，正确的有(　　)。

   A. 目标管理中的目标是由主管领导确定的

   B. 目标管理的对象包括从领导到员工的所有人员

   C. 目标管理不是用目标来控制，而是用目标来激励下级

   D. 目标管理有四个要素：明确的目标、参与决策、规定期限、反馈绩效

8. 平衡计分卡从四个角度对员工进行考评，它们是(　　)。

   A. 财务角度　　　　　　　　　　B. 学习与发展角度

   C. 客户角度　　　　　　　　　　D. 内部流程角度

三、判断题

1. 绩效计划是一个上级和下级双向沟通的过程。(　　)

2. 绩效辅导只在实施绩效前进行。(　　)

3. 绩效反馈面谈贯穿整个绩效管理周期。(　　)

4. 平衡计分卡不仅是一个考评工具，它还是一种战略管理方法。(　　)

5. 目标管理是以行为为导向的绩效考评方法。(　　)

四、名词解释

1. 绩效　　　2. 绩效管理　　　3. 绩效考评　　　4. 绩效辅导

5. 目标管理　　6. 关键绩效指标法　　7. 平衡计分卡

五、简答题

1. 绩效的含义及性质是什么？

2. 绩效管理与绩效考评的含义是什么？两者有什么关系？

3. 绩效管理系统包括哪几个阶段，分别是什么？

4. 绩效考评的内容及原则是什么？

5. 绩效考评对于企业和员工的作用分别有哪些？

6. 简述绩效考评的过程。

7. 非系统性绩效考评的方法有哪些？系统性绩效考评的方法有哪些？

8. 360度绩效考评的主体和客体分别是什么？

9. 简述绩效考评的误区及应对方法。

10. 关键绩效指标的制定原则是什么？关键绩效指标的类型有哪些？

11. 简述构建关键绩效指标体系的程序。

12. 绩效反馈面谈的内容包括什么？绩效反馈面谈的注意事项有哪些？

六、实操题

A公司为快速消费品生产经营公司，公司近期招聘了销售员20人、财务工作人员4人、库管人员2人，这些新员工经过3个月试用期后，要进行绩效考评。请结合行业特点及三个岗位的职责，为新员工设计一份《新员工绩效考评量表》。建议每两个同学为一组完成该任务。

📚 案例分析

远达公司考核

又到了年终绩效考核的时候，远达公司从主管人员到员工每个人都忐忑不安。公司采用强迫分布式的末位淘汰法，到月底，根据员工的表现，将每个部门的员工划分为A、B、C、D、E五个等级，分别占10%、20%、40%、20%、10%。如果员工有一次被排在最后一级，则工资降一级；如果有两次排在最后一级，则下岗进行培训，培训期间只领取基本生活费。培训后根据考察的结果再决定是否能够上岗。如果上岗后再被排在最后10%，则被淘汰。

主管人员与员工对这种绩效考核方法都很有意见。财务部主管老高每年都为此煞费苦心，该部门是职能部门，大家都没有什么错误，工作都完成得很好，把谁评为E级都不合适。去年，小田家里有事，请了几天假，有几次迟到了，但是也没耽误工作，老高没办法只好把小田报上去了，为此，小田到现在还耿耿于怀。今年，又该把谁报上去呢？

问题：

1. 请问远达公司财务部绩效考评采用的是什么考核方法？该方法是否合适？为什么？
2. 如果重新设计该公司财务部门的绩效考评方案，你认为应该注意哪些问题？

📚 案例思考

绩效面谈

年终考评时，小王的上司与他谈话，小王很是不安，虽然他对一年来的工作很满意，但是不知道他的上司对此怎么看。小王是一个比较内向的人，除了工作上的问题外，他和上司的交往不多。在谈话中，上司对小王的表现总体上来讲是肯定的，同时指出了他在工作中需要改善的地方，小王也同意此看法，整个谈话过程是令人愉快的，离开上司办公室时小王感觉不错。但是当小王拿到上司给他的年终考评书面报告时，他感到非常震惊，并且难以置信，书面报告中写了很多问题、缺点，而成绩、优点等只有一点点，小王觉得这样的结果好像有点儿不可理喻。小王从公司公布的绩效考评规则上得知，书面报告要长期存档，这对小王今后的工作有很大的影响，小王感到不安和苦恼。

问题：

1. 人力资源管理部门应该围绕绩效面谈做哪些方面的工作？
2. 经过绩效面谈后小王感到不安和苦恼，是什么原因导致这样的结果，怎样做才能避免这种现象？

第八章

薪 酬 管 理

【导读】

薪酬管理是人力资源管理的重要职能之一，对于一个组织而言，无论有多少种吸引、留住和激励员工的手段，薪酬都是其中最根本的一种。本章从薪酬的含义及构成入手，介绍薪酬管理的含义、意义、内容和影响因素。薪酬设计与管理应遵循公平性、竞争性、激励性和合法性等原则。目前，国际上通行的薪酬体系有三种，即职位或岗位薪酬体系、技能薪酬体系和能力薪酬体系，这三种体系各有其优缺点及设计流程。另外，还介绍了影响薪酬水平的因素及薪酬水平决策的类型，薪酬结构的内容及设计，员工福利的概念、种类及内容，以及典型员工福利计划的设计方法。

【学习目标】

了解薪酬的含义及构成；掌握薪酬管理的内容及影响因素；掌握薪酬设计与管理的原则；掌握职位或岗位薪酬体系、技能薪酬体系和能力薪酬体系的概念，以及三种体系的优缺点及设计流程；了解绩效薪酬及宽带薪酬的优缺点、绩效薪酬的表现形式；了解影响薪酬水平的因素及薪酬水平决策的类型；明确薪酬调查的目的及内容；掌握薪酬结构的内容及设计；掌握员工福利的种类与内容，以及典型福利计划的设计方法。

【学习难点】

薪酬管理的内容；薪酬体系的设计流程及原则；职位评价的方法；绩效薪酬的表现形式；薪酬结构的内容及设计；员工福利管理。

【教学建议】

第一节、第二节以教师讲授为主；第三节以教师讲授为主，对学生进行启发教学；第四节以教师讲授为主，引导学生讨论学习。

百度公司的薪酬管理(部分)

1. 薪酬结构

百度公司的薪酬结构包括三部分：一是保障性薪酬；二是变动薪酬，紧紧与员工绩效挂钩；三是员工股票期权，公司在1999年成立之初就将全公司范围内的员工股票期权计划纳入了薪酬制度中。百度公司的股票期权计划俗称"金手铐"制度，公司提出这一薪酬计划的目的在于使员工的目标定位在远期的回报实现上，而不过分追求现期的收益。

2. 薪酬的两大考虑

百度公司在执行薪酬制度时，主要考虑两方面因素：一是如何保持自己的薪酬在市场上有很大的竞争力。公司每年都密切关注同行业薪酬水平的变动，在参考专业公司所提供的薪酬调查数据和报告的同时，也通过了解同行业公司的薪酬情况掌握公司核心员工的薪酬价位。二是人力成本因素。在成功登陆美国纳斯达克股票市场后，公司面临作为一个国际知名的、在纳斯达克上市的大公司如何协调老员工与新员工的薪酬水平问题。

3. 多样的员工福利项目

除了基本薪酬和奖金制度外，百度公司还提供了多样的员工福利项目。比如为员工提供免费的早餐和报销加班交通费，对于一些工作任务特殊的员工还实行通信费用报销制度，除了给员工缴纳法定保险外，公司还另外出资为员工购买其他商业保险项目。此外，公司还为各部门拨出专门的团队建设资金用于部门内的活动。由于科技公司工作的快节奏和高强度，工程师经常出现特有的"硅谷综合征"，即紧张、焦虑、思维不畅。针对这一现象，公司决定聘请一位专业的保健医生来解决员工的身体保健、心理保健等问题，从2005年年初开始，公司在全国范围内招聘保健医生，所开出的价码是年薪10万元再加上部分股票期权，这也是百度公司"工程师文化"的突出表现之一。

资料来源：豆丁网

第一节　薪酬管理概述

一、薪酬的含义

薪酬是员工向其所在单位提供劳动或劳务而获得的各种形式的酬劳或答谢，其实质是一种公平的交易或交换关系，是员工在向单位让渡其劳动或劳务使用权后获得的报偿。薪酬有广义和狭义之分，广义的薪酬包括经济性报酬和非经济性报酬，如图8-1所示；狭义的薪酬是指经济性报酬。本书中的薪酬是指狭义的薪酬。

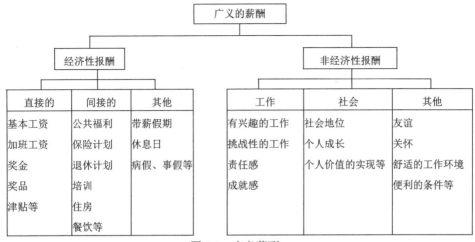

图 8-1 广义薪酬

二、薪酬的构成

薪酬包括基本薪酬、绩效薪酬、激励薪酬、津贴与福利几个部分。

(一) 基本薪酬

基本薪酬是指根据员工所承担或完成的工作本身或者根据员工所具备的完成工作的技能而向员工支付的稳定性报酬，是员工收入的主要部分，也是计算其他薪酬性收入的基础。

在西方国家，传统上来讲，基本薪酬分为薪金和工资两种类型。薪金(也称薪水)是管理人员和专业人员(即白领员工)的劳动报酬。西方国家一般实行年薪制或月薪制，职员的薪金额并不直接取决于工作日内的工作时间的长短。工资是体力劳动者(即蓝领员工)的劳动报酬，一般实行小时工资制、日工资制或月工资制。员工所得工资额直接取决于工作时间长短，法定工作时间以外的加班必须付加班工资。但是，随着蓝领员工与白领员工的工作界限的日益模糊，加之为了建立一整套的管理理念，培养雇员的团队精神，企业把基本工资都称为薪水，也不再把雇员分成薪水阶层和工资阶层。

(二) 绩效薪酬

绩效薪酬是指对员工超额工作部分或工作绩效突出部分所支付的奖励性报酬，旨在鼓励员工提高工作效率和工作质量。它是对员工过去工作行为和已取得成就的认可，通常随员工业绩的变化而调整。比如，有突出业绩的员工可以在上一次加薪的12个月以后，获得6%～7%的绩效工资；而让雇主感到过得去的雇员，仅可以获得4%～5%的绩效工资。

(三) 激励薪酬

激励薪酬也称可变薪酬，是一种提前将收益分享方案明确告知员工的方法，一般与业绩直接挂钩。用于衡量业绩的标准有成本节约、产品数量、产品质量、税收、投资收益、利润增加等。激励薪酬分为短期和长期两种类型。短期的激励薪酬可以表现得很具体。比如，如果每个季度达到或者超过了8%的资本回报率目标，则公司的任何员工都可以拿到相当于一天工资的奖金；如果资本回报率目标达到9.6%，则每个员工都可以拿到相当于两天工资的奖金；如果资本回报率目标达到20%，则可以拿到等于8.5天工资的奖金。长期的激励薪酬则用于对雇员的长期努力实施奖励，目的是使雇员能够注重组织的长期目标。比如，让高层管理人员和高级专业技术人员分得股份或红利、对有突出贡献者奖励股份或者让所有的雇员拥有股票期权。

(四) 福利与津贴

福利通常不与员工的劳动能力和提供的劳动量相关，而是一种源自员工组织成员身份的福利性报酬，主要包括医疗保险、养老保险、生育保险、失业保险和法定的各种假日、带薪休假等。津贴是企业对员工在特殊劳动条件下所付出的额外劳动消耗和生活费开支的一种物质补偿形式，如高温津贴、危险作业津贴、野外作业津贴等，这样有利于吸引劳动者到工作环境脏、苦、险、累的岗位上工作。

薪酬构成形式没有固定、统一的模式和组合比例，不同国家、地区和企业应根据实际需要和可能的条件，制定自己的薪酬标准。

三、薪酬管理的含义

薪酬管理是指企业在经营战略和发展规划的指导下，综合考虑内外部各种因素的影响，确定自身的薪酬水平、薪酬结构和薪酬形式，并进行薪酬调整和薪酬控制的整个过程。

薪酬水平是指企业内部各类职位以及企业整体平均薪酬的高低状况，它反映了企业支付的薪酬的外部竞争性。薪酬结构是指企业内部各个职位的薪酬的相互关系，它反映了企业支付的薪酬的内部一致性。薪酬形式则是指在员工和企业总体的薪酬中，不同类型的薪酬组合方式。薪酬调整是指企业根据内外部各种因素的变化，对薪酬水平、薪酬结构和薪酬形式进行相应的变动。薪酬控制是指企业对支付的薪酬进行测算和监控，以维持正常的薪酬成本开支，避免给企业带来过重的财务负担。

四、薪酬管理的意义

作为人力资源管理的一项主要职能活动，薪酬管理具有非常重要的意义，主要表现在以下几个方面。

(一) 有效的薪酬管理有助于吸引和留住优秀的员工

这是薪酬管理最基本的作用。企业支付的薪酬是员工最主要的经济来源，是他们生存的重要保证，薪酬管理的有效实施能够给员工提供可靠的经济保障，从而有助于吸引和留住优秀的员工。

(二) 有效的薪酬管理有助于实现对员工的激励

从心理学角度来讲，人们的行为都是在需要的基础上产生的，对员工进行激励就是要满足他们没有实现的需要。马斯洛的需求层次理论指出，人们存在五个层次的需求，有效的薪酬管理能够不同程度地满足这些需求，从而实现对员工的激励。员工获得的薪酬是他们生存需求满足的直接来源，没有一定的经济收入，员工就不可能有安全感，也不可能有与其他人进行交往的物质基础。此外，薪酬水平的高低也是员工绩效水平的反映，较高的薪酬表明员工具有较好的绩效，这也可以在一定程度上满足他们尊重和自我实现的需求。

(三) 有效的薪酬管理有助于改善企业的绩效

由上面的分析可以看出，薪酬管理的有效实施能够对员工产生较强的激励作用，提高他们的工作绩效，而每个员工个人绩效的改善将使企业整体的绩效得到提升。此外，薪酬管理对企业绩效的影响还表现在成本方面，对任何企业来说，薪酬都是一项非常重要的成本开支，在通常情况下，薪酬总额在企业总成本中占到40%～90%。通过有效的薪酬管理，企业可以将自己的总成本降低40%～60%，这就可以扩大产品的利润空间，从而提升企业的经营绩效。

(四) 有效的薪酬管理有助于塑造良好的企业文化

良好的企业文化对于企业的正常运转具有重要作用，而有效的薪酬管理则有助于企业文化的塑造。首先，薪酬是企业文化建设的物质基础，员工的生活如果不能得到保障，企业文化的建设就是一纸空文；其次，企业的薪酬政策本身就是企业文化的一部分，如奖励的导向、公平的观念等；最后，企业的薪酬政策能够对员工的行为和态度产生引导作用，从而有助于企业文化的建设。例如，企业推行以个人为基础的计件工资制，那么就会强化个人主义的企业文化；相反，如果企业的激励薪酬以团队为基础来计发，那么就有助于建立集体主义的企业文化。

五、薪酬管理的内容

薪酬管理以确定企业的薪酬体系、薪酬水平、薪酬结构、薪酬形式和薪酬制度作为主要管理内容。

(一) 薪酬体系

薪酬体系决策的主要任务是确定企业的基本薪酬以什么为基础。目前，国际上通行的薪酬体系有三种，即职位或岗位薪酬体系、技能薪酬体系和能力薪酬体系。

(二) 薪酬水平

薪酬水平是指企业中各职位、各部门以及整个企业的平均薪酬水平，它决定了企业的外部竞争性。

(三) 薪酬结构

薪酬结构是指同一组织内部的不同职位所得到的薪酬之间的相互关系，它涉及薪酬的内部一致性问题。

(四) 薪酬形式

薪酬形式是指员工所得到的总薪酬的组成部分以及各部分的比例关系。

(五) 薪酬管理政策

薪酬管理政策主要涉及企业的薪酬成本、预算控制方式，以及企业的薪酬制度、薪酬水平是否保密等问题。

六、薪酬管理的影响因素

在市场经济条件下，企业的薪酬管理活动会受到内外部多种因素的影响，为了保证薪酬管理的有效实施，必须对这些影响因素有所认识和了解。一般来说，影响企业薪酬管理各项决策的因素主要有三类：一是企业外部因素；二是企业内部因素；三是员工个人因素。

(一) 企业外部因素

1. 国家的法律法规

国家的法律法规对于企业的行为具有强制的约束性。一般来说，它规定了企业薪酬管理的最低标准，因此企业实施薪酬管理时应首先考虑这一因素，要在法律规定的范围内进行活动。例如，政府对最低工资立法规定了企业支付薪酬的下限；社会保险法律规定了企业必须为员工缴纳一定数额的社会保险费。

2. 物价水平

薪酬最基本的功能是保障员工的生活，因此对员工来说更有意义的是实际薪酬水平，即货币收入(又称名义薪酬)与物价水平的比率。当整个社会的物价水平上涨时，为了保证员工的生活水平不变，支付给他们的名义薪酬也要相应地增加。

3. 劳动力市场的状况

从经济学角度来讲，薪酬就是劳动力的价格，它取决于供给和需求的对比关系，在企业需求一定的情况下，当劳动力市场紧张造成供给减少时，企业的薪酬水平应当提高；反之，企业就可以维持甚至降低薪酬水平。

4. 其他企业的薪酬状况

其他企业的薪酬状况对企业薪酬管理的影响是最为直接的，这是员工进行横向的公平性比较时非常重要的一个参照系。当其他企业，尤其是竞争对手的薪酬水平提高时，为了保证外部的公平性，企业也要相应地提高自己的薪酬水平，否则就会造成员工的不满意甚至流失。

(二) 企业内部因素

1. 企业的经营战略

薪酬管理应服从和服务于企业的经营战略，在不同的经营战略下，企业的薪酬管理也不相同。表8-1列举了三种主要经营战略下薪酬管理的区别。

表8-1 三种主要经营战略下薪酬管理的区别

经营战略	经营重点	薪酬管理
成本领先战略	● 一流的操作水平 ● 追求成本的有效性	● 重点放在与竞争对手的成本比较上 ● 提高薪酬体系中激励部分的比重 ● 强调生产率 ● 强调制度的控制性及具体化的工作说明
创新战略	● 产品领袖 ● 向创新型产品转移 ● 缩短产品生命周期	● 奖励在产品及生产方法方面的创新 ● 以市场为基准的工资 ● 弹性或宽泛性的工作描述
客户中心战略	● 紧紧贴近客户 ● 为客户提供解决问题的办法 ● 加快营销速度	● 以顾客满意为奖励的基础 ● 由顾客进行工作或技能评价

2. 企业的发展阶段

由于企业在不同发展阶段的经营重点和面临的内外部环境是不同的，因此在不同的发展阶段，薪酬形式也是不同的。

3. 企业的财务状况

企业的财务状况会对薪酬管理产生重要的影响，它是薪酬管理各项决策得以实现的物质基础。良好的财务状况可以保证薪酬水平的竞争力和薪酬支付的及时性。

(三) 员工个人因素

1. 员工所处的职位

在目前主流的薪酬管理理论中，员工所处的职位是决定员工个人基本薪酬以及企业薪酬结构的重要基础，也是内部公平性的重要体现。职位对员工薪酬的影响并不完全来自其级别，而主要来自职位所承担的工作职责以及对员工的任职资格要求。

2. 员工的业绩表现

员工的业绩表现是决定员工激励薪酬的重要基础。在企业中，薪酬往往与员工的绩效呈正相关的关系，总体来说，员工的绩效越好，激励薪酬就会越高。此外，员工的绩效表现还会影响其绩效加薪，进而影响基本薪酬的变化。

3. 员工的工作年限

工作年限主要有工龄和司龄两种表现形式。工龄是指员工自开始参加工作以来至今为止的工作时间；司龄是指员工在本企业中的工作时间。工作年限会对员工薪酬水平产生一定的影响，在技能工资体系下，这种影响更加明显。一般来说，工龄和司龄长的员工，薪酬的水平相对也会高些。

第二节　薪酬体系

一、薪酬体系的概念

薪酬体系是企业确定基本薪酬的基础。目前，国际上通行的薪酬体系有三种，即职位或岗位薪酬体系、技能薪酬体系和能力薪酬体系。这三种薪酬体系代表企业在确定员工的基本薪酬水平时所依据的分别是员工所从事的工作自身的价值、员工所掌握的技能水平和员工所具备的能力或任职资格。

二、薪酬体系设计的流程

薪酬管理是一种持续的组织过程，企业必须不断地设计和制订薪酬计划、拟订薪酬预算、控制薪酬成本、沟通薪酬政策，同时要对薪酬系统的有效性进行评估并不断完善。薪酬管理的核心内容是设计一个科学、合理的薪酬系统，而且这个系统的设计和管理应是动态的过程，应根据企业内部、外部环境的变化随时进行调整和优化。不同企业薪酬系统设计的方法、步骤不尽相同，但一些基本的步骤是必需的。企业薪酬体系设计的基本流程如图8-2所示。

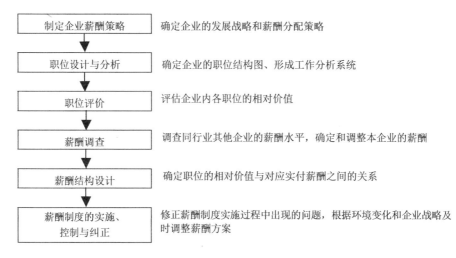

图 8-2　薪酬体系设计流程

三、薪酬设计与管理的原则

薪酬设计与管理的过程中，必须坚持以下几项原则。

(一) 公平性原则

公平理论指出，人们往往通过与他人所受待遇的对比评价自己所获得的报酬的公平性程度。只有员工认为薪酬系统是公平的，才会体现薪酬的激励作用。公平性原则是薪酬管理时要考虑的最根本的原则之一，同时要注意它是一个心理原则。员工的公平感有以下特点：第一，是与外部其他类似企业(或类似岗位)相比较而对薪酬水平产生的感受；第二，是员工对本企业薪酬系统分配机制和人才价值取向的感受；第三，是将个人薪酬与企业其他类似职位的薪酬相比较所产生的感受；第四，是对企业薪酬制度执行过程的严格性、公正性和公开性所产生的感受。

(二) 竞争性原则

竞争性原则包含两重意思：第一，是指工资水平必须高到可以吸引和留住雇员。如果工资与其他企业中同等情况相比不平等的话，不仅雇不到人，而且会导致本企业员工离职。第二，如果人工成本在一个企业的总成本中所占比例较大时，则人工成本就会直接影响这个企业的产品价格，即公司会将成本转嫁到商品或服务上。人工成本必须保持在一个企业所能容许的最大限度地提高生产产品和劳务效率的水平上。因此，实现富有特色、具有吸引力且成本可控的有效的薪酬管理才是真正把握了竞争性原则。

(三) 激励性原则

科学、合理的薪酬系统对员工的激励是最持久的，也是最根本的，因为薪酬系统解决了人力资源管理中最核心的问题——分配问题。有效的薪酬系统应能够体现努力越多，回报也越多。

(四) 合法性原则

薪酬管理要受法律和政策的约束。比如，国家发布的最低工资标准的规定、有关职工加班加点工资支付的规定，企业必须遵照执行，也就是说企业在制定自己的薪酬政策时必须以不违背国家的法律、法规为基本前提，理解并掌握劳动法规是对人力资源管理者，特别是薪酬制定者的起码要求，包括《中华人民共和国劳动法》《最低工资标准》《薪酬支付行为规范》等。

四、职位或岗位薪酬体系

(一) 职位或岗位薪酬体系的概念

职位或岗位薪酬体系是指首先对职位本身的价值做出客观的评价，然后再根据这种评价的结果赋予承担这一职位工作的人与该职位价值相当的薪酬的基本薪酬制度。职位或岗位薪酬体系是一种传统的确定员工基本薪酬的制度，它最大的特点是员工从事什么样的职务或岗位就得到什么样的薪酬，与技能薪酬体系和能力薪酬体系相比，职位或岗位薪酬体系在确定基本薪酬的时候基本上只考虑职位或岗位本身的因素，很少考虑人的因素。

(二) 职位或岗位薪酬体系的优缺点

1. 职位或岗位薪酬体系的优点

(1) 实现了真正意义上的同工同酬，体现了按劳分配机制。

(2) 有利于按照职位或岗位薪酬体系进行薪酬管理，操作较简单，管理成本较低。

(3) 职位晋升和基本薪酬增加之间的连带性增加了员工提高自身技能和能力的动力。

2. 职位或岗位薪酬体系的缺点

(1) 由于薪酬与职位或岗位直接挂钩，因此当员工晋升无望时，也就没有机会获得较大幅度的加薪，其工作积极性将受挫，甚至会消极怠工或离职。

(2) 由于职位或岗位相对稳定，薪酬也相对稳定，这不利于企业对多变的外部经营环境做出迅速的反应，也不利于及时激励员工。

(三) 实施职位或岗位薪酬体系的前提条件

企业在实施职位或岗位薪酬体系时，必须首先对以下几个方面的情况做出评价，以考察本企业的环境是否适合采用职位或岗位薪酬体系。

1. 职位或岗位的内容是否已经明确化、规范化和标准化

企业必须保证各项工作有明确的专业知识要求和明确的责任，同时这些职位所面临的工作难点也应是具体的、可以描述的，即必须具备进行工作分析的基本条件。

2. 职位或岗位的内容是否基本稳定，在短期内不会有大的变化

职位或岗位的内容基本稳定，在短期内不会有大的变化，企业才能使工作的序列关系有明显的界限，不至于因为职位或岗位内容的频繁变动而使职位或岗位薪酬体系的相对稳定性和连续性受到破坏。

3. 是否具有按个人能力安排职位或岗位的机制

为了避免员工本人能力与所担任职位或岗位的能力要求不匹配而导致不公平现象发生，未按个人能力安排职位的企业不能实行这种薪酬体系。

4. 企业中是否存在相对较多的职级

实施职位或岗位薪酬体系的企业中，无论是比较简单的工作还是比较复杂的工作，职位或岗位的级数应该相当地多，从而确保企业能够为员工提供随着个人能力的提升从低级职位向高级职位晋升的机会。否则，将损伤员工的工作积极性和进一步提高技能和能力的动机。

5. 企业的薪酬水平是否足够高

如果企业的总体薪酬水平不高，职位或岗位等级又很多，处于职位序列最底层的员工所得到的报酬就会非常少，甚至不能满足其基本生活需要。

(四) 职位或岗位薪酬体系的设计步骤

职位或岗位薪酬体系的设计步骤主要包括：进行职位或工作分析；编制职位说明书；进行职位或工作评价；建立职位结构。

1. 进行职位或工作分析
职位或工作分析的内容可参考本书第二章的介绍。

2. 编制职位说明书
编制职位说明书的内容可参考本书第二章的介绍。

3. 进行职位或工作评价
职位评价是一种公平、合理的职位定级技术，它把各项职位进行比较或与预定的标准进行对比，以确定职位在一个组织中的相对价值。职位评价是确保薪酬制度达到公平性的重要手段，其目的是比较企业内部各个职位的相对重要性，得出职位等级序列。

4. 建立职位结构
职位评价完成后，企业应根据需要设计职位等级序列。职位等级可多可少，一般来说，中小企业可设置15～20级，大型企业可设置20～30级。

(五) 职位评价的方法

职位评价的方法从量化程度和评价对象、比较方法两个维度来进行划分，可以分为四种方法：职位排序法、职位分类法、因素比较法、要素计点法，如表8-2所示。

表8-2 职位评价的方法

量化程度和评价对象 比较方法	非量化评估， 对职位整体进行评估	量化的评估， 对职位要素进行评估
在职位与职位之间进行比较	职位排序法	因素比较法
将职位与特定的级别标准进行比较	职位分类法	要素计点法

1. 职位排序法
职位排序法是工作评价者根据其对企业各项工作的经验认识和主观判断，对各项工作在企业中的相对价值进行整体的比较，并加以排序。在对各项工作进行比较排序时，一般要求工作评价者综合考虑工作职责、工作权限、岗位资格、工作条件、工作环境等因素，权衡各项工作在各项因素上的轻重程度并排定次序后，将其划入不同的薪酬等级内。职位排序法又可以分为三种类型：直接排序法、交替排序法和配对比较排序法。

(1) 直接排序法是指简单地根据职位的价值大小从高到低或从低到高对职位进行总体上的排序。

(2) 交替排序法是指首先从待评价职位中找出价值最高的一个职位，然后再找出价值最低的一个职位，接着再从剩余的职位中找出价值最高的职位和价值最低的职位，如此循环，直到所有的职位都被排序。

(3) 配对比较排序法是指首先将每一个需要被评价的职位都与其他所有职位分别加以比较，然后根据职位的最终得分来划分职位的等级顺序。评分的标准是价值较高者得一分，价值较低者失去一分，价值相同者双方得零分，得分最高者的职位最重要。

职位排序法简单易行，适用于规模较小、结构简单、职务类别较少而员工对本企业各项工作又比较了解的小型企业。

2. 职位分类法

职位分类法是指首先制定一系列职位级别标准，然后将职位与标准对比，将各职位分别归到各个级别中去。职位分类所依据的因素有四个，即工作的业务性质、难易程度、责任大小和对工作人员的任职要求，整个职位分类的实施过程都是紧紧围绕这四个因素进行的。职位分类的实施过程由前后衔接的三个步骤组成：一是进行职位调查；二是进行职位归级；三是制定职级规范。表8-3为销售人员职位分级标准。

表8-3　销售人员职位分级标准

职位等级	职位等级描述
实习行销员	不独立开展业务，协助资深行销员处理订单、交货、回款等业务，按照资深行销员的安排与客户进行联系，在资深行销员的指导下洽谈业务、签订销售合同
行销员	在行销员岗位上实习满1年。独立开展销售业务，但业务范围仅限于公司划定的某市或县，定期向资深行销员汇报业务开展情况
资深行销员	担任行销员3年以上。负责某省范围内的业务工作，指导、监督行销员开展业务，负责策划并组织实施所在省范围内的营销活动
片区经理	担任资深行销员3年以上。负责某辖区(包括数省)范围内的业务工作，负责在本辖区内落实公司的营销策略
销售经理	担任片区经理3年以上。主持公司的产品销售和市场开拓工作，在营销副总经理的指导下制定公司的营销策略，确保完成公司的营销计划

职位分类法是一种简便、易理解、易操作的职位评价方法。它克服了职位排序法只能适用于小型组织、少量职位的局限性，可以对较多的职位进行评估，而且，这种方法的灵活性比较强，尤其适用于组织中职位经常发生变化的情况，可以迅速将组织中新出现的职位归类到合适的类别中去。但是，这种方法也有一定的不足，即对职位等级的划分和界定存在一定的难度，有一定的主观性，如果职位级别划分得不合理，将影响对全部职位的评估。另外，这种方法对职位的评估也是比较粗糙的，只能得出一个职位归在哪个等级中，不能得出职位之间的价值量化关系，因此用于薪酬体系中时会遇到一定困难。

职位分类法适用于小型企业及结构比较稳定的企业，对大型企业及需要发挥员工创造力的行业、企业的适用性不强。

3. 因素比较法

因素比较法是一种量化的工作评价方法，是指在确定关键岗位和付酬因素的基础上，依据关键岗位和付酬因素制成关键岗位排序表，然后将待评岗位就不同付酬因素与关键岗位进行比较，从而确定待评岗位的工资。

因素比较法的实施步骤如下。

(1) 选择适当的付酬因素。付酬因素一般包括智力条件、技能、责任、身体条件、工作条件等。

(2) 确定关键岗位。选择在企业中涵盖面广，足以代表不同难度的同类型职位，一般选择15～20个岗位，并对每个岗位进行详细的岗位职责说明和岗位规格描述。

(3) 将每个主要岗位的每个影响因素分别加以比较，按影响程度的高低进行排序。例如，某企业办事机构中的主要岗位是：A.会计；B.出纳；C.文书；D.司机；E.勤杂工。可分别按上述五种付酬因素对五个岗位进行评定排序，如表8-4所示。

(4) 确定关键岗位的工资。评定小组按照五种付酬因素将每一个岗位的工资总额进行分解，找出对应的工资额，如表8-4所示。

表8-4　五个岗位按五种付酬因素排序、分解后对应的工资额

岗位	岗位工资(元/月)	智力条件		技能		责任		身体条件		工作条件	
		序号	工资额/元	序号	工资额/元	序号	工资额/元	序号	工资额/元	序号	工资额/元
A	125	1	32	1	26	2	36	4	16	3	15
B	110	2	21	4	20	1	40	5	15	4	14
C	100	3	18	3	22	4	26	3	17	2	17
D	105	4	9	2	23	3	28	2	19	1	26
E	65	5	5	5	5	5	9	1	20	1	26

(5) 将待评岗位就不同付酬因素与关键岗位逐一进行比较，并参考关键岗位各付酬因素的薪酬额，确定待评岗位在各付酬因素上的薪酬额。某岗位的某要素与哪一个主要岗位某要素相近，就按相近条件的岗位工资分配计算工资。承表8-4，假定有一个G岗位，其与主要岗位对比的结果如表8-5所示。

表8-5　G岗位与主要岗位工资对比表

付酬因素	相近的岗位	工资额
智力条件	G与B相似	与B岗位的智力条件对比，工资额为21元
技能	G与D相似	与D岗位的技能对比，工资额为23元
责任	G与A相似	与A岗位的责任对比，工资额为36元
身体条件	G与B相似	与B岗位的身体条件对比，工资额为15元
工作环境	G与B相似	与B岗位的工作条件对比，工资额为14元

(6) 将待评岗位各付酬因素的工资额相加，得到待评岗位整体工资。

G的工资定额=21+23+36+15+14=109(元)

(7) 当每个给定的工资总额确定以后，按其价值归级列等，便制定出岗位系列等级表。

要素比较法的优点：能够进行公平的岗位评价；容易掌握评价尺度；可以简化评价工作。缺点：要素定义比较含糊，精确度较差；受现行工资制度影响较大；构建此法有一定困难；职位比较尺度的建立步骤复杂，难以做出科学解释。

4. 要素计点法

要素计点法是目前国内外应用最广泛的职位评价方法之一，也是一种量化的职位评价方法，又称因素计点法、点值法。下面我们通过具体的例子来解释什么是要素计点法及其实施步骤。

1）选择合适的报酬要素

最常见的报酬要素主要有责任、技能、努力、工作条件及其相关子要素。责任是指岗位所承担的职责的重要性；技能是指完成某种职位的工作所具备的经验、培训、能力和教育水平等，技能的相关子要素包括技术能力、专业知识、组织能力、受教育水平、工作资历等；努力是对为完成工作所需体力或者脑力进行的衡量，努力的相关子要素包括任务的多样性、复杂性，思考的创造性，技能的体力运用等；工作条件是指人所从事工作的物理环境及其伤害性。某企业选取的报酬要素如表8-6所示。

表8-6　某企业选取的报酬要素

报酬要素名称	报酬要素定义
知识	主要指可以通过正规教育、生活经验、工作经验和在职培训等获得的关于事实或规则的各种信息。知识能够使任职者在无须向主管人员求助的情况下，就能解决特定领域出现的一些非常规问题
身体能力	主要指身体灵活性、手眼协调性，以及攀登、伸臂、弯曲等身体运动的平衡性与协调性
体力耗费	除了包括力量的要求外，还包括对感官注意力(如看、听、嗅、触摸等)之类能力以及在一个固定职位上工作的能力(如电路板技工、飞机技师和控制板操作员等)的要求
沟通	包括内部沟通和外部沟通，主要关注沟通的频率、方法及目的
对其他人的责任	主要指监督活动，包括对员工的指导与培训、协助进行员工甄选和开发活动、提出对员工的惩戒建议以及进行绩效管理等
责任	主要指管理方面的要求，包括制定、监控或批准预算，以及对人、职能或者组织单位进行管理和监督，同时还要求对结果承担责任
工作条件	包括会受到机械或者系统、重复性运动、屏幕闪烁、噪音、肮脏、伤害或危险等严重影响的工作环境、天气状况或者必须同时满足的多种工作要求等
自主性	主要指所获得的监督和指导的类型及频率，以及职位承担者是如何运用信息的(如运用现有政策、适应这些政策的要求、制定全新的政策等)

2）对每一种报酬要素的不同程度、水平或层次加以界定

自主性报酬要素的等级界定举例如表8-7所示。

表8-7　自主性报酬要素的等级界定举例

报酬要素等级	报酬要素等级描述
5级	为公司确定战略定位，并且为下属实现这一战略制定目标；确定管理路线，并且对职能单位的总体结果负责
4级	在公司战略导向范围内制定公司总体政策，就下属所提出的某例外问题的解决建议进行决策；每年就所负责的公司总体目标的实现情况接受审查

(续表)

报酬要素等级	报酬要素等级描述
3级	在公司总体政策和程序范围内履行职责，协助制定公司政策和程序；在出现例外时，负责解释公司政策并且就行动方案提出建议；工作需要接受阶段性的检查；所做出的大多数决策不需要接受审查
2级	根据公司的具体政策和程序执行任务；可能需要根据例外情况做出适应性调整；工作需要接受定期的检查，可随时向管理人员求助
1级	运用非常具体的公司政策和程序，在有限的监督下执行任务和工作安排；工作经常要接受某位管理人员的检查，这位管理人员会随时应其要求提供帮助

3) 确定不同报酬要素在职位评价体系中所占的权重或相对价值

假设职位评价小组确定了七个报酬要素，报酬要素及其权重分布举例如表8-8所示。

表8-8 报酬要素及其权重分布举例

报酬要素	报酬要素权重/%
知识	20
技能	5
监督责任	25
决策	25
预算影响	10
沟通	10
工作条件	5
合计	100

4) 确定每一个报酬要素的不同等级所对应的点值

确定各个报酬要素所占的权重以后，需要为职位评价体系确定总点数或总分，如将表8-8中的100%换算为1000点，则各个报酬要素的点数就计算出来了。对报酬要素不同等级赋予点数可采用数学法和几何法，如表8-9所示。数学法是指首先把报酬要素的最高等级(这里指第五级)的点数界定为该报酬要素在职位评价体系中的总点数，然后将第五级的点数除以5，就可以得到点值的级差，以此计算出第四级、第三级、第二级、第一级。几何法是指首先确定不同报酬要素等级之间的点值比率差(表8-9中的比率差为30%)，然后换算成十进制的表示法(1+0.3=1.3)，将第五级的点值依次除以1.3，以此算出第四级、第三级、第二级、第一级。

表8-9 要素计点法报酬要素等级的点数确定

报酬要素	报酬要素等级	几何法	数学法
知识	1	70	40
	2	91	80
	3	118	120
	4	154	160
	5	200	200

(续表)

报酬要素	报酬要素等级	几何法	数学法
技能	1	18	10
	2	23	20
	3	30	30
	4	38	40
	5	50	50
监督责任	1	88	50
	2	114	100
	3	148	150
	4	192	200
	5	250	250
决策	1	88	50
	2	114	100
	3	148	150
	4	192	200
	5	250	250
预算影响	1	35	20
	2	45	40
	3	59	60
	4	77	80
	5	100	100
沟通	1	35	20
	2	45	40
	3	59	60
	4	77	80
	5	100	10
工作条件	1	18	10
	2	23	20
	3	30	30
	4	38	40
	5	50	50

5) 运用这些报酬要素来分析评价每一个职位

某职位的评价过程及结果举例如表8-10所示。

表8-10　某职位的评价过程及结果举例

报酬要素	报酬要素权重/%	报酬要素等级	点值
知识	20	2	80
技能	5	3	30

（续表）

报酬要素	报酬要素权重/%	报酬要素等级	点值
监督责任	25	4	200
决策	25	5	250
预算影响	10	4	80
沟通	10	2	40
工作条件	5	1	10
合计	100	—	690

6) 将所有被评价职位根据点数高低进行排序，建立职位等级结构
略。

要素计点法的优点：量化计算使评价更为精确，评价结果更容易被员工所接受，允许对职位之间的差异进行微调；可以通过点数对不相似的职位进行比较；应用广泛；可以通过报酬要素向员工传递组织的价值观。

要素计点法的缺点：方案设计和应用费时；在报酬要素的界定、等级定义，以及点数、权重的确定等方面存在一定的主观性。

五、技能/能力薪酬体系

(一) 技能/能力薪酬体系的概念

技能/能力薪酬体系是指组织根据一个人所掌握的与工作有关的技能、能力以及知识的深度和广度支付基本薪酬的一种报酬制度，即员工所获得的薪酬是与知识、一种或多种技能以及能力联系在一起的，而不是与职位联系在一起的。这种薪酬制度通常适用于所从事的工作比较具体而且技能、能力能够被界定出来的操作人员、技术人员和办公室工作人员。近年来，技能/能力薪酬体系已经广泛应用于电信、销售、银行、保险公司，以及其他一些服务行业的公司。

(二) 技能/能力薪酬体系的优缺点

1. 技能/能力薪酬体系的优点

(1) 技能/能力薪酬体系向员工传递的是关注自身发展和不断提高技能的信息，它激励员工不断开发新的知识和技能，使员工在完成同一水平层次以及垂直层次的工作任务方面具有更大的灵活性和多功能性，从而有利于员工和组织适应快速的技术变革。

(2) 技能/能力薪酬体系有助于技能水平较高的员工实现对组织更为全面的理解。

(3) 技能/能力薪酬体系在一定程度上有利于鼓励优秀的专业人才安心本职工作，而不是去谋求报酬很高却并不擅长的管理职位。

(4) 技能/能力薪酬体系在员工配置方面为组织提供更大的灵活性，这是因为员工的技能区域扩大使他们能够在自己的同伴生病、流动或者其他原因而缺勤的情况下替代他们的工

作，而不是被动等待。

(5) 技能/能力薪酬体系有助于高度参与型管理风格的形成。

2. 技能/能力薪酬体系的缺点

(1) 由于企业往往要在培训以及工作重组方面进行投资，结果很有可能出现薪酬在短期内上涨的状况。

(2) 技能/能力薪酬体系要求企业在培训方面付出更多的投资，如果企业不能通过管理使这种人力资本投资转化为实际的生产力，则企业可能因此无法获得必要的利润。

(3) 技能/能力薪酬体系的设计和管理要比职位薪酬体系更为复杂，因此它要求企业有一个更为复杂的管理结构，至少需要对每一位员工在技能的不同层级上所取得的进步加以记录。

(三) 技能/能力薪酬体系的设计步骤

技能/能力薪酬体系的设计步骤主要包括：建立技能/能力薪酬体系设计小组；进行工作任务分析；确定技能/能力等级并为之定价；进行技能/能力的分析、培训与认证。

六、绩效薪酬

(一) 绩效薪酬的概念

绩效薪酬是指将员工的财务回报与其成功的工作绩效相联系，以工作绩效为基础计算员工报酬的一种薪酬形式。

(二) 绩效薪酬的优缺点

1. 绩效薪酬的优点

(1) 有利于员工工资与可量化的业绩挂钩，有利于组织总体绩效水平的改善。

(2) 明确的绩效目标能够把员工的努力集中在组织认可的一些目标上，从而有利于组织通过灵活调整员工的工作行为来达成企业目标，避免员工的行为脱离组织的战略主线而形成本位主义倾向。

(3) 由于薪酬支付实际上变成了一种可变成本，因此，它的实施减轻了固定成本开支的压力，有助于组织根据自身的经营状况灵活调整支付水平，不至于因为成本的压力而陷入困境。

(4) 指引努力方向、培育企业文化。

2. 绩效薪酬的缺点

(1) 容易产生对绩优者的奖励有方、对绩差者约束欠缺的现象，而且在奖励幅度过大的情况下，容易造成员工瞒报业绩的行为，因此，对员工业绩进行有效评估和监督是绩效薪酬实施的关键。

(2) 对员工进行正确的绩效评估越来越困难。报酬中所使用的产出标准很可能无法保持足够的准确和公正，在产出标准不公正的情况下，绩效薪酬很可能会流于形式。

(3) 可能导致员工关注结果而不注重形式。此种薪酬体系有可能导致员工之间或是员工群体之间的竞争，而这种竞争可能会忽视公司的总体利益。在执行的过程中还可能增加管理层和员工之间的摩擦，对企业文化产生一定的负面影响。

(4) 可能对团队的合作产生不利影响。

(三) 绩效薪酬的表现形式

绩效薪酬制度的个人奖励计划包括三种基本形式：计件制、计效制和佣金制。

1. 计件制

1) 简单计件制

简单计件制易于掌握，计算过程非常简便，因此得到普遍的应用。公式为

$$应得工资 = 完成件数 \times 每件工资率$$

这种方法将报酬与工作效率相结合，可以激励员工的工作表现，产品数量多的员工收入比较多，可以使员工更加勤奋地工作，减少员工偷懒现象。

2) 梅克里多计件制

梅克里多计件制将工人分成三个等级，随着等级的降低，工资率递减10%。中等和劣等的工人获得合理的报酬，而优等的工人则会得到额外的奖励。

3) 泰勒的差别计件制

泰勒的差别计件制首先要制定标准的要求，然后根据员工完成标准的情况有差别地给予计件工资。

2. 计效制

由于计件制注重产品数量而相对忽视产品的质量，因此之后又出现了计效制。计效制也有多种形式。

1) 标准工时制

标准工时制以节省工作时间的多少来计算应得的工资。当工人的生产标准高时，按照超出的百分比给予不同比例的奖金。

2) 哈尔西50—50奖金制

哈尔西50—50奖金制的特点是工人和公司分享成本节约额，通常进行五五分账，若工人在低于标准时间内完成工作，可以获得的奖金是其节约工时的工资的一半。

3) 罗恩制

罗恩制的奖金水平不固定，依据节约时间占标准工作时间的百分比而定。

3. 佣金制

佣金制常用于销售人员的计酬。佣金制有以下三种形式。

1) 简单佣金制

简单佣金制是指销售人员的收入完全来自佣金，所获得的佣金等于销售量与佣金比率的乘积。

2) 混合佣金制

混合佣金制是指销售人员的薪酬包括底薪和佣金两部分，这种形式尤其适合一些销售难度较大的企业。

3) 超额佣金制

超额佣金制是指销售人员获得的不是全部佣金，而是扣除了既定额度后的差额。

七、宽带薪酬

(一) 宽带薪酬的概念

宽带薪酬的说法始于20世纪90年代，是作为一种与企业组织扁平化、流程再造等新的管理战略和理念相配套的新型薪酬结构而出现的。宽带薪酬是指对多个薪酬等级以及薪酬变动范围进行重新组合，从而变成相对较少的薪酬等级以及相应的较宽薪酬变动范围。一般来说，每个薪酬等级的最高值与最低值之间的区间变动比率要达到100%或100%以上。

所谓宽带薪酬设计，就是在组织内用少数跨度较大的工资范围来代替原有数量较多的工资级别的跨度范围，将原来十几甚至二十几、三十几个薪酬等级压缩成几个级别，取消原来狭窄的工资级别带来的工作间明显的等级差别。同时，将每一个薪酬级别对应的薪酬浮动范围拉大，从而形成一种新的薪酬管理系统及操作流程。宽带薪酬设计中的"带"意指工资级别，"宽带"则指工资浮动范围比较大。与之对应的则是窄带薪酬管理模式，即工资浮动范围小，级别较多。目前国内很多企业实行的都是窄带薪酬管理模式。

在宽带薪酬体系中，员工不是沿着公司中唯一的薪酬等级层次垂直往上走，相反，他们在自己职业生涯的大部分或者所有时间里可能都只是处于同一个薪酬宽带之中，他们在企业中的流动是横向的。随着能力的提高，他们将承担新的责任，只要在原有的岗位上不断改善自己的绩效，就能获得更高的薪酬，即使是被安排到低层次的岗位上工作，也一样有机会获得较高的报酬。

(二) 宽带薪酬的优缺点

1. 宽带薪酬的优点

(1) 打破了传统薪酬结构所维护和强化的等级观念。宽带薪酬减少了工作之间的等级差别，有助于企业组织结构向扁平化发展，同时有利于企业提高效率以及创造学习型的企业文化，从而提升企业的核心竞争优势和企业的整体绩效。

(2) 引导员工重视个人技能的增长和能力的提高。在传统的等级薪酬制度中，员工即使能力达到了较高的水平，但是若企业没有出现职位的空缺，员工仍然无法获得较高的薪酬；而在宽带薪酬体系下，即使是在同一个薪酬宽带内，企业为员工所提供的薪酬变动范围增大，员工只要注意培养企业所需要的技术和能力，并在本职岗位上不断提高绩效也可以获得较高的报酬。

(3) 有利于职位轮换，可以培育员工在组织中跨职能成长的能力。在传统的等级薪酬制度中，员工的薪酬水平与其所担任的职位严格挂钩，同一职位级别的变动并不能带来薪酬的变化，但是这种变化又使员工不得不学习新的东西，从而使工作难度增加、辛苦程度增大，因此，员工往往不愿意接受职位的同级轮换。而在宽带薪酬体系下，由于薪酬的高低是由能力来决定而不是由职位来决定的，员工乐意通过相关职能领域的职务轮换来提升自己的能力，以此来获得更大的回报。

(4) 以市场为导向，注重市场水平。宽带薪酬的工资水平是根据市场调查的数据以及企业的工资定位来确定的，因此，薪酬水平的定期核对与调整可以使企业提高市场竞争力，同时，也能相应地做好员工成本的控制工作。

2. 宽带薪酬的缺点

(1) 实施宽带薪酬，会使员工晋升较以往更加困难。传统等级薪酬制度下的职位级别多，员工比较容易得到晋升，然而宽带薪酬制度下的职位级别少，员工很可能始终在一个职级里面移动，长时间内员工可能只有薪酬的变化而没有职位的晋升。在我国，职位晋升对员工来说也是一种重要的激励手段，尤其对于知识型员工或薪酬达到一定水平的员工来说更是如此，晋升机会减少可能导致员工士气低落而失去进取热情。

(2) 采用宽带薪酬模式的企业中，经理在决定员工工资时有更大的自由，因而有可能使人力成本大幅度上升，通常薪酬成本上升的速度比传统等级薪酬制度下要快得多。

(3) 不是所有组织都适用。

第三节　薪酬水平、薪酬调查与薪酬结构

一、薪酬水平

(一) 薪酬水平的概念

薪酬水平是指一个企业中各岗位、各部门以及整个企业的平均薪酬水平，它决定企业薪酬的外部竞争性，是吸引、留住人才的重要砝码。薪酬水平注重分析组织之间的薪酬关系，是相对于其竞争对手的组织整体的薪酬支付实力。一个组织所支付的薪酬水平高低无疑会直接影响企业在劳动力市场上获取劳动力能力的强弱，进而影响企业的竞争力。因此，所谓薪酬的外部竞争性，实际上是指一家企业的薪酬水平高低以及由此产生的企业在劳动力市场上的竞争能力大小。

(二) 影响薪酬水平的因素

影响薪酬水平的因素主要有个体因素、企业因素和社会因素。

1. 个体因素

个体因素是指由员工或岗位的价值特点所决定的薪酬水平，这里又包含三个层面的价值体现：岗位价值、业绩价值和能力价值。所谓岗位价值，是指工作设计本身所体现的价值，岗位价值是体现薪酬内部公平的基础，一般包括工作的重要性、工作量、沟通特点、

工作环境等因素。即便同类岗位，如果员工的投入程度不同、技能有差异，那么对公司的价值贡献也是不同的，这就造成了业绩价值的不同，因此，薪酬的内部公平必须与绩效管理结合起来。对员工能力的评估应是基于员工对岗位的胜任程度，由此造成了能力价值的不同。

2. 企业因素

影响薪酬水平的企业因素主要包括企业经营状况、企业薪酬政策、企业文化等。企业经营状况是影响薪酬水平的最直接的因素；企业薪酬政策是企业分配机制最直接的体现；企业文化是企业分配思想、价值观、目标追求、价值取向和制度的土壤，企业文化不同，必然会导致观念和制度的不同，从而影响薪酬模型和分配机制，间接地影响薪酬水平。例如，一个劳动密集型的企业会更偏重于利用显性薪酬来激励员工，而技术密集型企业、事业单位则更喜欢用晋升等非显性薪酬来激励员工。

3. 社会因素

影响薪酬水平的社会因素主要有地区差异与行业特点、劳动力市场的供需关系和价格水平、现行工资率、相关法规等。

(三) 薪酬水平的类型

1. 领先型薪酬水平

采用领先型薪酬水平的企业通常具有以下特征：规模较大、投资回报率较高、薪酬成本在企业经营总成本中所占的比率较少、产品市场上的竞争者较少。具有以上特征的企业在资金、盈利上的优势为给员工发放高薪提供了条件，使企业获得大量的创造性人才，这些人才又为企业持续发展奠定了基础，使企业走上了良性发展的轨道。

2. 跟随型薪酬水平

大多数企业根据市场平均水平确定企业的薪酬水平，希望使自己的薪酬成本与产品竞争者的薪酬成本保持基本一致，减少企业的风险。采用跟随型薪酬水平的企业应随时观测市场薪酬水平的变化，适时调整本企业的薪酬水平，使之与市场薪酬水平保持一致。

3. 滞后型薪酬水平

生产规模较小、产品市场竞争激烈、产品边际利润率低、成本承受能力较弱的企业大多属于中小企业，适合实施滞后型薪酬水平。有时候，实施滞后型薪酬水平的企业，不是没有支付能力，而是没有支付意愿，这样的企业一般员工的流失率较高。

4. 混合型薪酬水平

混合型薪酬水平是指企业在确定薪酬水平时，根据职位的类型或员工的类型来分别制定不同类型的薪酬水平。混合型薪酬水平的最大优点就是具有灵活性和针对性，对于人力资源市场上的稀缺人才以及企业希望长期留住的关键职位上的员工，采取领先型薪酬水平；对于人力资源市场上的富余人员以及鼓励流动的低职位上的员工，采取跟随型薪酬水平甚至滞后型薪酬水平，这既有利于企业保持在人力资源市场上的竞争力，又有利于企业合理控制薪酬成本开支。通过薪酬水平的确定还有利于企业传递自己的价值观以及实现经营目标。

二、薪酬调查

(一) 薪酬调查的含义

薪酬调查就是通过一系列标准、规范和专业的方法，对市场上各职位进行分类、汇总和统计分析，形成能够客观反映市场薪酬现状的调查报告，为企业提供薪酬设计方面的决策依据及参考。薪酬调查是薪酬设计中的重要组成部分，重点解决薪酬的对外竞争力和对内公平性问题，薪酬调查报告能够帮助企业达到有针对性地设计薪酬的目的。

(二) 薪酬调查的目的

(1) 帮助制定新参加工作人员的起点薪酬标准。
(2) 帮助查找企业内部工资不合理的岗位。
(3) 帮助了解同行业企业调薪时间、水平、范围等。
(4) 了解当地工资水平并与本企业比较。
(5) 了解工资动态与发展潮流。

(三) 薪酬调查的内容

(1) 了解企业所在行业的工资水平。
(2) 了解本地区的工资水平，不同地区因为生活费用水平和生产发展水平不同，工资水平可能差别较大。
(3) 调查工资结构。

三、薪酬结构

(一) 薪酬结构的概念

薪酬结构即薪酬的组成部分，是对同一组织内部的不同职位或者技能之间的薪酬水平的比例关系所做的安排。它强调的是职位或技能/能力等级的数量、不同职位或技能/能力等级之间的薪酬差距以及用来确定这种差距的标准。尽管薪酬结构强调的是同一组织内部的一致性问题，但是它是不能脱离外部竞争性而独立决策的一个过程，事实上，薪酬结构决策是在内部一致性和外部竞争性这两种薪酬有效性标准之间进行平衡的一种结果。内部一致性指的是组织内部不同职位或技能/能力之间的相对价值比较问题，这种相对价值的比较可以是横向的，也可以是纵向的；可以是同一个职位族内部的比较，也可以是同一个部门内部的比较。

(二) 薪酬结构的内容

薪酬结构的内容包括：一是薪酬的等级数量；二是同一薪酬等级内部的薪酬变动范围(最

高值、中间值、最低值）；三是相邻两个薪酬等级之间的交叉与重叠关系。

（三）薪酬结构设计

1. 薪酬结构线

通过职位评价将企业内各个职务的相对价值与其对应的实付工资之间的关系用二维的直角坐标系直观地表现出来，就形成了薪酬结构线，如图8-3所示。薪酬结构线可以是线性的，也可以是非线性的。

图8-3中的a和b两条薪酬结构线是单一的直线，说明采用这两种结构线的企业中所有工作是按某个统一原则定薪的，工资值严格与工作的相对价值呈正比。a较陡直，斜率较大，反映采用此薪酬结构线的企业偏向于拉大不同业绩员工的收入差距；b较平缓，斜率较小，反映采用此薪酬结构线的企业偏向于照顾大多数，不喜欢员工收入差距悬殊。c和d是两条折线，c的后段斜率增大，d的后段斜率减小。采用c薪酬结构线的企业可能是基于某一职级以上的员工为公司的骨干，对企业经营成败影响很大，是企业最宝贵的人力资源，故给予高薪以示激励；采用d薪酬结构线的企业可能是为了平息某一职级以下员工的抱怨，因而降低该职级以上员工的薪水。

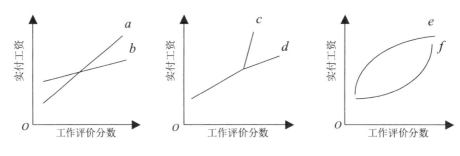

图 8-3　薪酬结构线

现实生活中，企业往往基于种种原因将薪酬结构线设计成曲线，因而表现出非线性的特征。图8-3中，e和f是两条典型的非线性薪酬结构线，表明工作的相对价值与付给该工作的工资值并不是按照相同的比率增长的。采用e薪酬结构线的企业，职务较低的员工工资增长速度较快，职务较高的员工工资增长速度相对较为缓慢，反映了企业对低职务员工主要是靠工资来进行激励，而对职务较高的员工则主要用工资之外的其他方式对其进行激励。采用f薪酬结构线的企业情况则相反，职务较低的员工工资增长速度较慢，而职务较高的员工工资增长速度相对较快。这主要是由于职务较低的员工社会供给量大，因而付给其相对较低的工资；而职务较高的员工社会供给量小，因而付给其相对较高的工资以增加企业对他们的吸引力。

由以上分析可以看出，薪酬结构设计是企业薪酬政策与管理价值观的集中体现，通过薪酬结构设计建立企业的薪酬体系，使每一项工作的薪酬都对应于其相对价值，因而充分体现薪酬的内在公平性。

2. 薪酬的分级

理论上讲，每一项工作根据其相对价值都对应一个相应的薪酬值，但实际中人们常常把多种类型工作对应的薪酬值归并组合成若干等级，形成一个薪酬等级系列，这就是薪酬分级。通过薪酬分级，将根据工作评价得到的相对价值相近的一组职务编入同一等级。图8-4是薪酬分级的范例，根据评分法评出分数，每100分作为一个区间成为一个职务等级，尽管其相对价值并不完全相等，同一等级中的职务将付给相同的薪酬，因而有的吃点亏，有的占点便宜，不尽合理。但因差别不大，大大简化了管理，所以是切实可行的。至于职级划分的区间宽窄及职级数多少的确定，则主要根据薪酬结构线的斜率、职务总数的多少及企业的薪酬管理政策和晋升政策等确定。总的原则是职级的数目不能少到相对价值相差甚大的职务都处于同一职级而无区别，也不能多到价值稍有不同便处于不同职级而需做区分的程度。此外，级数太少则难以晋升，不利士气；级数太多则晋升过频，刺激性不强。实践中，企业薪酬等级平均为10～15级。

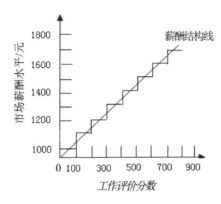

图 8-4　企业薪酬等级的划分

3. 薪酬幅度的确定

图8-4中每个薪酬等级只有一个单一的薪酬值，但实际上工作级别所对应的薪酬水平往往是一个范围，即薪酬幅度(又称薪幅)，其下限为等级起薪点，上限为顶薪点。薪幅可以不随等级变化而变化，也可以随等级上升而呈累积式的扩大。薪酬等级划分及薪酬幅度如图8-5所示，级别越高，薪幅越大。

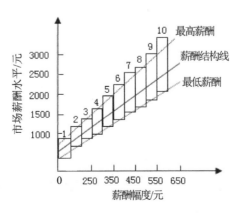

图 8-5　薪酬等级划分及薪酬幅度

薪酬范围的确定不仅与薪酬等级的多少相关联，也与相邻等级薪酬范围的重叠程度有关。实际工作中，这种重叠是必要的。相邻职级重叠程度与薪酬结构线的斜率有关(薪酬结构线越平缓则重叠越多)，但更多地取决于职级的薪幅，即变化范围的大小。当职级所包含的相对价值范围较广，职务较多，而工作绩效又主要取决于员工的个人能力与态度而非客观条件，企业的政策又是提薪较频时，职级的薪酬变化幅度宜大，这才会使那些因主客观条件未能升级但能力强且经验丰富的员工有较多的提薪机会。当然，职级薪幅增大，也会带来一些消极影响。因此，职级数目与宽度、薪酬结构线斜率及各职级的变化幅度等各因素必须统筹兼顾，恰当平衡。

第四节　员工福利管理概述

一、员工福利的概念

员工福利是企业基于雇佣关系，依据国家的强制法令及相关规定，基于企业自身的支付能力向员工所提供的、用于改善其本人和家庭生活质量的各种以非货币薪酬和延期支付形式为主的补充性报酬和服务。

员工福利对企业的发展具有许多重要的作用，一套科学、合理且具有竞争力的福利制度，不但可以吸引企业所需要的员工、降低员工的流动率，同时还可以激励员工、提高员工的士气以及对企业的认可度与忠诚度。

二、员工福利的种类与内容

员工福利一般包括以下几个部分。

(一) 法定福利

1. 社会保险

国家政策、法律法规规定，企业必须为员工缴纳社会保险，一般包括养老保险、医疗保险、工伤保险、失业保险及生育保险。

2. 法定假期

法定假期包括法定节假日、公休假日、带薪年假、探亲假、婚丧假、产假、配偶生育假等假期。

3. 住房公积金

住房公积金指企业及在职员工缴存的长期住房储备金，包括员工个人缴存的住房公积金和员工所在企业为员工缴存的住房公积金。住房公积金属于员工个人所有。

(二) 企业福利

1. 收入保障计划

收入保障计划是指旨在提高员工的现期收入或未来收入水平的福利计划，主要包括企业年金、集体人寿保险计划、住房援助计划及健康医疗保险计划。

2. 员工服务计划

员工服务计划是指企业在以货币形式为员工提供福利以外，还为员工或员工家庭提供旨在帮助员工克服困难和支持员工事业发展的直接服务的福利形式，包括雇员援助计划、员工咨询计划、教育援助计划、家庭援助计划、家庭生活安排计划、其他福利计划。

三、员工福利管理

(一) 福利计划

福利计划是指企业对实施员工福利所做的规划和安排。在福利计划制订之前应确定以下内容：为什么要向员工提供福利？要向员工提供多少福利？要向员工提供什么样的福利？以什么样的形式来向员工提供福利？由谁来向员工直接提供福利？要向哪些员工提供福利？在什么时间向员工提供福利？

(二) 福利预算

福利预算是指福利管理过程中进行的一系列福利成本开支方面的权衡与取舍，确定福利的总成本及占总薪酬成本的比重。

(三) 福利沟通

一种有效沟通的福利模式必须由三个因素构成：一是企业必须要宣传自己的福利目标，并确保任何一次沟通都能达到这些目标；二是必须通过合适的渠道来传播这些信息；三是沟通内容必须具体、完整，不能用那些有碍交流的复杂专业术语。

(四) 福利的评价与反馈

一套好的福利计划应具备以下特征：亲和性、灵活性、竞争性、成本效能、可操作性、特色性。

(五) 福利计划的成本控制

1. 福利计划中的费用分担制

在企业自行缴纳的各种补充保险中，可以让员工分摊一部分费用，即将一些原来免费的福利项目改为员工适当缴费，这样可以降低一些福利项目的成本。但是员工缴费的水平要适度，避免引起员工的抵触情绪。

2. 传统福利项目改进

一些企业会将所有的休假、病假统筹考虑，例如在一定时期内(通常是一年)员工总的休假期不超过限定的天数，员工就会得到一定的补偿或某种奖励。这样也有助于节约企业的福利成本，同时还增加了福利计划的灵活性。

3. 福利项目开发

企业不应仅局限于已有的福利项目，而应根据福利内容及其特点新开发一些福利项目，并重新组合、设计福利计划。

四、典型福利计划的设计方法

(一) 弹性福利计划

弹性福利计划也称"自助餐"计划，是指由员工自行选择福利项目的福利计划模式，在实际操作中一般由企业提供一份列有各种福利项目的"菜单"，由员工从中自由选择其所需要的福利。但这种选择有两个前提：一是企业必须制定总成本约束线；二是每一种福利组合中都必须包括诸如各种社会保险等法定福利项目。弹性福利计划不仅能够让员工选择最适合自己的福利组合，使企业的福利成本付出得到最大的回报，同时还能够改善企业与员工的关系，吸引和保留企业的员工，调动员工的工作积极性，提高员工的忠诚度。但在弹性福利计划实施过程中也存在一些问题，如弹性福利计划对企业管理者的素质要求较高，同时由于是自由选择，员工可能会放弃某些最有价值的福利。

弹性福利计划有以下四种形式。

1. 附加福利计划

在不降低原有薪酬水平和福利水平的条件下，给员工提供一张特殊的信用卡，员工可以根据自己的需要自行购买商品或福利。发放给员工的信用卡中可使用的额度取决于员工的任职年限、绩效水平，还可以根据员工薪酬占企业总薪酬的百分比来确定。

2. 混合匹配福利计划

员工可以按照自己的意愿在企业提供的福利领域中决定每种福利的多少，但是总福利水平不变。

3. 核心福利计划

为员工提供包括健康保险、人寿保险以及其他一系列企业认为所有员工都必须拥有的福利项目的组合，然后让员工根据自己的偏好选择其他的福利项目，或者增加一种核心福利项目。

4. 标准福利计划

企业为员工提供一些标准的福利项目组合，员工可以自由选择不同的组合，但不能自行构建福利组合。

(二) 企业年金计划

企业年金计划是一项企业向员工提供的养老保险计划，是员工退休后获得的收入。即员工在职期间通过缴纳一定的保险费或其他方式进行资金积累，待退休后方可享用。

(三) 利润分享计划

利润分享计划是由企业建立并提供资金支持，让其员工或受益者参与利润分配的计划。企业依据事先确定的公式每年从企业利润中提取一定的金额建立利润分享基金，再依照基金分配方法将年度基金提取额分配到员工个人账户中去，当员工或其受益者因死亡、退休或其他事件而被允许提取个人利润分享账户中的资金时，其所提取的金额为该账户中的累积额及该累积额所获得的任何投资收益的总和。企业通过实施利润分享计划所期望达到的目的是刺激生产、提高员工的信心和士气，同时增强员工的忠诚度、改善劳资关系。

利润分享计划中，企业基金提取额度的计算通常有两种情况：一是企业按照盈利情况灵活确定基金提取额度；二是根据事先规定的一个固定的计算公式进行提取。后一种方法可以增强员工的安全感，使其对所能得到的份额有明确的估计。

(四) 员工持股计划

员工持股计划是由企业内部员工出资认购本企业的部分股权，委托员工持股会或特定的托管机构管理和运作，员工持股会或相应的委托机构作为社团法人进入企业董事会，参与企业决策和按股分红的股权制度。员工持股计划可以激发持股员工的工作积极性和创造性，使持股企业的经营管理者更加关心企业投资者的利益，将企业行为导向长期化，同时可以吸引人才、留住员工、稳定企业员工队伍。

(五) 企业健康保险计划

企业健康保险计划也称企业补充医疗保险计划或企业医疗保障计划，是企业为员工建立的、用于提供医疗服务和补偿医疗费用开支的福利计划，一般包括商业保险、内部自我保险和指定服务计划。

商业保险是指企业通过向保险公司投保为企业员工提供保险。保费可以由企业全部承担，也可以和员工分担。企业可以承担两类经济损失，分别是医疗费用、由于疾病和伤残引起不能工作的收入损失。

内部自我保险是指企业用自己的资金来承担法律规定范围内的健康风险，当发生医疗费用时，企业用现金或事先储备好的专门资金来支付赔偿。

指定服务计划是指通过建立医疗服务提供者网络的形式对投保者和医疗提供者进行管理，当投保者选择医疗服务网络中的医疗提供者进行医疗服务时，可减免支付费用；当从非指定医生那里获得服务时，也可得到补偿但自付比例较高。

本 章 小 结

薪酬是员工向其所在单位提供劳动或劳务而获得的各种形式的酬劳或答谢，其实质是一种公平的交易或交换关系，是员工在向单位让渡其劳动或劳务使用权后获得的报酬。薪酬有广义和狭义之分，薪酬包括基本薪酬、绩效薪酬、激励薪酬、津贴与福利几个部分。

薪酬管理的主要内容为：确定企业的薪酬体系、薪酬水平、薪酬结构、薪酬形式和制定薪酬制度。

薪酬体系是企业确定基本薪酬的基础。目前，国际上通行的薪酬体系有三种，即职位或岗位薪酬体系、技能薪酬体系以及能力薪酬体系。

职位或岗位薪酬体系的设计步骤主要有：进行职位或工作分析；编制职位说明书；进行职位或工作评价；建立职位结构。

技能/能力薪酬体系的设计步骤主要为：建立技能/能力薪酬体系设计小组；进行工作任务分析；确定技能/能力等级并为之定价；技能/能力的分析、培训与认证。

绩效工资制度的个人奖励计划包括三种基本形式：计件制、计效制和佣金制。

宽带薪酬是指对多个薪酬等级以及薪酬变动范围进行重新组合，从而变成只有相对较少的薪酬等级以及相应的较宽薪酬变动范围。宽带薪酬有其优缺点。

影响薪酬水平的因素主要有三个方面：个体因素、企业因素和社会因素。企业的薪酬水平主要有以下四种类型：领先型薪酬水平、跟随型薪酬水平、滞后型薪酬水平、混合型薪酬水平。

员工福利包括法定福利和企业福利，法定福利包括社会保险、法定假期和住房公积金；企业福利包括收入保障计划、员工服务计划。

典型福利计划的设计方法有弹性福利计划、企业年金计划、利润分享计划、员工持股计划、企业健康保险计划。

习 题

一、单选题

1. 决策的参与、工作的自主权、个人的发展、活动的多元化以及挑战性的工作等，这些报酬形式属于(　　)。

  A. 内在报酬   B. 直接报酬

  C. 外在报酬   D. 间接报酬

2. 反映企业薪酬的内部一致性的是(　　)。

  A. 薪酬数量   B. 薪酬形式

  C. 薪酬水平   D. 薪酬结构

3. 反映企业薪酬的外在竞争性的是(　　)。

A. 薪酬数量　　　　　　　　　B. 薪酬结构

C. 薪酬水平　　　　　　　　　D. 薪酬形式

4. 图8-6所示四条薪酬结构线中，薪酬值严格与工作的相对价值呈正比，并偏向于拉大不同贡献员工的收入差距的是(　　)。

A. a薪酬结构线　　　　　　　　B. b薪酬结构线

C. c薪酬结构线　　　　　　　　D. d薪酬结构线

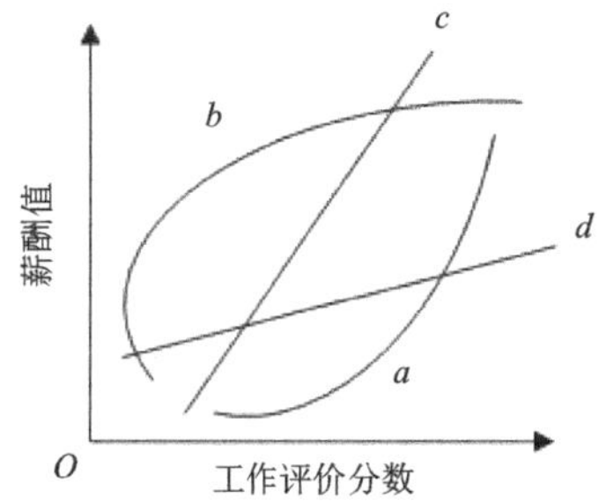

图 8-6　薪酬结构线

5. 保险、带薪休假和住房补贴属于(　　)。

A. 内在报酬　　　　　　　　　B. 直接报酬

C. 间接报酬　　　　　　　　　D. 非财务报酬

6. 以员工个体所具备的知识和技能作为制定薪酬的标准的是(　　)。

A. 岗位薪酬　　　　　　　　　B. 技能薪酬

C. 职位薪酬　　　　　　　　　D. 能力薪酬

7. 根据员工的绩效考核结果给予一次性奖励的是(　　)。

A. 绩效奖金　　　　　　　　　B. 绩效工资

C. 绩效加薪　　　　　　　　　D. 绩效津贴

8. 根据员工完成工作的时间来支付相应的薪酬的是(　　)。

A. 岗位工资制　　　　　　　　B. 资金

C. 津贴　　　　　　　　　　　D. 工时制

9. 住房福利属于(　　)。

A. 国家法定福利　　　　　　　B. 企业自主福利

C. 生活福利　　　　　　　　　D. 企业特定福利

10. (　　)是以岗位为中心，依据一定的标准和程序来判断不同岗位对组织的价值大小，并据此建立岗位价值序列的一项专门的人力资源管理技术。

A. 薪酬评价　　　　　　　　　B. 绩效考评

C. 职位评价　　　　　　　　　D. 贡献评价

11. 通过职位评价将企业内各个职务的相对价值与其对应的实付工资之间的关系用二维的直角坐标系直观地表现出来，就形成了(　　)。

A. 薪酬结构线　　　　　　　　B. 薪酬等级线

C. 薪酬结构　　　　　　　　　D. 薪酬等级

12. 由企业建立并提供资金支持，让企业的员工或受益者参与利润分配的计划，被称为(　　)。

A. 收益分享计划　　　　　　　B. 利润分享计划

C. 福利分享计划　　　　　　　D. 利润分配计划

13. (　　)是指员工所得到的总薪酬的组成成分以及各部分的比例关系。

A. 薪酬结构　　　　　　　　　B. 薪酬构成

C. 薪酬比例　　　　　　　　　　D. 薪酬形式

14. 某企业只有较少的薪酬等级，每个薪酬等级的薪酬变动范围较大，该企业实行的( )制度。

　　A. 宽带薪酬　　　　　　　　　　B. 职位薪酬

　　C. 技能薪酬　　　　　　　　　　D. 绩效薪酬

二、多选题

1. 下列各因素中，属于影响企业薪酬决策的外部因素的有( )。

　　A. 法律政策　　　　　　　　　　B. 劳动力市场状况

　　C. 物价水平　　　　　　　　　　D. 工作年限

　　E. 其他企业薪酬状况

2. 薪酬包括( )。

　　A. 基本薪酬　　　　　　　　　　B. 绩效薪酬

　　C. 激励薪酬　　　　　　　　　　D. 福利与津贴

　　E. 奖金

3. 薪酬设计与管理的原则包括( )。

　　A. 公平性原则　　　　　　　　　B. 竞争性原则

　　C. 成本性原则　　　　　　　　　D. 激励性原则

　　E. 合法性原则

4. 职位评价的方法包括( )。

　　A. 职位排序法　　　　　　　　　B. 强制分布法

　　C. 职位分类法　　　　　　　　　D. 要素计点法

　　E. 因素比较法

5. 绩效薪酬的表现形式包括( )。

　　A. 提成制　　　　　　　　　　　B. 计效制

　　C. 计件制　　　　　　　　　　　D. 佣金制

　　E. 奖金制

6. 薪酬水平的决策类型包括( )。

　　A. 领先型薪酬水平　　　　　　　B. 滞后型薪酬水平

　　C. 竞争型薪酬水平　　　　　　　D. 跟随型薪酬水平

　　E. 混合型薪酬水平

7. 薪酬结构的内容包括( )。

　　A. 薪酬等级数量　　　　　　　　B. 薪幅大小

　　C. 薪酬重叠度　　　　　　　　　D. 薪酬水平

　　E. 福利水平

8. 弹性福利计划包括( )。

　　A. 自助餐福利计划　　　　　　　B. 附加福利计划

C. 混合匹配福利计划　　　　D. 核心福利计划

E. 标准福利计划

三、判断题

1. 薪酬控制是指企业对支付的薪酬进行测算和监控，以维持正常的薪酬成本开支，避免给企业带来过重的财务负担。（　　）

2. 薪酬体系决策的主要任务是确定企业的薪酬包括哪些内容。（　　）

3. 薪酬结构指的是组织内薪酬的构成。（　　）

4. 宽带薪酬对于员工的激励在于即使薪酬等级不变，企业也会随着员工能力的提高和所承担责任的增加，给予较高的薪酬。（　　）

5. 规模较大、投资回报率较高、薪酬成本在企业经营总成本中所占的比率较少，产品在市场上的竞争对手较少，这样的企业的薪酬水平可以采用领先型。（　　）

6. 薪酬调查只需要了解同行业其他企业的薪酬状况即可。（　　）

7. 相邻职级的重叠程度与薪酬结构线的斜率有关（薪酬结构线越平缓则重叠越多），但更多地取决于职级的薪幅，即变化范围的大小。（　　）

8. 福利是企业向员工所提供的、用于改善其本人和家庭生活质量的各种以非货币薪酬和延期支付形式为主的补充性报酬和服务。（　　）

9. 企业年金是企业必须为员工缴纳的养老保险。（　　）

四、名词解释

1. 薪酬　　　　2. 薪酬水平　　　　3. 薪酬结构　　　　4. 薪酬形式

5. 职位薪酬　　6. 技能/能力薪酬　　7. 绩效薪酬　　　　8. 宽带薪酬

9. 福利　　　　10. 弹性福利计划

五、简答题

1. 薪酬由哪几部分构成，它们的含义是什么？

2. 薪酬管理的意义是什么？薪酬管理的内容有哪些？

3. 薪酬管理受到哪些因素的影响？

4. 薪酬体系的设计流程和设计与管理原则分别是什么？

5. 职位薪酬体系的概念、优缺点及设计流程分别是什么？

6. 职位评价的方法有哪些？

7. 技能/能力薪酬体系的概念、优缺点及设计流程分别是什么？

8. 什么是绩效薪酬，其表现形式有哪些？

9. 什么是宽带薪酬，其优缺点有哪些？

10. 薪酬水平的决策类型有哪些？

11. 简述薪酬调查的目的及内容。

12. 薪酬结构的内容是什么？

13. 简述员工福利的种类与内容。

六、实操题

A公司为快速消费品生产经营公司，公司近期招聘了销售员20人、财务工作人员4人、库管人员2人。3个月试用期后，经绩效考评，15名销售员、3名财务人员(会计)、2名库管人员通过考核，正式上岗。这些人将被分配到你学校所在城市的新建分公司工作，请结合行业特点和你所在城市的经济状况对其进行薪酬设计。

(1) 为销售人员设计销售提成与奖金制度。

(2) 为财务工作人员及库管人员设计薪酬水平为市场平均水平的薪酬方案。

建议每4个同学为一组完成该任务。

🕮 案例分析

致远公司优秀员工的辞职

致远公司是一家高科技公司，不久前有两位精明能干的年轻营销管理人员提出辞职，到提供更高薪资的竞争对手公司里任职。该公司的营销主管早在数月前就曾要求公司给这两位年轻人加薪，因为他们的工作十分出色，但人事部门的主管认为，按同行业平均水平来说，这两位年轻营销管理人员的薪资水平已经是相当高的了，而且这种加薪要求与公司现行建立在职位、年龄和资历基础上的薪资制度不符合，因此拒绝给予加薪。

对于这两位年轻人的辞职，公司里议论纷纷。有人说，尽管这两位年轻人所得报酬的绝对量高于同行业平均水平，但他们的工作那么出色，这样的报酬水平仍很难令人满意。也有人质疑公司人事部门的主管对该项加薪要求的反对意见，认为应当由了解其下属表现好坏的营销部门对本部门员工的酬劳行使最后决定权。

问题：

1. 你认为该公司的薪酬制度有无不合理之处？若有，请指出；若没有，请分析它有什么好处？

2. 你认为合理的薪酬制度应符合哪些标准或要求？

🕮 案例思考

闹事的"好处"

某公司鉴于员工工作的积极性不高，于是决定对技术人员和中层管理人员实行额外津贴制度以激励骨干人员，即一定级别的管理干部享受一定的津贴，技术人员按照20%的比例享受一定的津贴。此政策公布后，立刻在公司技术人员中掀起轩然大波，技术人员纷纷表示不满，表示若不能享受津贴，就让获得津贴的人干活。经过一段时间后，公司不得不宣布调整技术人员的津贴政策——按照助理工程师、工程师和高级工程师三个档次发放津贴。于是，公司的津贴激励制度变成了人人有份的大锅饭制度，钱花了，却收不到预期效果，反而引发一连串的麻烦。

该公司的一线生产为连续性生产，有大量的倒班工人，他们知道此事后，都认为干部和工程师涨工资了，他们的工资不涨，这不公平。于是他们推选代表向公司领导集中反映意见，连续几个上午，公司总部办公楼被人团团围住，要求增加津贴。一段时间后，公司宣布增加倒班工人津贴。

此事才平，又起一事。公司经过政府有关部门批准，决定在市内以较低的优惠价格购买数千套商品房作为福利房以低廉的价格分售给职工。数千位工龄较长、职务较高的员工获得了高值商品房。一部分不符合条件的员工决定联合起来闹房，采用和前一次相同的手段，同样如愿以偿了。一系列的事件使人们形成了印象，不管有理无理，只要找公司闹，终会得到满足。

思考：

1. 本案例集中反映了人力资源管理中的哪一项管理活动？

2. 你认为公司所遇到的闹事麻烦的原因是什么？

3. 你认为薪酬系统至少应包括哪些部分？薪酬管理应坚持哪些原则？

第九章

劳动关系管理

【导读】

劳动关系通常是指用人单位(雇主)与劳动者(雇员)之间在运用劳动者的劳动能力，实现劳动过程中所发生的关系。劳动关系主体包括资方和劳方，还涉及员工团体、雇主协会和政府。劳动关系经劳动法律规范、调整和保护后，即转变为劳动法律关系，其内容涉及权利和义务，属于双务关系，具有国家强制性。劳动关系调整的方式主要有七种。劳动合同的订立应遵循平等自愿、协商一致、符合法律法规、互利互惠的原则。集体合同与劳动合同的区别在于主体不同、内容不同、目的不同、法律效力不同等。订立集体合同应遵循一定的原则。工会与职工代表大会的性质、任务和职责。劳动争议又称劳动纠纷，是指用人单位和劳动者之间因劳动权利和劳动义务所发生的纠纷。解决劳动争议的方法有调节、仲裁和诉讼。

【学习目标】

掌握劳动关系的概念及主体构成；掌握劳动法律关系的概念及特征。了解劳动合同订立的原则，了解劳动合同与集体合同的区别；理解劳动争议的概念及解决劳动争议的方法。

【学习难点】

劳动法律关系的概念及特征；集体合同的内容；集体合同与劳动合同的区别。

【教学建议】

第一节以教师讲授为主；第二节、第三节以教师讲授为主，对学生进行启发教学；第四节以教师讲授为主；第五节以案例讨论式讲解为主。

第一节　劳动关系概述

一、劳动关系的含义、主体及表现形式

(一) 劳动关系的含义

在现代社会，劳动的社会形式的趋同性使劳动关系成为经济社会最普遍、最基本的社会关系，对劳动关系的研究在各国广泛存在。因社会制度、历史与文化的差异，各国对劳动关系的表述各不相同，有劳资关系、劳工关系、雇佣关系、产业关系等。各类表述的外延与侧重点虽略有差别，但其内涵基本相似，均是指劳动者与劳动力的使用者之间因劳动给付与工资支付而产生的关系。一般而言，劳动关系通常是指用人单位(雇主)与劳动者(雇员)之间在运用劳动者的劳动能力实现劳动的过程中所发生的关系。

(二) 劳动关系的主体

劳动关系的主体是构成劳动关系的核心要素。劳动关系体系是由心态、期望、人际关系和行为不同的个人组成的不同群体构成的，这些群体彼此发生着联系。从一个就业组织的角度来说，劳动关系是由管理方(资方)和雇员(劳方)两个系列群体构成的。

管理方是在就业组织中具有重要的经营决策权力的人或团体。作为劳动力的需求主体，用工主体构成了企业劳动关系的一方，在劳动过程中处于支配者的地位。

雇员是在就业组织中本身不具有基本经营决策权力，并从属于这种决策权力的工作者。他们在劳动过程中处于被支配者的地位。

此外，劳动关系的主体还涉及员工团体、雇主协会和政府。

员工团体是指因共同利益、兴趣或目标而组成的员工组织，如工会和行业协会等，目标是代表成员并为其争取利益和价值。

雇主协会是管理方团体的主要形式，以行业或贸易组织为纽带，主要任务是与工会或工会代表进行集体谈判，在劳动争议处理程序中向其成员提供支持。

政府在劳动关系中代表国家运用法规和政策手段对企业劳动关系的运行进行调控、协调和监督。

(三) 劳动关系的表现形式

劳动关系的本质是劳动双方合作、冲突、力量和权力的相互交织，所以，劳动关系具体表现为合作、冲突、力量和权力。

1. 合作

合作是指在就业组织中，劳动双方共同生产产品或提供服务，并在很大程度上遵守一套既定制度和规则的行为。劳动双方的权利和义务在双方协商签订的集体协议或劳动合同中确定下来。合作是维系劳动关系的基础和前提。

2. 冲突

冲突是指劳动双方的利益、目标和期望不一致，甚至会出现分歧和矛盾，并且各自采取各种不同的经济斗争手段。在市场经济条件下，劳动关系双方的冲突会越来越明显地显露出来。

3. 力量

力量是指影响劳动关系结果的能力，是相互冲突的利益、目标和期望以何种形式表现出来的决定因素。力量又具体表现为劳动力市场的力量和双方对比关系的力量。劳动关系双方力量的对比程度决定了双方是选择合作还是冲突。当然，双方的力量也不是一成不变的，会随着其他因素的影响而发生变化。

4. 权力

权力是指代表他人做决策的权力。在劳动关系中，权力往往集中在管理方。拥有权力使管理方在劳动关系中处于主导优势地位，但这种优势地位也不是绝对的，在某些时间和场合会发生逆转。

二、劳动法律关系概述

(一) 劳动法律关系的含义

劳动法律关系是指劳动法律规范在调整劳动关系过程中所形成的雇员与雇主之间的权利和义务关系，即雇员与雇主在实现现实的劳动过程中所发生的权利和义务关系。劳动关系经劳动法律规范、调整和保护后，即转变为劳动法律关系，雇主和雇员双方有明确的权利和义务。这种受到国家法律规范、调整和保护的雇主与雇员之间以权利和义务为内容的劳动关系即为劳动法律关系，它与劳动关系的最主要的区别在于劳动法律关系体现了国家意志。

(二) 劳动法律关系的特征

1. 劳动法律关系的内容是权利和义务

劳动法律关系是以法律上的权利和义务为纽带而形成的社会关系，运用《中华人民共和国劳动法》(以下简称《劳动法》)的各种调整方式将劳动关系转化为劳动法律关系，是《劳动法》对劳动关系的第一次调整，雇员与雇主按照法律规范分别享有一定的权利、承担一定的义务，从而使雇主与雇员之间的行为与要求具有法律意义。劳动关系转化为劳动法律关系后，若其运行出现障碍，例如出现违约行为或侵权行为，则《劳动法》将对劳动法律关系继续进行调整，这是《劳动法》的第二次调整，其目的在于消除劳动法律关系运行的障碍，使其顺利运行。

2. 劳动法律关系是双务关系

劳动法律关系是一种双务关系，雇主、雇员在劳动法律关系之中既是权利主体，又是义务主体，互为对价关系。在通常情况下，任何一方在自己未履行义务的前提下无权要求对方履行义务，不能只要求对方履行义务而自己只享有权利，否则就违背了劳动法律关系主体地位平等的要求。

3. 劳动法律关系具有国家强制性

劳动法律关系是以国家强制力作为保障手段的社会关系。国家强制力是否立即发挥作用取决于劳动法律关系主体行为的性质。强行性规范而形成的劳动法律关系内容受国家法律强制力的直接保障，如不得使用童工，不得低于最低工资标准雇用员工，雇主提供的劳动安全、卫生条件不得低于国家标准等；任意性规范形成的劳动法律关系的内容受到危害时，则需经权利主体请求后，国家强制力才会显现。

(三) 劳动法律关系的构成要素

劳动法律关系的构成要素分别为劳动法律关系的主体、内容与客体。

1. 劳动法律关系的主体

劳动法律关系的主体是指依据劳动法律的规定，享有权利并承担义务的劳动法律关系的参与者，包括企业、个体经济组织、机关、事业单位、社会团体等用人单位和与之建立劳动关系的劳动者，即雇主与雇员。依据我国《劳动法》的规定，工会是团体劳动法律关系的形式主体。

2. 劳动法律关系的内容

劳动法律关系的内容是指劳动法律关系主体依法享有的权利和承担的义务。因为劳动法律关系为双务关系，当事人互为权利和义务主体，故一方的义务为另一方的权利。根据《劳动法》的规定，劳动者享有平等就业和选择职业的权利，取得劳动报酬的权利，休息休假的权利，获得劳动安全、卫生保护的权利，接受职业技能培训的权利，享受社会保险和福利的权利，提请劳动争议处理的权利，以及法律规定的其他权利。劳动者应当完成劳动任务，提高职业技能，执行劳动安全、卫生制度，遵守劳动纪律和职业道德。用人单位应当依法建立和完善规章制度，保障劳动者享有劳动权利和履行劳动义务。

3. 劳动法律关系的客体

劳动法律关系的客体是指主体的权利和义务所指向的事物，即劳动法律关系所要达到的目的和结果，如劳动、工资、保险福利、工作时间、休息休假、劳动安全卫生等。

(四) 劳动法律事实

依法能够引起劳动法律关系产生、变更和消灭的客观现象就是劳动法律事实，并不是任何事情都可以成为劳动法律事实，只有依据《劳动法》的规定带来一定劳动法律后果的事实才能成为劳动法律事实。产生劳动法律关系的事实为合法事实，双方意思表示必须一致；变更、消灭劳动法律关系的事实一般也需双方意思表示一致。但是在一些场合，单方的意思表示以及违法行为或事件也能使劳动法律关系变更或消灭。依据劳动法律事实是否以当事人的主观意志为转移，法律事实可以分为两类：劳动法律行为和劳动法律事件。

1. 劳动法律行为

劳动法律行为是指以当事人的意志为转移，能够引起劳动法律关系产生、变更和消灭，具有一定法律后果的活动。

2. 劳动法律事件

劳动法律事件是指不依当事人的主观意志为转移，能够引起一定劳动法律后果的客观现象，如企业破产，劳动者伤残、死亡，战争等。

三、劳动关系调整的方式

劳动关系的调整方式依据调整手段的不同，主要分为七种：通过劳动法律、法规对劳动关系的调整；劳动合同规范的调整；集体合同规范的调整；民主管理制度(工会与职工代表大会)的调整；企业内部劳动规则(规章制度)的调整；劳动争议处理制度的调整；劳动监督检查制度的调整。

第二节　劳动合同概述

一、劳动合同的概念

所谓劳动合同，是指劳动者与用人单位(管理者、雇主)之间为了确定劳动关系，明确双方的权利和义务而达成的协议。劳动合同是劳动者与用人单位在一定条件下建立的劳动关系的法律形式。用合同形式明确劳动者与用人单位的劳动关系，对实现劳动关系调整从行政手段向法律手段转变具有重大意义。

劳动合同是合同的一种，它除了具有合同的一般特征外，还具有其本身的特征。

(一) 劳动合同的当事人是劳动者与用人单位

作为劳动关系的法律形式，劳动合同必须由劳动者与用人单位以当事人的身份订立，这样订立的劳动合同对当事人双方具有法律约束力。劳动合同当事人一方的劳动者一般是个人，而不是劳动者团体，这是劳动合同与集体合同的区别之一。

(二) 劳动合同的内容是指《劳动法》中规定的权利和义务

订立劳动合同的目的是将劳动关系用法律形式加以明确，以保护双方当事人，特别是劳动者一方的合法权利。劳动者享有的就业权、报酬权、休息休假权等绝大部分权利和义务都应在劳动合同中得到体现。

(三) 劳动合同是双方有偿合同

劳动者的基本义务是完成合同约定或用人单位指定的劳动；用人单位的基本义务是向劳动者支付劳动报酬。劳动者在用人单位根据劳动合同完成的劳动是有偿的，有偿性是劳动合同的本质特征。

二、劳动合同的订立原则

劳动合同的订立是指劳动者与用人单位依法对劳动的权利和义务意思表示达成一致的法律行为。在订立劳动合同过程中必须遵循以下原则。

(一) 平等自愿原则

平等自愿原则是指在订立劳动合同时，管理者与劳动者双方的法律地位是平等的，双方在表达对劳动权利和义务的意见时，所起的法律效力是一样的。同时，合同的订立应完全出于双方自己的意愿，不存在任何一方的意志强加于另一方的情况。这两者是共同构成劳动合同订立的首要原则。

(二) 协商一致原则

协商一致原则是指劳动合同订立的内容在合法的前提下由双方当事人以协商的方法达成协议。协商一致是平等自愿的唯一表达形式。

(三) 符合法律、法规原则

劳动合同的订立首先应当遵守《劳动法》，此外还应遵守其他劳动行政法规。无论是合同的主体、合同的内容还是合同的订立程序都要符合法律的规定。

(四) 互利互惠原则

企业劳动合同的订立实质上反映的是一种经济利益关系，双方当事人最终所达成的协商一致必须保证双方当事人在经济利益上的互利互惠。互利互惠是协商一致的前提条件。

三、劳动合同的种类

企业劳动合同的种类可以按照不同的标准进行划分，一般有以下两种划分方式。

(一) 按照劳动合同的期限划分

1. 固定期限的劳动合同

固定期限的劳动合同是指劳动者与管理者之间签订的有一定期限的企业劳动协议，其期限是确定的、具体的。在有效期限内，劳动者和管理者之间存在劳动关系，合同期满则企业劳动关系终止。固定期限的劳动合同有利于劳动者择业和管理者用人的自主权，双方可以经常进行相互选择。

2. 无固定期限的劳动合同

无固定期限的劳动合同是指劳动者与管理者之间签订的没有规定终止日期的劳动协议。劳动者和管理者之间的劳动关系只要在劳动者一方有劳动能力和人身自由的情况下，以及在企业一方继续存在的情况下都会存在。只有在符合法定或约定解除劳动合同的情况下，通过解除劳动合同，劳动者和管理者之间的劳动关系才会终止。

3. 以完成一定工作为期限的劳动合同

以完成一定工作为期限的劳动合同是指以劳动者所承担的工作任务来确定合同的期限，只要工作任务一完成，合同即终止。这实际上是一种特殊形式的定期企业劳动合同，主要适用于完成某项科研任务以及季节性和临时性的工作岗位。

(二) 按照劳动合同产生的方式划分

1. 企业录用合同

企业录用合同是指企业管理者以招收、录用劳动者为目的而与劳动者依法签订的劳动合同。企业录用合同是企业劳动合同的基本形式，普遍适用于企业正式工和临时工的招收与录用。

2. 企业聘用合同

企业聘用合同是指聘用方与被聘用的劳动者之间签订的明确双方责、权、利的劳动协议。企业管理者在聘用劳动者时，一般要向劳动者发聘书，以确定彼此之间的劳动关系。与此同时，也可以与劳动者签订劳动合同，以进一步明确彼此之间的权利和义务关系。企业聘用合同一般用于聘请专家、顾问等专门人才。

3. 企业借调合同

企业借调合同是指企业管理者以借用劳动者为目的而与劳动者和被借用单位签订的三方劳动合同。企业借调合同要明确规定三方的权利、义务和责任，合同到期后，劳动者一般需回原单位工作。企业借调合同适用于借调单位与劳动者和被借用单位之间调剂余缺、互相协作。

四、劳动合同的主要内容

(一) 劳动合同的法定条款

《劳动法》第10条规定了劳动合同的法定形式是书面形式，其必备条款有7项。

1. 劳动合同期限

《劳动法》规定的劳动合同期限有三种：一是有固定期限，如1年期限、3年期限等；二是无固定期限，合同期限没有具体时间约定，只约定终止合同的条件，如无特殊情况，这种期限的合同应存续到劳动者到达退休年龄；三是以完成一定的工作为期限，例如劳务公司外派一名员工去另外的公司工作，两个公司签订了劳务合同，劳务公司与外派员工签订的劳动合同期限随劳务合同的解除或终止而终止，这种合同期限就属于以完成一定工作为期限的种类。用人单位与劳动者在协商选择合同期限时，应根据双方的实际情况和需要来约定。

2. 工作内容

在这一必备条款中，双方可以约定工作数量、质量，劳动者的工作岗位等内容。

3. 劳动保护和劳动条件

这一必备条款主要约定以下内容：工作时间和休息休假的规定、各项劳动安全与卫生的措施、对女工和未成年工的劳动保护措施与制度，以及用人单位为不同岗位劳动者提供的劳动、工作的必要条件等。

4. 劳动报酬

这一必备条款可以约定劳动者的标准工资、加班加点工资、奖金、津贴、补贴的数额及支付时间、支付方式等。

5. 劳动纪律

这一必备条款应当将用人单位制定的规章制度约定进来，可采取将内部规章制度印制成册作为合同附件的形式。

6. 劳动合同终止的条件

这一必备条款一般是在无固定期限的劳动合同中约定，因这类合同没有终止的时限，但其他期限种类的合同也可以约定。须注意的是，双方当事人不得将法律规定的可以解除合同的条件约定为终止合同的条件，以避免出现用人单位应当在解除合同时支付经济补偿金而改为终止合同不予支付经济补偿金的情况。

7. 违反劳动合同的责任

这一必备条款一般可约定两种形式的违约责任：一是由于一方违约给对方造成经济损失，约定赔偿损失的方式；二是约定违约金，采用这种方式应当注意根据职工一方的承受能力来约定具体金额，不要出现显失公平的情形。另外，这里讲的违约或者称违反劳动合同不是指一般性的违约，而是指违约程度比较严重，达到致使劳动合同无法继续履行的程度，如职工违约离职、单位违法解除劳动者合同等。

(二) 劳动合同的任意约定条款

劳动合同中除包含上述的法定必备条款外，当事人还可以协商约定其他内容。

1. 劳动合同的试用期条款

劳动合同期限三个月以上不满一年的，试用期不得超过一个月；劳动合同期限一年以上不满三年的，试用期不得超过二个月；三年以上固定期限和无固定期限的劳动合同，试用期不得超过六个月。同一用人单位与同一劳动者只能约定一次试用期。以完成一定工作任务为期限的劳动合同或者劳动合同期限不满三个月的，不得约定试用期。

2. 劳动合同的保守商业秘密条款

我国《劳动法》第二十三条规定："用人单位与劳动者可以在劳动合同中约定保守用人单位的商业秘密和与知识产权相关的保密事项。"保守商业秘密是现代企业竞争越来越激烈的必然要求，一般包括需要保守商业秘密的对策、保密的范围和期限，以及相应的补偿。

3. 培训条款

培训条款是指用人单位就为劳动者支付的培训费用、培训后的服务期，以及劳动违约解除劳动合同时赔偿培训费事项所约定的条款。为保护用人单位的合法利益，用人单位可在劳动合同中约定培训条款或签订培训协议。

此外，双方在签订合同时还可根据情况约定其他条款，如补充保险、福利待遇和第二职业的限制等。

五、签订劳动合同的程序

用人单位与劳动者是两个平等的社会主体，订立劳动合同一般需要经过的程序如下。

(1) 双方协商合同的条款。

(2) 达成一致后双方签字或盖章。用人单位盖法人的章，必要时可书面委托所属的有关部门代为盖章，或者由法定代表人签字或受委托人代为签字；劳动者应自己签字或盖章，遇有极特殊的情况，如本人因故出远门而合同又须及时订立，也可书面委托他人代签。

(3) 为保证合同的有效性，可以送劳动保障行政部门进行审核、鉴证。

(4) 劳动合同一般应一式两份，用人单位与劳动者各持1份，若合同鉴证部门需要，也可一式3份。

第三节　集体合同制度

一、集体合同的概念

集体合同是指用人单位与本单位职工根据法律、法规、规章的规定，就劳动报酬、工作时间、休息休假、劳动安全卫生、职业培训、保险福利等事项，通过集体协商签订的书面协议。根据《劳动法》的规定，集体合同由工会代表职工与企业签订，没有成立工会组织的，由职工代表与企业签订。

二、集体合同的特征

集体合同除具有一般协议的主体平等性、意思表示一致性、合法性和法律约束性以外，还具有自身的特点。

(一) 集体合同是规定劳动关系的协议

集体合同反映的是以劳动条件为实质内容的关系，整体性地规定劳动者与企业之间的劳动权利与义务，现实劳动关系的存在是集体合同存在的基础。

(二) 工会或职工代表为一方与企业签订

集体合同的当事人一方是企业，另一方不能是劳动者个人或劳动者中的其他团体或组织，而只能是由工会组织代表劳动者，没有建立工会组织的，则由劳动者按照一定的程序推举职工代表。

(三) 集体合同是定期的书面合同，其生效须经特定程序

根据《劳动法》的有关规定，集体合同文本须提交政府劳动行政部门审核，经审核通过的集体合同才具有法律效力。

三、集体合同与劳动合同的区别

(一) 主体不同

协商、谈判、签订集体合同的当事人一方是企业，另一方是工会组织或劳动者按照合法程序推举的代表；劳动合同的当事人则是企业和劳动者个人。

(二) 内容不同

集体合同的内容是关于企业的一般劳动条件标准的约定，以全体劳动者共同权利和义务为内容。集体合同可以涉及集体劳动关系的各方面，也可以只涉及劳动关系的某一方面；劳动合同的内容只涉及单个劳动者的权利和义务。

(三) 目的不同

集体合同的目的是确定劳动标准，规范劳动关系；劳动合同的目的是确立劳动者和企业的劳动关系。

(四) 法律效力不同

集体合同规定企业的最低劳动标准，凡劳动合同约定的标准低于集体合同标准的一律无效，故集体合同的法律效力高于劳动合同。

四、集体合同的订立原则

(一) 内容合法

内容合法即遵守法律、法规、规章及国家有关规定。集体合同的内容不得违反国家法律法规的规定，所确定的劳动条件标准不得低于国家规定的标准。

(二) 相互尊重，平等协商

集体合同签约人的法律地位一律平等，具有平等的意思表示和主张各自权益的权利。因

订立集体合同是劳动者团体和企业的两个平等主体的自主行为，只能坚持相互尊重，平等协商的原则。国家不能采用强制命令或司法强制的手段。

(三) 诚实守信，公平合作

多么详尽、具体的规定也不可能覆盖劳动关系的所有方面，因此协商订立集体合同必须坚持诚实不欺，维护团体劳动关系当事人双方的利益平衡、当事人的利益与社会利益的平衡，当事人应以诚实善意的态度行使权利；集体协商应当坚持程序公平。

(四) 兼顾双方合法权益

集体协商、订立集体合同应当兼顾所有者、经营者和劳动者各方利益，不能为追求自己的利益而损害他人的利益，即要均衡所有者、经营者和劳动者各自的利益。

(五) 不得采取过激行为

集体协商、订立集体合同必须维护正常的生产工作秩序，协商双方应遵循和平原则。为订立集体合同而产生争议时，任何一方都不应采取激化事态的行为。双方都应顾全大局，维持正常的生产工作秩序。

五、集体合同的形式、期限与内容

(一) 集体合同的形式

集体合同为法定要式合同，应当以书面形式订立，口头形式的集体合同不具有法律效力。集体合同的形式可以分为主件和附件。主件是综合性集体合同，其内容涵盖劳动关系的各个方面。附件是专项集体合同，是就劳动关系的某一特定方面的事项签订的专项协议。现阶段，我国法定集体合同的附件主要是工资协议，即专门就工资事项签订的集体合同。《工资集体协商试行办法》规定，企业依法开展工资集体协商、签订工资协议，已订立集体合同的，工资协议作为集体合同的附件，并与集体合同具有同等效力。

(二) 集体合同的期限

集体合同均为定期合同，我国《劳动法》规定集体合同的期限为1～3年。在集体合同的期限内，双方可以根据集体合同的履行情况，对集体合同进行修订。

(三) 集体合同的内容

通常情况下，集体合同包括以下内容。

1. 劳动条件标准
劳动条件标准包括劳动报酬、工作时间和休息休假、保险福利、劳动安全卫生、女职工和未成年工特殊保护、职业技能培训、劳动合同管理、奖惩、裁员等条款。上述条款应当作为劳动合同内容的基础，指导劳动合同的协商与订立，也可以直接作为劳动合同的内容。劳动条件标准条款在集体合同内容的构成中处于核心地位，在集体合同的有效期内具有法律效力。上述标准不得低于法律法规规定的最低标准。

2. 一般性规定

一般性规定指劳动合同和集体合同履行的有关规则，包括集体合同的有效期限，集体合同条款的解释、变更、解除和终止等。

3. 过渡性规定

过渡性规定指集体合同的监督、检查、争议处理、违约责任等。

4. 其他规定

其他规定通常作为劳动条件标准部分的补充条款，规定在集体合同的有效期间应当达到的具体目标和实现目标的主要措施。此类规定一般不能作为劳动合同的内容，只是作为签约方的义务而存在。在集体合同的有效期内，随着设定目标的实现而终止。例如，规定建成某项劳动安全卫生保护工程或设施，建设、改善或完成某些福利设施等。

六、集体合同的订立程序

集体合同的订立程序如下。

(一) 集体协商

集体协商是指企业工会或者员工代表与相应的企业代表，为签订集体合同进行商谈的行为。集体合同也是由集体协商代表订立的，所以集体协商对集体合同的订立具有基础性的作用。

(二) 双方签字

集体协商双方就集体合同草案经协商一致，并由本单位职工大会或职工代表大会讨论通过后，由双方首席代表在合同文本上签字。

(三) 报送审查和生效

集体合同必须经过有关部门审查方能生效。一般劳动行政部门要审查协议双方的资格、协商的原则和程序，以及协议中的各项劳动标准等是否符合法律、法规的规定。集体合同的生效日期以《审查意见书》确认的日期为生效日期。若劳动行政部门自收到集体合同文本15日内未提出异议的，集体合同即行生效。

(四) 公布

经审核确认生效的集体合同或自行生效的集体合同，签约双方应及时以适当的方式向各自代表的成员公布。

第四节 工会与职工代表大会

一、工会

(一) 工会的性质

《中华人民共和国工会法》(以下简称《工会法》)第二条规定,工会是职工自愿结合的工人阶级的群众组织。第三条规定,在中国境内的企业、事业单位、机关中以工资收入为主要生活来源的体力劳动者和脑力劳动者,……都有依法参加和组织工会的权利。这说明工会的性质主要有两点:一是阶级性——工人阶级的组织;二是群众性——工薪职工自愿参加的组织。

(二) 工会的任务

《工会法》规定工会的主要任务如下。
(1) 代表和组织职工参与国家、社会事务管理,参与本单位的民主管理。
(2) 维护职工的合法权益。
(3) 代表和组织职工实施民主监督与支持企业行政的经营管理。
(4) 协助政府开展工作,巩固人民民主专政的政权。
(5) 动员和组织职工参加经济建设。
(6) 教育职工不断提高思想政治觉悟和文化技术素质。

(三) 工会的职权

(1) 通过职工大会、职工代表大会等形式参与民主管理或与用人单位进行平等协商。
(2) 代表职工与企业谈判和签订集体合同。
(3) 对劳动合同的签订和履行进行监督。
(4) 对企业延长劳动者工作时间进行监督。
(5) 参与劳动争议的调解和仲裁。
(6) 对用人单位遵守劳动法律、法规的情况进行监督。

二、职工代表大会

(一) 职工代表大会的性质

职工代表大会是我国劳动者参与企业民主管理的一种基本形式,是职工行使民主管理权力的机构。所谓民主管理权力,主要是指审议企业重大决策、监督行政领导和维护职工合法权益等方面的权力。

(二) 职工代表大会的任务

根据《劳动法》《企业法》《职工代表大会条例》等的规定，职工代表大会的基本任务如下。

(1) 贯彻执行党和国家的方针、政策。

(2) 正确处理国家、企业和职工三者的利益关系，促进劳动关系的协调发展。

(3) 积极贯彻实施《劳动法》及有关法律、法规，加强基层的民主与法制建设。

(三) 职工代表大会的职权

1. 审议建议权

职工代表大会有权对企业的重大生产经营决策进行审议并提出意见和建议，有权听取报告并提出意见和建议。

2. 审查通过或否决权

职工代表大会有权就企业的工资调整方案、奖金分配方案、劳动安全卫生措施、职工奖惩办法和与这些相关的重要规章制度等进行审查、通过。

3. 审议决定权

职工代表大会有权就职工福利基金的使用、职工住宅及其他有关职工生活福利等重大事项提出的方案进行审议和决定。

4. 评议监督权

职工代表大会有权对企业各级领导依法进行评议监督，根据法定的评议监督事项的内容提出奖惩和任免的建议。

5. 民主选择权

根据法律规定，职工代表大会有权根据行政主管部门的决定选举厂长、经理，并报政府主管部门批准；政府主管部门委任或招聘的厂长、经理由政府主管部门免职或解聘，须征求职工代表大会的意见。职工代表大会选举的厂长、经理由职工代表大会罢免并报政府主管部门批准。

第五节　劳动争议与处理

一、劳动争议概述

(一) 劳动争议的概念

劳动争议又称劳动纠纷，是指用人单位和劳动者之间因劳动权利和劳动义务所发生的纠纷。相关法规有《企业劳动争议处理条例》《(企业劳动争议处理条例)若干问题解释》《企业劳动争议调解委员会组织及工作规则》《劳动争议仲裁委员会组织规则》《劳动争议仲裁委员会办案规则》等。

(二) 劳动争议的种类

(1) 终止劳动关系的劳动争议是指因企业开除、除名、辞退职工或因职工辞职、离职而发生的劳动争议。

(2) 执行劳动法规的劳动争议是指企业和职工之间因执行国家有关工资、保险、福利、培训、劳动保护规定而发生的争议。

(3) 履行劳动合同的劳动争议是指企业和职工之间因执行、变更、解除劳动合同而发生的争议。

(4) 其他劳动争议。

(三) 劳动争议的处理机构

用人单位与劳动者发生劳动争议，当事人可以依法申请调解、仲裁、提起诉讼，也可以协商解决。也就是说，我国把劳动争议的处理程序分为调解、仲裁和诉讼三个阶段，与此相对应的机构是用人单位设立的劳动争议调解委员会、劳动争议仲裁委员会和人民法院。

(四) 劳动争议的处理原则

《企业劳动争议处理条例》第4条规定，处理劳动争议应当遵循下列原则：
(1) 着重调解，及时处理；
(2) 在查清事实的基础上，依法处理；
(3) 当事人在适用法律上一律平等。

二、劳动争议的调解

劳动争议的调解是指调解委员会在查明事实、分清责任、促使争议双方当事人在相互谅解的基础上依法达成协议的处理方法。

(一) 劳动争议调解的特点

对劳动争议的调解必须以双方当事人自愿为前提，不得强行调解。调解机构是用人单位内部的群众性组织，既非司法部门，也非行政机关。

(二) 劳动争议调解机构

根据《企业劳动争议处理条例》第7、8、9条规定，企业可以设立劳动争议调解委员会，由下列人员组成：①职工代表；②企业代表；③企业工会代表。职工代表由职工代表大会推举产生；企业代表由厂长、经理指定；企业工会代表由企业工会委员会指定。企业代表的人数不得超过调解委员会成员总数的1/3。调解委员会主任由企业工会代表担任，调解委员会的办事机构设在企业工会委员会。

(三) 劳动争议调解程序

1. 申请和受理

当事人应当自知道或应当知道其权利受到侵害之日起30天内向调解委员会提出申请，并填写《劳动争议调解申请书》，发生争议的职工一方在3人以上，可视为集体劳动争议。调解委员会接到调解申请后，应征询对方当事人的意见，对方当事人不愿调解的，应做好记录，在3日内以书面形式通知申请人。调解委员会应在4日内做出受理或不受理申请的决定，对不受理的，应向申请人说明理由。

2. 调查与调解

(1) 指派调解委员对争议事项进行调查核实。

(2) 调解委员会主任主持双方当事人参加调解会议。对于简单争议，可指派1～2名调解委员调解。

(3) 调解委员听取双方陈述，并依法进行调解。

3. 制作调解协议或调解意见书

经调解达成协议的，制作调解协议书，双方当事人应自觉履行。调解协议书不具有强制约束力，任何一方不履行，即为调解不成。调解不成的，应做好记录，并在调解意见书中说明情况。

4. 调解期限

调解委员会调解劳动争议，应当自当事人申请调解之日起30日内结束，到期未调解结束的，视为调解不成。

三、劳动争议仲裁

(一) 劳动争议仲裁的概念

劳动争议仲裁是指由劳动争议仲裁委员会在查明事实、分清责任的基础上根据国家法律法规对纠纷事实和当事人责任的认定与裁决。

(二) 劳动争议仲裁的特点

1. 强制性原则

《企业劳动争议处理条例》第25条规定，只要劳动争议一方当事人提出仲裁申请就能引起劳动争议仲裁程序的开始，相比之下，我国《仲裁法》规定其他类型的仲裁必须采取自愿性原则，即争议双方都必须在自愿的前提下采用仲裁方式解决纠纷。

2. 先调解后裁决原则

《企业劳动争议处理条例》第27条规定，仲裁庭处理劳动争议应先行调解，在查明事实的基础上促使当事人双方自愿达成协议，调解不成才进行裁决。

3. 裁审衔接制原则

《企业劳动争议处理条例》第30条规定，当事人对仲裁裁决不服时，可依法向法院提起诉讼。而其他仲裁实行裁审分轨制，即通过仲裁的纠纷，人民法院不予受理。

(三) 劳动争议仲裁委员会的组成及职责

1. 劳动争议仲裁委员会的组成

劳动争议仲裁委员会是依法成立的，通过仲裁方式处理劳动争议的专门机构。它独立行使劳动争议仲裁权，以县、市、市辖区为单位，负责处理本地区发生的劳动争议。

劳动争议仲裁委员会由劳动行政部门、同级工会和用人单位三方代表组成。仲裁委员会主任由劳动行政部门的劳动争议处理机构的人员担任。劳动争议仲裁委员会是一个带有司法性质的行政执法机关，其生效的仲裁决定书和调解书具有法律强制力。

2. 劳动争议仲裁委员会的职责

(1) 负责处理本委员会管辖范围内的劳动争议案件。

(2) 聘任专职和兼职仲裁员，并对仲裁员进行管理。

(3) 领导和监督仲裁委员会办事机构和仲裁庭开展工作。

(4) 总结并组织交流办案经验，并负责向上级人民政府和上级业务部门报告。

(四) 劳动争议仲裁的程序

劳动争议仲裁程序一般包括以下几个阶段。

1. 仲裁申请和受理

《企业劳动争议处理条例》第23条规定，当事人应当自知道或应当知道其权利被侵害之日起6个月内，以书面形式向仲裁委员会申请仲裁，并提交书面申诉书。仲裁委员会应当自收到申请书之日起7日内做出受理或不予受理的决定。

2. 调查取证

此阶段的工作分为三个步骤：第一，拟订调查提纲；第二，有针对性地进行调查取证工作；第三，审查证据，去伪求真。

3. 审理

此阶段的工作一般分为以下几个步骤：第一，组成仲裁庭；第二，进行审理准备；第三，开庭审理；第四，调解；第五，裁决。

4. 执行

劳动争议当事人在收到仲裁书之日起15日内不向法院提起诉讼，仲裁书即发生法律效力；仲裁调解书一经送达当事人，即产生法律约束力。

(五) 劳动争议仲裁的时效

1. 申请仲裁时效

当事人应当自知道或应当知道其权利被侵害之日起6个月内，以书面形式向仲裁委员会申请仲裁，并提交书面申诉书。

2. 对仲裁时间要求

《企业劳动争议处理条例》第32条规定，仲裁庭处理劳动争议，应当自组成仲裁庭之日起60日内结束。案情复杂需要延期的，经报仲裁委员会批准，可以适当延期，但是延长的期限不得超过30日。

四、通过人民法院处理劳动争议

劳动争议当事人不服劳动争议仲裁委员会的裁决，在法定的期限内，持劳动争议仲裁裁决书可向人民法院起诉，由人民法院依民事诉讼程序进行审理。

(一) 劳动争议案件的受理范围

人民法院作为受理劳动争议诉讼的机关并不处理所有的劳动争议。只有法律规定由人民法院处理的劳动争议，人民法院才予受理。劳动争议案件的受理范围包括：

(1) 劳动者与用人单位在履行劳动合同过程中发生的纠纷；

(2) 劳动者与用人单位之间没有订立书面劳动合同，但已形成劳动关系后发生的纠纷；

(3) 因未执行国家有关工资、保险、福利、培训和劳动保护的规定发生的争议等。

(二) 劳动争议案件的受理条件

人民法院受理劳动争议案件的条件如下。

(1) 劳动关系当事人之间的劳动争议，必须先经过劳动争议仲裁委员会仲裁。当事人一方或者双方向人民法院提起诉讼时，必须持有劳动争议仲裁委员会的仲裁裁决书。

(2) 必须是在接到仲裁裁决书之日起15日内向人民法院提起诉讼，超过15日人民法院不予受理。

(3) 属于受诉人民法院管辖。

向人民法院提起诉讼的劳动争议必须同时具备上述三个条件，否则人民法院不予立案受理。劳动争议诉讼是劳动争议处理的最后程序，是人民法院对劳动争议行使的最终裁判权。

五、劳动监督检查与法律责任

(一) 劳动监督检查的概念

劳动监督检查是指依法有监督检查权的机构对企业、事业、机关、团体等用人单位执行

《劳动法》的情况所进行的行政检查、行政监督、群众团体监督等法律制度的总称。劳动监督检查包含了众多的内容，不仅是对用人单位执行劳动安全卫生法规的监督检查，同时也是对有关劳动就业、劳动报酬、工时休假、劳动合同、集体合同、职业培训、奖励惩罚、劳动保险等全部《劳动法》内容的监督检查。

(二) 劳动监督检查机构及其职权

1. 劳动行政部门

《劳动法》第73条规定，县级以上地方人民政府劳动行政部门负责本行政区域内劳动合同制度实施的监督管理。

2. 劳动监察员

劳动监察员是县级以上各级人民政府劳动行政部门执行劳动监督检查公务的人员。

3. 其他相关部门

县级以上人民政府建设、卫生、安全生产监督管理等有关主管部门在各自职责范围内，对用人单位执行劳动合同制度的情况进行监督管理。

4. 工会

《劳动法》第78条规定，工会依法维护劳动者的合法权益，对用人单位履行劳动合同、集体合同的情况进行监督。用人单位违反劳动法律、法规和劳动合同、集体合同的，工会有权提出意见或者要求纠正；劳动者申请仲裁、提起诉讼的，工会依法给予支持和帮助。

5. 人民检察院

人民检察院对因违反《劳动法》造成重大责任事故而触犯刑律的案件，向人民法院提起公诉。

本 章 小 结

劳动关系通常是指用人单位(雇主)与劳动者(雇员)之间在运用劳动者的劳动能力，实现劳动过程中所发生的关系。劳动关系主体包括资方和劳方，还涉及员工团体、雇主协会和政府。劳动关系的表现形式为力量、权力、合作和冲突。

劳动关系经劳动法律规范、调整和保护后，即转变为劳动法律关系，其内容涉及权利和义务，属于双务关系，具有国家强制性。

劳动关系调整的方式主要有七种。

劳动合同的订立原则，劳动合同的种类及内容，签订劳动合同的程序。

集体合同是由工会代表职工与企业签订的，是规定劳动关系的协议，工会或劳动者代表职工一方与企业签订，集体合同是定期书面合同，其生效须经过政府劳动行政部门审核通过。

集体合同与劳动合同的区别。

集体合同的订立原则、形式与内容。

集体合同的订立程序。

工会与职工代表大会的性质、任务与职权。

劳动争议与处理。

习　题

一、单选题

1. 下列各项中，(　　)不是劳动关系的主体。

    A. 用人单位　　　　　　　　　B. 劳动者

    C. 中介机构　　　　　　　　　D. 政府

2. 劳动法律关系的客体是指(　　)。

    A. 权利和义务　　　　　　　　B. 用人单位

    C. 劳动者　　　　　　　　　　D. 权利和义务所指向的事物

3. 集体合同的期限为(　　)。

    A. 1～3年　　　　　　　　　　B. 2年

    C. 3年　　　　　　　　　　　　D. 4年

4. 下列各项中，(　　)不属于职工代表大会的职权。

    A. 审议建议权　　　　　　　　B. 经营决策权

    C. 审议决定权　　　　　　　　D. 审议监督权

5. 调解委员会调解劳动争议，应当自当事人申请调解之日起(　　)日内结束，到期未调解结束的，视为调解不成。

    A. 30　　　　　　　　　　　　B. 45

    C. 60　　　　　　　　　　　　D. 90

6. 当事人应当从知道或应当知道其权利被侵害之日起(　　)个月内，以书面形式向仲裁委员会申请仲裁，并提交书面申诉书。

    A. 3　　　　　　　　　　　　　B. 6

    C. 9　　　　　　　　　　　　　D. 24

7. 仲裁委员会应当自收到劳动争议仲裁申请书之日起(　　)日内做出受理或不予受理的决定。

    A. 7　　　　　　　　　　　　　B. 10

    C. 15　　　　　　　　　　　　D. 30

8. 仲裁庭处理劳动争议，应当自组成仲裁庭之日起(　　)日内结束。

    A. 15　　　　　　　　　　　　B. 30

    C. 45　　　　　　　　　　　　D. 60

二、多选题

1. 劳动关系的表现形式包括(　　)。
   A. 谈判　　　　　　　　　　　　B. 力量
   C. 权力　　　　　　　　　　　　D. 合作
   E. 冲突

2. 劳动法律关系的特征包括(　　)。
   A. 劳动法律关系的内容是权利和义务　B. 双务关系
   C. 公平性　　　　　　　　　　　D. 对抗性
   E. 具有国家强势性

3. 劳动法律事实是指(　　)。
   A. 劳动法律行为　　　　　　　　B. 劳动法律事件
   C. 权力　　　　　　　　　　　　D. 义务
   E. 冲突

4. 劳动争议仲裁的特点包括(　　)。
   A. 公平性原则　　　　　　　　　B. 时限性原则
   C. 强制性原则　　　　　　　　　D. 先调节后裁决原则
   E. 裁审衔接制

5. 劳动法律关系的构成要素包括(　　)。
   A. 劳动法律关系的主体　　　　　B. 劳动法律关系的内容
   C. 劳动法律关系的客体　　　　　D. 劳动法律关系的权利
   E. 劳动法律关系的义务

三、判断题

1. 劳动法律关系就是劳动关系。(　　)
2. 集体合同是规定员工与用人单位相互权利和义务的合同。(　　)
3. 劳动争议的调解必须以双方当事人自愿为前提，不得强行调解。(　　)
4. 劳动争议仲裁委员会由劳动行政部门、同级工会和用人单位三方代表组成。(　　)
5. 人民法院作为受理劳动争议诉讼的机关，并不处理所有的劳动争议。(　　)

四、名词解释

1. 劳动关系　　　2. 劳动法律关系　　　3. 劳动合同　　　4. 集体合同
5. 集体协商　　　6. 劳动争议　　　　　7. 劳动争议仲裁

五、简答题

1. 劳动关系有哪些表现？
2. 劳动法律关系的特征有哪些？

3. 劳动合同订立的原则是什么？

4. 集体合同与劳动合同的区别是什么？

5. 订立集体合同的原则及程序是什么？

6. 工会的主要任务有哪些？职权是什么？

7. 劳动争议的处理原则是什么？

8. 劳动争议仲裁的特点是什么？

📛 案例分析

劳动纠纷

2016年2月，孔某经熟人推荐来到A公司任公司的常务副总经理职位，公司与其签订了自2016年2月1日至2017年1月31日止的1年期劳动合同，安排孔某全面负责公司的所有业务及日常行政管理，合同约定的工资为1万元/月。孔某在公司工作了半年，2016年国庆节假期后，没有回公司上班也没有向公司办理任何请假手续，并带走了公司的数码相机1台、合同章1枚、一般纳税人资格证及一些财务凭证。孔某的擅自离职造成公司业务停滞，财务管理混乱，给公司带来重大经济损失。10月8日，公司召开会议，孔某未到公司上班；10月10日，公司召开办公会议，孔某仍未到公司上班。10月20日，公司在当地广播、电视、报刊刊登公告："孔某于2016年9月30日不履行劳动合同，擅自离职，至今无故不来公司上班，希见报后在10日内务必回公司办理有关手续，如逾期所产生的一切法律后果均由你自行承担。"在此期间，公司有关负责人还给孔某发了5次短信和电话联系，要求其回公司办理有关手续，孔某仍没有回公司。2016年11月1日，公司做出决定，开除孔某并扣发孔某尚未领取的9月份工资作为损害公司利益行为的惩罚及抵折公司财物。

公司和孔某的劳动合同履行期为2016年2月1日至9月30日，在此期间，公司和孔某都没有按照国家规定缴纳社会保险费。

2016年11月16日，孔某以公司未支付解除劳动合同经济补偿金、工资、社会保险为由，向当地劳动争议委员会提出仲裁申请。

问题：

1. 公司解除劳动合同将孔某除名是否正当合法？为什么？

2. 孔某要求公司支付经济补偿金、工资、社会保险有无合法依据？为什么？

3. 对于孔某2016年9月的工资，公司是该扣还是该发？为什么？

4. 公司和孔某个人是否应该在合同期限内缴纳社会保险费？应如何缴纳？

参考文献

[1] 林忠，金延平. 人力资源管理[M]. 大连：东北财经大学出版社，2015.

[2] 董克用，李超平. 人力资源管理概论[M]. 北京：中国人民大学出版社，2015.

[3] 窦胜功，卢纪华，周玉良. 人力资源管理与开发[M]. 北京：清华大学出版社，2008.

[4] 葛玉辉 人力资源管理[M]. 北京：清华大学出版社，2008.

[5] 张小兵，孔凡柱. 人力资源管理[M]. 北京：机械工业出版社，2017.

[6] 方振邦，徐东华. 战略性人力资源管理[M]. 北京：中国人民大学出版社，2015.

[7] 张爱卿，钱振波. 人力资源管理理论与实践[M]. 北京：清华大学出版社，2009.

[8] 周仁，邢志勤. 人力资源管理[M]. 北京：清华大学出版社，2017.

[9] 约翰·M. 伊万切维奇，罗伯特·科诺帕斯克，赵曙明，程德俊. 人力资源管理[M]. 北京：机械工业出版社，2016.

[10] 中国就业培训技术指导中心. 企业人力资源管理师(三级)[M]. 北京：中国劳动社会保障出版社，2014.

[11] 中国就业培训技术指导中心.企业人力资源管理师(二级)[M]. 北京：中国劳动社会保障出版社，2010.

[12] 刘善仕，王雁飞. 人力资源管理[M]. 北京：机械工业出版社，2017.

[13] 丛晓利，王君萍，陈兰. 人力资源管理[M]. 北京：清华大学出版社，2017.

[14] 人力资源社会保障部人事考试中心组织编写.人力资源管理专业知识与实务[M]. 北京：中国人事出版社，2015.

[15] 付亚和，许玉林，宋洪峰. 绩效管理[M]. 上海：复旦大学出版社，2018.

[16] 刘昕. 薪酬管理[M]. 北京：中国人民大学出版社，2011.

[17] 周文斌. 机器人应用对人力资源管理的影响研究[N]. 南京大学学报，2017.

[18] 闫志忠. 人力资源管理[M]. 北京：清华大学出版社，2018.

[19] 孙海法. 现代企业人力资源管理[M]. 广州：中山大学出版社，2010.

[20] 彭良平，刘凌云. 人力资源管理[M]. 北京：清华大学出版社，2016.

[21] 葛玉辉. 人力资源管理[M]. 北京：清华大学出版社，2016.

[22] 时勘，时雨. 人力资源管理：心理学的理论基础与方法[M]. 北京：高等教育出版社，2017.

[23] 黄诗龙，项杰. "大数据"点亮人力资源管理系统的"大智慧"：结合新华社人力资源大数据实践探析[J]. 中国传媒科技，2013.